中国名镇志文化工程
Culture Project of Local Records of China's Famous Towns

鸦滩镇志

LOCAL RECORDS OF YATAN

安徽省望江县鸦滩镇志编纂委员会　编

方志出版社
Publishing House of Local Records

图书在版编目（CIP）数据

鸦滩镇志 / 安徽省望江县鸦滩镇志编纂委员会编
. -- 北京：方志出版社，2020.7
（中国名镇志丛书）
ISBN 978-7-5144-4257-1

Ⅰ. ①鸦… Ⅱ. ①安… Ⅲ. ①乡镇—地方志—望江县
Ⅳ. ① K295.45

中国版本图书馆 CIP 数据核字（2020）第 220534 号

· 中国名镇志丛书 ·

鸦滩镇志

编　　者：安徽省望江县鸦滩镇志编纂委员会
责任编辑：宁　芳

出 版 者：方志出版社
地址　北京市朝阳区潘家园东里 9 号（国家方志馆 4 层）
邮编　100021
网址　http://www.zgfzcb.cn
发　　行：方志出版社图书经销中心
电话　（010）67110500
经　　销：各地新华书店
排　　版：北京纺印图文设计制作有限公司
印　　刷：北京中科印刷有限公司

开　　本：787 × 1092　　1/16
印　　张：17.75
字　　数：333 千字
版　　次：2020 年 7 月第 1 版　　2020 年 7 月第 1 次印刷

ISBN 978-7-5144-4257-1　　定价：145.00 元

序一

习近平总书记指出："不忘历史才能开辟未来，善于继承才能善于创新……只有坚持从历史走向未来，从延续民族文化血脉中开拓前进，我们才能做好今天的事业。"中国优秀传统文化是在漫长的历史长河中历经无数次涤荡和沉淀而形成的思想精髓，蕴藏着无穷的宝藏和无尽的力量。发掘和继承优秀传统文化，是延续中华文明"根"与"魂"的必由之路。与时俱进，推动传统文化不断开拓创新，是中华文明常葆勃勃生机的重要保证。

"国有史，邑有志。"编修地方志是中国特有的文化现象，是中华民族的优秀文化传统。数千年来，连绵不断的志书编修为保护中华民族根脉，传承中华文明发挥了不可替代的作用。中国现存古志有 8000 余种，占现存古籍的十分之一。中华人民共和国成立以来，编修完成数万种省、市、县三级综合性行政区域志、部门志、行业志、专志等，编纂数万种地方综合年鉴、行业年鉴和专门年鉴等，整理出版数千种历代方志及相关研究成果，发表相当数量的方志理论与年鉴理论研究成果。这既是对我国国情、地情持续开展的大规模普遍调查，也是对各地自然与社会发展状况进行的综合研究，其成果构成了一座丰富的文化资源宝藏，为各级领导科学决策提供了重要参考，为推动经济社会发展和文化建设发挥了重要作用。

当前，中国特色社会主义进入新时代，全国地方志事业也进入新时代。如今的地方志事业围绕党和国家利益、经济社会发展，以人民为中心开拓创新，志、鉴、馆、史"四驾马车"并驾齐驱，志、鉴、馆、网、库、用、会、刊、研、史"十业并举"，加快实现在全国范围内全面推进地方志从一项工作向一项事业转型升级。在党中央、国务院的亲切关怀和各级地方志工作者的共同努力下，一批紧密结合社会发展需求、具有独特创造性的工作逐步开展，涵盖中国名镇志、中国名村志、中国名山志、中国名水志、中国名街志等"名志"系列文化工程是其中代表。作为首个"名志"系列文化工程的中国名镇志文化工程，启动于 2015 年，至今已是第三个年头。中国名镇志丛书在记述主体上，选择中国历史文化名镇、经济强镇、特色镇等在全国具有影响力和代表性的乡镇，旨在全面展示中国名镇的文化精髓；在内容题材选择上，重在突出不同名镇的“名”和“特”，力求集中体现不同名镇最精彩的部分，增强可读性；在志书编纂程序设置方面，志书申报、篇目设计、专家审读、专家组验收等流程环环相扣，紧密结合，力争把每一部志书都打造成精品佳志。

习近平总书记指出：“历史和现实都表明，一个抛弃了或者背叛了自己历史文化的民族，不仅不可能发展起来，而且很可能上演一场历史悲剧。”2018 年是改革开放 40 周年，40 年来中华大地发生了翻天覆地的变化，乡镇发生了极为深刻的改变，从粗茶淡饭到有机食品，从粗布衣裙到精美时装，从土屋平房到高楼大厦，人民生活水平大大提高，城乡差距不断缩小。然而，在感受辉煌成就的同时，我们也应该看到，许多精巧的古建、精湛的工艺、亲切的乡音、独特的乡俗也在快节奏的发展中与我们渐行渐远，曾经的家乡正逐渐变为记忆中的故园。

党的十九大报告提出乡村振兴战略，此后党中央、国务院又推出一系列重大举措。实施乡村振兴战略，必须全面加强乡村文化建设，培养乡村文化自信，培植文化之“根”，铸牢文化之“魂”。没有乡村文化的高度自信，没有乡村文化的繁荣发展，就难以实现乡村振兴的伟大使命。振兴乡村文化，既要塑形，更要铸魂，必须遵循乡村发展的客观规律，在发展中把文化的精髓保留下来，把乡土味道、乡村风貌的“魂”传承下去。在保留优秀乡村文化内核的基础上，用现代表现方式，把反映时代精神、先进理念的内容通过群众喜闻乐见的文化产品表达出来，才能够让乡土文化具有更强大的生命力。用创新性的模式书写乡镇志，传承和抢救乡土历史文化，激发爱国爱乡情怀，为探索中国特色新型城镇化发展经验、发展模式、发展道路提供历史智慧和现实借鉴，正是实施中国名镇志文化工程的目的和意义所在。

“月是故乡明”。中国人素有“家国情怀”，家乡的山水是最为美丽的，家乡的风俗是充满温暖的，一声亲切的乡音，一口熟悉的家乡菜，都能拨动游子的心弦，让其魂牵梦萦。中国名镇志丛书是一套全面梳理中国名镇历史人文，挖掘文化特色，突出“名”和“特”的镇志。它能让人民群众深刻感受到本土本乡自然的优美、历史的醇厚、人物的杰出、艺文的风雅等，有助于培养人民群众对家乡文化的自信，激发起人民群众浓烈的爱乡爱国情怀，助力国家新型城镇化建设和乡村振兴战略的实施。

是为序。

中国社会科学院院长
中国地方志指导小组组长　　谢伏瞻

序二

连绵不断地编修地方志是我国特有的文化传统，为传承中华文明作出了巨大的贡献。在党中央、国务院的高度重视和支持下，这一古老的文化传统焕发勃勃生机，展现新的活力，成为保存、继承、发扬光大中华优秀传统文化的重要依托，培育和践行社会主义核心价值观的重要媒介，社会主义先进文化建设的重要组成部分，发展中国特色社会主义，增强道路自信、制度自信、理论自信的重要载体，在实现“两个一百年”奋斗目标和中华民族伟大复兴中国梦进程中具有不可替代的地位和作用。

事物总是在不断发展中前进。经过改革开放以来30余年的发展，中国特色地方志事业与传统的编修地方志已不可同日而语，形成了志（志书）、鉴（年鉴）、库（地情数据库）、馆（方志馆）、网（地情网站）、刊（期刊）、会（学会）、研（理论研究）、用（开发利用）等多业并举的新格局。截至2015年10月底，全国编纂完成首轮、二轮省、市、县志书8000多种，编修部门志、行业志、专业志、乡镇村志27000多种，编纂地方综合年鉴2300多种，累计整理旧志2500多种，还编纂出版了大量的地情书，字数以百亿计，形成以反映国情、地情为主要内容，全面系统、持续不断、卷帙浩繁的社会科学成果群。另外，还开通了27个省级网站、230个市级网站、816个县级网站；建成国家方志馆1个、省级方志馆16个、市级方志馆86个、县级方志馆近300个。这些成果，成为国家极为重要的文化资源，是国家文化软实力和公共文化服务体系的重要组成部分。

最近几年，地方志工作的触角在不断延伸，部门志、行业志、专业志、特色志、乡镇村志编纂方兴未艾，成为当前地方志事业发展新的增长点和亮点。特别是乡镇志，兴起了编纂热潮，从自发的民间行为逐渐过渡为政府组织的文化行为，有的省份以政府令形式将其纳入地方志编修范畴，像河南省还以省政府办公厅名义要求全省普修乡镇志。乡镇志并不是一个新生事物，据现有资料可考，宋代常棠所撰《澉水志》是现存最早的一部乡镇志。与省、市、县三级志书相比，乡镇志虽属小志，但意义却不小，特别是在当前国家全力推进新型城镇化建设的背景下，乡镇志的作用更显重要。

启动中国名镇志文化工程，是适应当前新型城镇化建设形势发展需要、地方志事业发展形势需要的重要举措，也是充分发挥地方志存史、资政、育人功能的重要手段。作为最基层行政组织的志书，镇志是最接近中国社会发展变迁的国情、地情记录文本，具有重要的历史文献价值。而作为充分反映本区域自然、政治、经济、文化和社会的历史与现状的资料性文献，镇志又能全面展示发展脉络，摸索发展经验，为探索中国乡镇未来发展方向提供借鉴和参考。当然，对于祖祖辈辈生于斯长于斯的中国人来说，故乡就是一个魂牵梦萦的地方，故乡的情怀终生难忘。留得住乡愁，记得住乡思，充分展示名镇文化魅力，激发爱乡、爱国情怀，正是中国名镇志文化工程题中应有之义。

是为序。

中国社会科学院原院长
中国地方志指导小组原组长　王伟光

序三

“国有史，邑有志”，中国自古就有注重编史修志的传统。按照我国目前地方志行政法规，国家各级地方志机构的法定职责是编纂省、市、县三级志书，并不包括县以下的乡镇志和村志。这种规定，一方面可能因为全国有数百万自然村落和数万乡镇，全部实行官修很难实现；另一方面可能因为我国历史上就有“皇权止于县”的说法，县以下的民间社会历来是一个以自治为主的领域。然而，改革开放几十年来，我国社会正在发生巨变，这种巨变在基层社会的乡镇、村落、家庭领域更为深刻。作为“乡之首，城之尾”的镇，逐渐被日益崛起的大都市淹没了光彩，村落在快速的城镇化过程中每天都在大量消失，农村家庭的小型化、空巢化趋势非常突出。在这种情况下，我一直在思考，如何留得住历史文化记忆和乡愁，如何把修志的工作向基层社会延伸？

中国人的“家国情怀”，是从“诚意、正心、修身”开始，到实现“齐家、治国、平天下”。所以从国家一统志，省、市、县三级志，到乡镇志、村志、家谱，也是一个完整的系统。

正是在这种背景下，我们决定启动中国名镇志文化工程。乡镇是无数中国人生命的底色和成长的摇篮。如何在城镇化进程中，留得住乡愁，记得住乡音，忘不了乡思，事关城镇化进程的人文关怀和文化保护，事关文化血脉的传承。同时，科学记录城镇化进程，反映城镇化成就，也为今后探索城镇化发展规律、积累经验提供了基本素材。作为全面系统记述一定行政区域的自然、政治、经济、文化和社会的资料性文献，志书是以上功能最好的载体。

我国目前有4万多个乡镇，全部修乡镇志还不具备条件。中国名镇志丛书选择的是传统文化名镇、历史军事重镇、革命历史名镇、民族特色名镇、特色经济名镇、旅游景观名镇等类型的乡镇，应该是最具代表性的，在中国乡镇文化传承和社会发展中具有标杆意义。

编纂中国名镇志丛书是对乡土历史文化的保护。随着城镇化进程加快，有不少乡镇被撤并，有些还是在历史上有重要意义的历史文化名镇、特色镇等。如不及时对其历史进行整理、记录，这些重要的历史资料将散佚殆尽。因此，中国名镇志丛书的编纂是对宝贵历史资料的抢救。

编纂中国名镇志丛书是对乡土意识的传承。什么东西有魅力？故乡的山水，乡音乡情的记忆，乡土的气息和家乡菜的味道，不管走到哪里，总是触动心弦。中国名镇志丛书记录的是家乡的山山水水，家乡的历史文化，家乡的风土人情，留住的是乡愁。这些最能激发远方游子和本地民众的爱乡情怀、爱国情怀。

编纂中国名镇志丛书是一种学术探索。镇志的编纂，实质也是一次深入的社会调查研究。“麻雀虽小五脏俱全”，相比省、市、县，乡镇第一手资料的获得需要付出更大的努力。我们也希望在志书编纂上有所创新，使中国名镇志丛书成为一套图文并茂、雅俗共赏的新型志书。

中国社会科学院原副院长
中国地方志指导小组原常务副组长 李培林

中国名镇志文化工程专家委员会

中国名镇志文化工程学术委员会

中国名镇志丛书编纂委员会

中国名镇志丛书编纂委员会办公室

安徽省望江县鸦滩镇志编纂委员会

主　　任	汪结冰	吴永生			
成　　员	陈东平	徐祝青	郝新德	陈　曦	何向东
	金　斌	袁爱民	江心舟	廖长华	王映梅
	茅　松	王小良	陈中节	任爱军	陈江结
	代福林	宁银望	张长林	何应海	吴伯林
	熊泽平	袁根流	丁仁贵	郝发祥	陶中华
	袁文学	曹觉华	方　平	徐炉结	袁　鑫
	肖本超	曹佰银	鄢正旺	汪茜茜	帅圣宏
	江梦梦				

安徽省望江县鸦滩镇志编审人员

主　　编	江心舟				
副 主 编	陈海银	傅小毛			
编审人员	王宏印	江心舟	汪培根	陈海银	傅小毛
	甯江海				
资料采集人员	孙精华	何传珍	陈方金	陶贵元	傅连长
	袁月增				
照片拍摄	傅小毛等				

荷塘山色（2018 年）　　傅小毛　摄

中国名镇志丛书凡例

一、以马克思列宁主义、毛泽东思想、邓小平理论、“三个代表”重要思想、科学发展观、习近平新时代中国特色社会主义思想为指导，坚持辩证唯物主义和历史唯物主义的立场、观点和方法，存真求实，全面、客观、系统记述中国名镇城镇化进程和改革开放成果，传承和抢救乡土历史文化，激发爱国爱乡情怀，留住乡愁，为探索中国特色新型城镇化建设、服务乡村振兴战略提供历史智慧和现实借鉴。

二、为全面反映入志事物发展脉络，各志上限追溯至事物发端，下限一般断至各镇志启动编修年份，个别重大事项可延至搁笔。详今明古，着重反映时代特色和地方特点，重点体现各镇的“名”与“特”。

三、记述地域范围以下限年份的行政辖区为主。为体现名镇在更大区域内的意义，可以从更开阔的区域视野记述与该镇相关的内容。

四、统一采用纲目体，设类目、分目、条目三个层次。横排门类，纵述史实，述而不论。

五、综合运用述、记、志、传、图、表、录等各种体裁，以志体为主。体裁运用适当创新，篇目设置不求面面俱到，一般意义上的乡镇级内容略去不载。

六、除引用文字和附录文献资料外，统一使用规范的现代语体文记述，行文力求朴实、严谨、简洁、流畅、优美，具有较强可读性。

七、人物部类遵循“生不立传”原则，人物传主按生年排序，只选录对本镇发展有重大影响的人物，不面面俱到。

八、各项数据一般采用国家统计部门数据。数据缺乏的，采用主管部门或主办单位正式提供的数据。

九、数字用法、标点符号、计量单位分别执行国家标准《出版物上数字用法》（GB/T 15835—2011）、《标点符号用法》（GB/T 15834—2011）、《国际单位制及其应用》（GB 3100—1993）和《有关量、单位、符号的一般原则》（GB 3101—1993）。历史上使用的计量单位，如斗、石、里、尺、磅、华氏度等，在引文时可照录。考虑到社会使用习惯，全书中亩不统一换算。

十、中华民国成立前的纪年，使用朝代年号纪年，括注公元年份；中华民国成立后的纪年，均使用公元纪年。志中所称“解放前（后）”，以该镇解放日为界；“新中国成立前（后）”，以中华人民共和国成立日 1949 年 10 月 1 日为界；“改革开放前（后）”，以 1978 年 12 月中共十一届三中全会召开为界。本志“××年代”，凡未加世纪者，均指 20 世纪。

十一、为节省篇幅，避免重复，本志采用条目互见法。参见条目的表示形式为：参见本志“××类目·××分目·××条目”。

十二、对旧志、古籍中的繁体字、冷僻字一般用简化字或通用字替换，易引起误解的则保留。

十三、记述各个历史时期的党派、机构、职务、地名等，均以当时的名称为准。对频繁使用的名称，首次用全称并括注简称，其后用简称。

十四、各镇志需要单独说明的事项，均在各自编纂始末中记述。

鸦滩镇在中国的位置

鸦滩镇
望江
安徽省
合肥
北京
天津
乌鲁木齐
新疆维吾尔自治区
西藏自治区
拉萨
青海省
西宁
甘肃省
兰州
宁夏回族自治区
银川
内蒙古自治区
呼和浩特
黑龙江省
哈尔滨
吉林省
长春
辽宁省
沈阳
河北省
石家庄
山西省
太原
陕西省
西安
山东省
济南
河南省
郑州
江苏省
南京
上海市
上海
浙江省
杭州
湖北省
武汉
四川省
成都
重庆市
重庆
湖南省
长沙
江西省
南昌
福建省
福州
贵州省
贵阳
云南省
昆明
广西壮族自治区
南宁
广东省
广州
香港
澳门
海南省
海口
海南岛
台湾省
台北
台湾岛
钓鱼岛
赤尾屿
东沙群岛
西沙群岛
永兴岛
中沙群岛
黄岩岛
南沙群岛
曾母暗沙
黄河
长江
渤海
黄海
东海
南海
图例
北京 首都
天津 省级行政中心
未定 国界
省、自治区、直辖市界
特别行政区界
名镇(乡)所在区域
名镇(乡)
1：32 000 000
审图号：GS（2020）6436号

鸦滩镇在安徽省的位置

1∶3 060 000

审图号：GS（2020）6436号

鸦滩镇地图

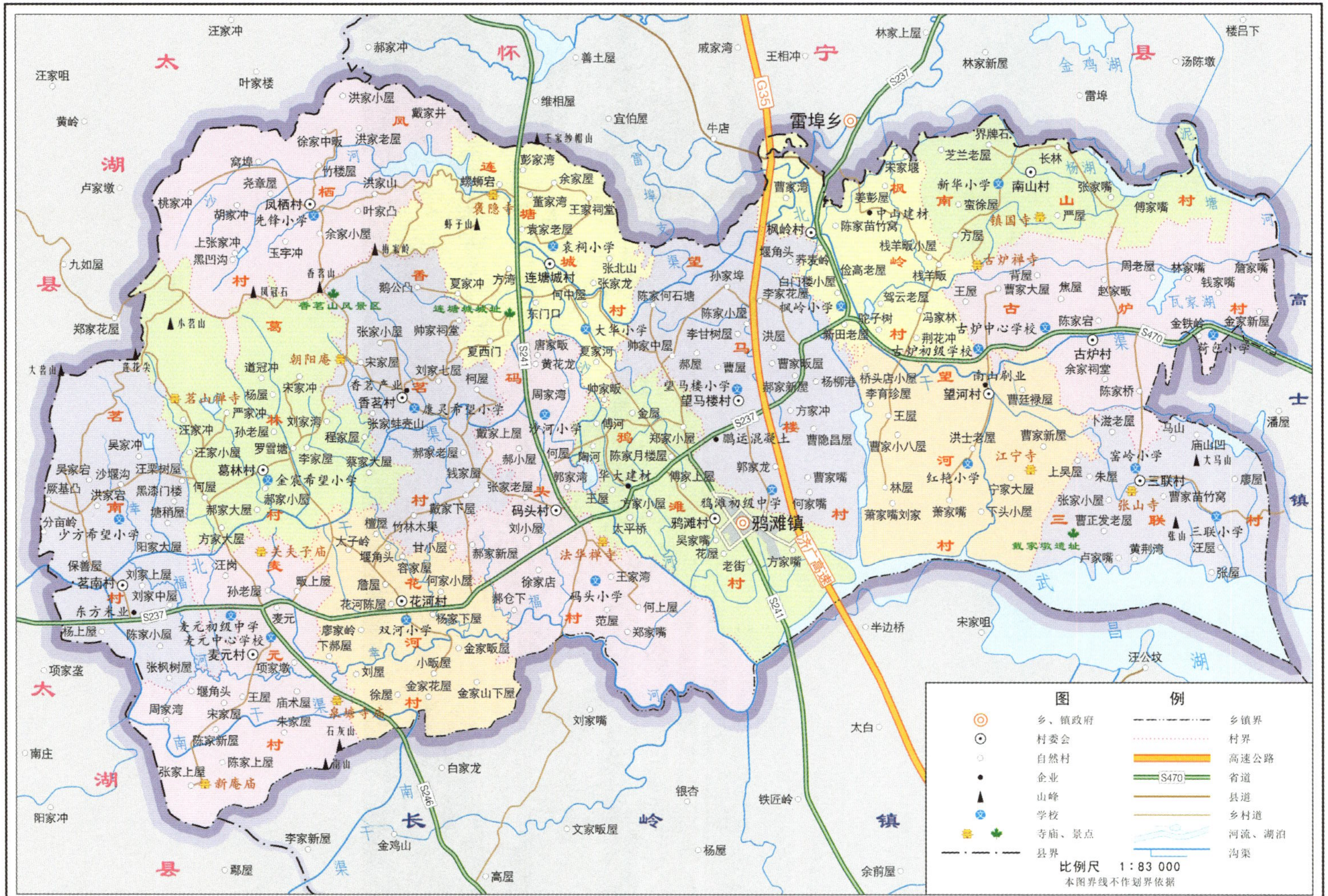

望江县鸦滩镇人民政府 策划　　安徽省第四测绘院 编制　　审图号：庆S（2020）005号　　二〇二〇年五月

中心镇区鸟瞰图（2016年）　　吴成铭　摄

徽派建筑——集镇新区公租房（2016 年） 傅小毛 摄

日出香茗山

吴志贵　摄

香茗山风光——金蟾望月（2018 年） 傅小毛 摄

目录

概述

鸦滩镇位于安徽省望江县西北部，望江、太湖、怀宁三县交界处，距望江县城42千米。总面积158平方千米。辖15个行政村，2018年，常住户18995户，常住人口75593人，耕地74308亩，山场面积3.8万亩，水域面积6000亩。2005年2月，全县区划调整，古炉乡、麦元乡、鸦滩镇合并为鸦滩镇。2008年，鸦滩镇被省政府批准为中心建制镇。2014年7月21日，鸦滩镇被列入全国重点镇建设名单。

鸦滩镇西北的香茗山、东南的武昌湖，是望江县两大旅游风景区，风光秀丽，景色迷人。香茗山跨望江、太湖、怀宁三县，山势崔嵬，壁峭峰奇，洞壑幽深，怪石嶙峋。到处是苍松翠竹，山花烂漫，茶果飘香，令人流连忘返。武昌湖水域面积13万亩，是望江县最大的内陆湖，如同镶嵌在望江大地上的一颗璀璨明珠。鸦滩镇沿武昌湖10余千米，是武昌湖旅游开发的重要组成部分。进入21世纪以来，两大景区开发规划科学，重点突出，已构建起文化旅游体系和生态旅游体系，使名山、名水、名迹再放光彩。2012年，鸦滩镇被安徽省旅游局评为安徽省优秀旅游乡镇，香茗山风景区被评为国家AA级旅游景区。2013年，鸦滩镇被评为安徽省特色景观旅游名镇。

鸦滩有山区、丘陵、湖泊、圩畈，生态资源丰富。新中国成立后，依靠集体的力量和智慧，修水库，开渠道，建圩口，挖当家塘，为发展生态农业打下了基础；5.53万亩林地，林木茂盛、管理规范，林下经济发展迅速；河流、湖汊众多，水生动植物资源丰富，水产养殖业从粗放型到集约型发展。进入21世纪以后，不断优化产业结构，大力发展多种经济，生态建设与经济发展良性循环。2013年6月，安徽省环保厅授予鸦滩镇"安徽省生态乡镇"称号。

望江挑花发源于鸦滩，古朴典雅，技法独特，寓意深刻，正反成趣，巧夺天工。五次进京参展、交流，三次用于制作人民大会堂安徽厅沙发扶手、靠垫，多次获奖，享誉中外。望江挑花以土、特、奇、古的艺术特点向舞蹈、戏剧、绘画、服饰、装潢等领域渗透延伸。2006年，望江挑花被列入安徽省非物质文化遗产保护名录，鸦滩镇被授予"安徽民间文化艺术之乡"称号。2008年，望江挑花被列入国家非物质文化遗产保护名录，鸦滩镇被授予"中国民间文化艺术之乡"称号。为做好做活望江挑花大文章，2008年起，鸦滩镇成立挑花合作社，开展骨干培训和新产品开发，提高产业化水平。在集镇新区建成"文化艺术街"，建设民间文化艺术展览馆、陈列室，建立望江挑花的传承基地。

2015年7月10日19点，CCTV-7《农广天地》栏目播放了《望江挑花》专题片，从望江挑花的历史渊源、现状、传承以及制作流程等，全面展现这一传统民间工艺。

葛林村蔡家大屋的蔡仲贤被早期黄梅戏“好佬”[①] 们称为祖师爷。黄梅戏最初称黄梅腔、黄梅调，起源于山歌、小调。清代，采茶调在演唱过程中，不断吸取民歌小调和徽调、高腔、平安调的优美曲调，逐渐形成具有独特风格的地方小戏——黄梅调。光绪年间，蔡仲贤组织长春班，是望江地区最早的黄梅戏班社。1921 年，蔡仲贤在犁湾塘办科班，致力于课徒授艺，培养黄梅戏新秀。在黄梅戏发展过程中形成了以唱传情的声腔流派——“鸦滩路子”。黄梅戏曲调优美，易学易懂，贴近生活，贴近观众，在鸦滩戏剧舞台上流行时间最长，影响范围最广。

鸦滩是一块文化的热土。许多脍炙人口的诗篇、内容丰富的民间故事，长久流传。至今，英贤辈出，儒风犹存，文学创作之风长盛不衰，精品佳作不断出现；戏剧、歌谣、舞蹈、曲艺百花齐放，亮点纷呈；雕刻、纸扎工艺，享誉大江南北，不愧为“中国民间文化艺术之乡”。

鸦滩山清水秀，地灵人杰，英才辈出。有为民族兴旺、国家强盛、社会进步、人民幸福而出生入死的英烈；有饱读诗书、造福桑梓的贤儒；有悬壶济世的名医；有诲人不倦的名师；有为社会主义建设作出贡献的劳模；有攻关克难的科技精英等。鸦滩人民纯朴、勤劳、敦厚、健康文明的新风尚进一步发扬光大。2014 年 12 月 29 日，安徽省精神文明建设指导委员会授予鸦滩镇“第三届安徽省文明村镇”荣誉称号。进入 21 世纪以来，鸦滩以“彰显文化之乡特色，打造省级中心名镇”为核心，实施城乡一体化统筹发展。2018 年，集镇建成区面积由 2005 年的约 1 平方千米扩大到 4.2 平方千米。改善了基础设施，增强了城市功能，健全了服务保障体制，中心城镇品位不断提升。美好乡村建设以集镇为龙头，中心村为重点，自然村为基础有序推进，成绩显著。山更青，水更绿，田园更美，村庄更亮，城乡面貌焕然一新。2015 年，鸦滩镇获“十佳中国最美小镇”称号。

社会经济全面发展，百姓生活水平普遍提高。2006—2014 年，建成包括西片区、东片区、童装基地的工业集中区，逐步建成以粮油加工、服装制造为主的现代工业。2014 年 12 月，在安徽服装商会二届六次理事会上，鸦滩镇被授予“安徽童装第一镇”称号，为省内唯一获此称号的乡镇。2010 年以来，发展生态农业和“一乡一业”“一村

① 好佬：方言。指有与众不同的本领的狠角色。

一品”，农村社会经济得到了新的发展。2018 年，农村居民可支配收入 11744 元，全镇 90% 的农户拥有小轿车，基本进入小康社会，人民群众享受着现代化的美好生活。

鸦滩环境优美，资源丰富，有悠久的历史，厚重的文化内涵，熠熠生辉的民间艺术。勤劳勇敢、富于智慧的鸦滩人民创造了辉煌的昨天。今天，鸦滩人民面向未来，锐意进取，团结奋进，创造更加美好的明天！

夏耕（2017 年）　　傅小毛　摄

基本镇情

鸦滩镇属安徽省安庆市望江县管辖。总面积158平方千米，在全县10个乡镇中控制面积最大，山场数量最多，人口数居第三位。2018年，全镇设15个行政村，398个自然村，294个村民组。常住户18995户，常住人口75593人，农村居民可支配收入11744元。

新中国成立后，鸦滩人民在中国共产党领导下，奋发图强，社会经济快速发展，镇村面貌不断更新。2008年，鸦滩镇被省政府批准为中心建制镇；2014年7月21日，被列入全国重点镇建设名单。

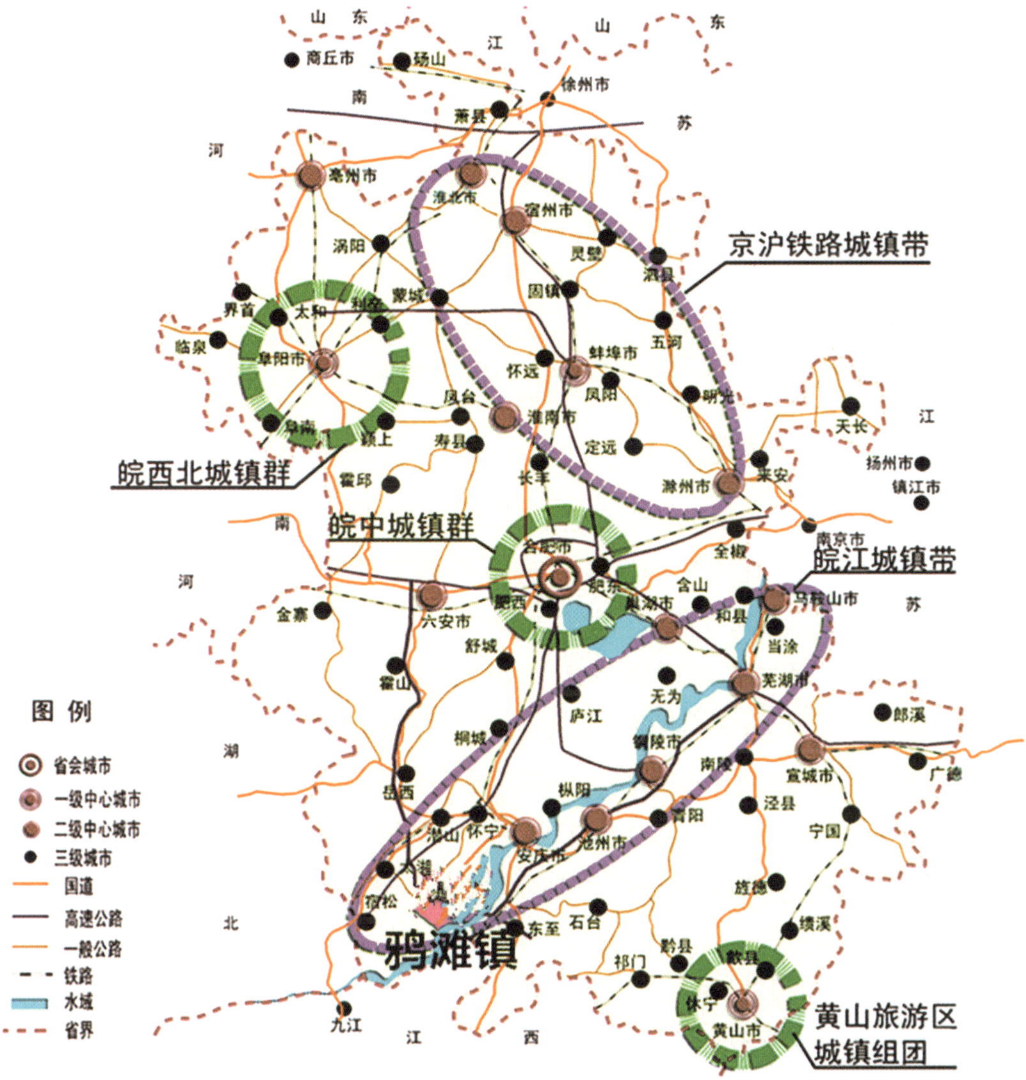

鸦滩镇区位图（2016 年）　　傅小毛　摄

鸦滩镇位于安徽省西南望江县西北部，东距安庆市 103 千米，西距武汉市 266.9 千米，南距黄山市 221 千米，北距合肥市 219 千米。

省道 S212 线月北线横穿该镇东西。济广高速纵贯该镇南北，鸦滩镇政府距济广高速武昌湖出入口 10 千米。

建置 区划

地名由来 因镇境南部有条河流入武昌湖，枯水季节，宽阔的河滩上有许多老鸹（乌鸦）到此觅食，人称“老鸹滩”，后称老鸦滩。1945 年设鸦滩区署，“鸦滩”一名正式见于公文。

建置沿革 据砚池墩、戴家罾遗址出土文物考证，早在新石器时代，域内就有人类活动。东晋隆安、元兴年间置大雷戍后，鸦滩一直为其所辖。

清康熙初年，鸦滩属褒隐寺、法华寺、泉塘寺。清乾隆三十三年（1768），望江县改 13 寺为 12 里，鸦滩属茗南里（泉塘寺）、栖凤里（褒隐寺）、联璧里（永思、法华寺）。光绪初年，设码头镇（现码头村境内，其范围仅码头河北岸船码头及街道。该镇于二十世纪三四十年代衰落，1954 年居民全部迁走，仅剩遗址）。

1929 年，设鸦滩区，区治在鸦滩街，辖泉塘、法华、褒隐三寺（张山寺时为第五区所辖）。1939 年，区公所改为区署，联保改为乡后，鸦滩辖褒法乡、泉塘乡、土永乡。1944 年，鸦滩区署所辖各乡归县直辖。1945 年 10 月，设鸦滩区署，旋撤，乡未变。1947 年，撤高士乡，部分划入廉恭乡，撤值雪乡，部分划入土永乡。此后至望江解放，建置无易。

1949 年，望江解放后，成立县、区、乡爱国民主政府。7 月，均改称人民政府。11 月，废保甲，设区、乡、村。鸦滩区人民政府驻鸦滩街（至 1992 年，区治所在地一直未变），辖茗南、新泉、葛林、码头、连城、炭山、松岭、张北、石桥、土永、褒法、太白、泉塘、长河 14 个乡。

1956 年 1 月，原石桥乡、凫湖乡四村、古炉乡（胡老屋）并入枫岭乡；铁岭乡、二甲乡、古炉乡（除胡老屋）并入古炉乡。鸦滩区辖码头、麦元、枫岭、古炉 4 个乡。5 月，县、乡人民政府改称为人民委员会，区人民政府改称为区公所。1957 年，枫岭乡并入古炉乡，太湖县转桥乡先锋村（因修建褒隐寺水库）划入码头乡。1958 年 9 月，成立人民公社，鸦滩区辖码头、古炉、麦元（曾改名为茗山）3 个人民公社。1960 年 2 月，实行一区一社，鸦滩区改为鸦滩人民公社（区级），辖麦元、古炉 2 个管理区及灯塔、马山、龙山、花园、红旗、四合 6 个直属中心大队。1961 年 2 月，以沙河为界，增设码头、鸦滩 2 个管理区。1961 年 11 月，撤销区级人民公社，恢复区制；撤销管理区，恢复乡级人民公社。鸦滩区辖麦元、码头、鸦滩、古炉 4 个公社。

1968 年 8 月以后，县、区（镇）、社革命委员会相继成立，改鸦滩区为向阳区，改鸦滩公社为向阳公社，改古炉公社为红炉公社。1969 年 4 月，码头公社与向阳公社合并为向阳公社。1970 年，恢复码头公社、向阳公社建置。1980 年 7 月 8 日，向阳区复名鸦滩区，向阳公社复名鸦滩公社，红炉公社复名古炉公社。

1981 年，鸦滩区的行政机构改称为区公所。

1983年，麦元公社恢复乡、村建置。1984年，鸦滩、码头、古炉均恢复乡、村建置。

1992年，撤区并乡，域内设“两乡一镇”[①]。码头、鸦滩两乡合并为鸦滩镇，与麦元乡、古炉乡同属县直辖。2005 年 1 月，古炉乡、麦元乡与鸦滩镇合并为鸦滩镇，镇政府驻鸦滩街。

行政村　2018 年年底，鸦滩镇设鸦滩（社区）村、码头村、香茗村、连塘城村、望马楼村、凤栖村、古炉村、三联村、望河村、枫岭村、南山村、麦元村、茗南村、葛林村、花河村。

2018 年鸦滩镇各行政村概况一览表

表 1

行政村	基本情况		自然村名称
鸦滩村	常住户（户）	1027	郑屋、郑家小屋、金屋、傅河、陶河、戴屋、董家大屋、河东畈、张屋、老街、吴家大屋、吴家嘴、方家嘴、花屋、樟树脚下、陶中屋、王屋、陈家月楼屋、傅家上屋、河西畈、太平桥、方家小屋、夏家河、吴家小屋
	常住人口（人）	4311	
	耕地面积（亩）	4851	
	村民组（个）	18	
	劳动年龄内人口（人）	2701	
码头村	常住户（户）	1655	何绣虎老屋、徐家店、杨家小屋、郝昌下、叶屋、汪家小屋、张家老屋、章家小屋、郝家新屋、陈家小屋、刘小屋、金家三房屋、孔屋、杨树嘴、郑家嘴、王家湾、虞屋、范屋、何家小屋、何思奎老屋、陈家林、塘宇畈、张家河、黄花龙、周家湾、戴家湾、郭家湾、郝小屋、上何屋、杨屋、何家花屋、戴家上屋、郝谐泰屋
	常住人口（人）	6536	
	耕地面积（亩）	10604	
	村民组（个）	22	
	劳动年龄内人口（人）	3688	
香茗村	常住户（户）	1197	陈家石嘴、张家小屋、宋家新店、蔡家小屋（何家小屋）、彭屋、胡家凉亭、郝家梓屋、张家蚌壳山、宋家屋、郝屋、何家下屋、叶家小屋、戴家后屋、柯屋、何家上屋、帅家祠堂、刘家漆屋、鹅公包、戴家下屋、郝家老屋、钱家屋、竹林窝
	常住人口（人）	4172	
	耕地面积（亩）	2858	
	村民组（个）	13	
	劳动年龄内人口（人）	2926	

① 两乡一镇：是指 1992 年“撤区并乡”至 2005 年区划调整时的麦元乡、鸦滩镇、古炉乡。

续表 1

行政村	基本情况		自然村名称
连塘城村	常住户（户）	1321	徐下炉、徐上炉、张北山、张家龙、何中屋、何小屋、帅家畈、夏家河、何下城、李家河、李家城上、墨林下、夏家冲、程家冲、何上城、柯家墩、东门口、夏西门、方家湾、余屋（在原连塘城）、袁家老屋、王家祠堂、袁家新屋、彭家湾、帅家湾、董家湾、上螺丝宕、下螺丝宕、余屋（在原袁畈村）
	常住人口（人）	5240	
	耕地面积（亩）	3099	
	村民组（个）	20	
	劳动年龄内人口（人）	2800	
望马楼村	常住户（户）	1687	老虎林、梅氏老屋、郭家龙、何家嘴、隐昌屋、曹家嘴、朱家小屋、吴家冲、傅家小屋、郝家小屋、堰角头、孙家埠、甘树屋、李花屋、龟山、陈家小屋、洪屋、帅家下屋、麻塘堰、帅家小屋、方家冲、杨柳港、郝新屋、曹畈屋、曹下墙、曹上墙、帅家中屋、陈家何氏塘（又名河石塘、和事堂）、李家邮店、望马楼小屋、郝屋、曹屋、面前小屋
	常住人口（人）	6949	
	耕地面积（亩）	6140	
	村民组（个）	17	
	劳动年龄内人口（人）	3426	
凤栖村	常住户（户）	648	熊家屋、戴家井、竹楼屋、柳家湾、查家河、陶家冲、胡家冲、尧章屋、油坊、叶家包、玉宇冲、黑凹沟、徐家中畈、洪家老屋、洪家小屋、洪家山、黄家碓屋、王家窝埠、王家大湾、王家塘坝、余家小屋、上张家冲
	常住人口（人）	2484	
	耕地面积（亩）	1393	
	村民组（个）	17	
	劳动年龄内人口（人）	1330	
古炉村	常住户（户）	1723	曹家大屋、王屋、徐屋、余家祠堂、陈家新屋、殷屋、金家在祥屋、陈家桥、余家破屋、金铁岭、梅占老屋、陈家宕、周老屋、赵家畈、戴屋、二甲岭、钱家嘴、瓦湖梢、金家新屋、曹家嘴、林家嘴、詹家嘴、曹家小屋、金家小屋、金家老屋、甘屋、背屋、方家嘴、林家店、焦屋、曹家新屋
	常住人口（人）	5740	
	耕地面积（亩）	5009	
	村民组（个）	21	
	劳动年龄内人口（人）	3719	
三联村	常住户（户）	861	方家四方屋、方家前屋、方家后屋、王屋、张屋、董屋（卢山）、方家新屋、大汪屋、吴屋、方家老屋、小汪屋、廖屋、董屋（窑岭）、卜芝老屋、曹家苗竹窝、马山、石塘冲、檀家小屋、庙山洼、张家大屋、戴家畈、卢家嘴、张家小屋、曹正发老屋、子竹庵、黄荆湾、吴屋、朱屋、洪屋
	常住人口（人）	3861	
	耕地面积（亩）	4611	
	村民组（个）	13	
	劳动年龄内人口（人）	2229	
望河村	常住户（户）	1321	曹廷禄屋、曹家新屋、曹家八屋、甯家大屋、下头小屋、萧家嘴、宏士老屋、万兴老屋、胡家新屋、李育珍屋、曹家七屋、桥头店小屋、曹家小八屋、牛山嘴吴屋、王屋、林屋、萧嘴小屋、刘屋、背屋
	常住人口（人）	5612	
	耕地面积（亩）	9748	
	村民组（个）	12	
	劳动年龄内人口（人）	3254	
枫岭村	常住户（户）	1090	窝枫岭、荆花冲、胡家老屋、驮子树、冯家林、驾云老屋、兴田老屋、俭高老屋、曹家湾、陈家苗竹窝、白门楼、刘家畈、栈羊畈、曹家夹屋、陈洪堰、胡立周老屋、曹四房屋、姜彭屋、徐屋
	常住人口（人）	4313	
	耕地面积（亩）	3921	
	村民组（个）	17	
	劳动年龄内人口（人）	2557	
南山村	常住户（户）	1172	聂家桥、东冲屋、长林屋、为龙老屋、蛮徐屋、聂家墩、严屋、方屋、上界牌石、下界牌石、芝兰老屋、陈屋、张家嘴、傅家嘴、余家下屋、三角岭
	常住人口（人）	4895	
	耕地面积（亩）	3497	
	村民组（个）	18	
	劳动年龄内人口（人）	3300	

续表 1

行政村	基本情况		自然村名称
麦元村	常住户（户）	1358	孙家老屋、袁家老屋、邢家河、畈上屋、胡家冈、汪家冈、油榨塘、袁家新屋、小程家嘴、陈家嘴、项家墩、余屋、孙家前屋、孙家后屋、胡家下屋、胡家上屋、庙树脚下屋、朱家屋、塘角头、宋家屋、王屋、张家上屋、张家下屋、徐家花屋、陈家新屋、陈家上屋、周家湾、堰角头
	常住人口（人）	5549	
	耕地面积（亩）	4828	
	村民组（个）	26	
	劳动年龄内人口（人）	2520	
茗南村	常住户（户）	1301	吴屋、张家枫树脚下、刘家上屋、刘家中屋、刘家下屋、黄家小屋、袁家新屋、杨家上头、汪家塘底下、青阳畈、洪家宕、吴家宕、沙堰沟、分亩岭、茅屋塝、保善屋、蕨基包、孟家屋、袁家新屋、阳家大屋、张家楼下、汪栗树脚下、枫树屋嘴、黑漆门楼、吴家冲、刘西林、程家宕、汪家塘梢屋
	常住人口（人）	5498	
	耕地面积（亩）	4476	
	村民组（个）	28	
	劳动年龄内人口（人）	2975	
葛林村	常住户（户）	1374	胡家下屋、胡家上屋、汪家小屋、汪家下屋、方家新屋、方家大屋、郝家大屋、郝家小屋、方家冲、严家冲、汪家冲、王屋、何屋、程家罗雪塘、孙家栗树屋、孙家东畈、孙家西畈、程家宕、孙家道灌冲、犁弯塘、杨屋、李家罗雪塘、程家小屋、宋家小屋、蔡家大屋、郝家塘梢屋、宋家冲、蛇花陂（茶花园）、陈家西塘梢、胡家西塘梢、刘家湾、下家湾、郑屋、蔡家塘
	常住人口（人）	5453	
	耕地面积（亩）	4365	
	村民组（个）	28	
	劳动年龄内人口（人）	2836	
花河村	常住户（户）	1260	太子岭、郝家栗树屋、杨家上屋、汪家小屋、阳家下屋、容家小屋、容家屋、堰角头、檀屋、詹屋、陈屋、廖屋、金家衙口、中间郝屋、廖家岭、下郝屋、项家湾、杨家湾、刘屋、徐屋、杨家下屋、何家小屋、甘家大屋、甘家小屋、叶屋、金家大畈屋、金家山下屋、金家花屋、金家小畈屋、阳家小屋
	常住人口（人）	4980	
	耕地面积（亩）	4908	
	村民组（个）	24	
	劳动年龄内人口（人）	2750	

自然地理

地理位置 鸦滩镇位于安徽省西南、望江县西北部，距县城 42 千米。东与高士镇接壤，东南临武昌湖，南与长岭镇交界，西北与太湖县大石乡、徐桥镇、新仓镇相邻，东北与怀宁县雷埠乡相连。地理坐标在北纬 30° 16′ ~ 30° 23′、东经 116° 26′ ~ 116° 39′。呈扇形，东西最长 29.5 千米，南北最宽 18 千米。

地貌

鸦滩镇西北部是香茗山，西南部是南山，东北部是泥塘湖，东南部是武昌湖。“两

凤栖村风光（2018 年） 郑强 摄

山两湖”之间，丘冈起伏。自西北向东南呈西北山丘区—中东部低冈区—沿湖圩畈区三级阶梯的主体地貌。西北山丘区面积约 65 平方千米，包括凤栖村和麦元、葛林、茗南、香茗、连塘城的一部分。以西南—东北走向的香茗山、东西走向的南山为主体构成山丘地貌。中东部低冈区面积约为 50 平方千米，包括花河、码头、鸦滩、望马楼、枫岭、古炉、三联、南山、望河等村的一部分。由码头街向东经窝枫岭、二甲岭出境至毛安岭的长条冈丘构成主体地貌。一般海拔在 20 ~ 30 米，坡度为 3° ~ 5°，少数冈坡达 15°。地貌经流水切割成冈冲相间状态，码头、鸦滩、望马楼、枫岭四村之间尤为明显。在长条冈岭上横贯花凉亭水库北分干渠。冈岭东北为泥塘河，以南为武昌湖梢。沿湖圩畈区面积约为 43 平方千米，西起麦元、花河村中部，向东经码头、鸦滩、望马楼、望河、南山、三联，属武昌湖、泥塘湖梢圩畈区。由杨树圩、鸦滩圩、中圩、郭塘圩、三合圩、四合圩、五合圩、三冲圩 8 口千亩以上的大圩和双桥圩等小圩，及赤城畈、沙河畈、石桥畈等构成主体地貌。地势低洼平坦，一般海拔 10 ~ 20 米，最大高差 10 米，坡度多为 0° ~ 5°，土质肥沃，灌溉便利，是镇粮食主产区。

香茗山 大别山余脉，位于镇西北，跨望江、太湖、怀宁三县，距镇治 10 千米。西起分亩岭，东至纱帽山，全长 20 千米，为望江最大山脉。共有大小山岭 45 座，其中海拔 200 米以上的山丘自西向东有分亩岭、大茗山（主峰海拔 489 米）、莲花尖（海拔 300 米）、小茗山（海拔 447 米）、梅家岭（海拔 250 米）、纱帽山（海拔 203 米）

等25座，全县海拔300米以上的山丘均分布于此，海拔低于200米的有虾子山（海拔190米）、凤形山（海拔151米）等。香茗山南麓由钾长花岗岩构成，局部坡度40°左右，形成奇峰峭壁和“石蛋”微地貌。山谷中分布有小季节河沟，沟谷底部堆积近代风化物。

南山 大别山余脉，位于镇西南部，东西横贯太湖、望江两县。望江县内南北跨鸦滩、长岭两镇。主峰海拔219.4米，为镇域内第二大山脉，山南麓有煤炭构造。石灰山（海拔196.3米）、蛇山（海拔44米）均属南山。

水系

鸦滩河水系 位于镇西南部，包括码头河、花河、石桥河、沙河、夹夹河、邢家河、泉塘河、谷山河等河流，除鸦滩河、码头河外，均属“雨季为河，旱季为溪”的小河。

泥塘河水系 原名埭沟河，位于镇东北部。起自怀宁县龙王山，于南山村傅家嘴入镇境，向东流入高士镇、赛口镇，汇入幸福河，镇域内长约3.2千米，宽10～70米。

花凉亭水库西灌区总渠 花凉亭水库西灌区总渠自龙山宫起至分亩岭入境到周家湾，境内长3千米。南、北分干渠于1965年11月20日动工兴建，1966年3月20日建成通水。花凉亭水库西灌区总渠南分干渠自周家湾至佛子岭出境到长岭镇，境内长6千米。花凉亭水库西灌区总渠北分干渠从张家楼进口至金新屋出境到高士镇的太子庙，境内长23千米。1972年、1979年又分别进行两次规模较大的扩建整修，达到设计标准。域内实际灌溉面积20400亩，建有灌溉面积3000亩以上的支渠6条，分别是三联支渠、

花凉亭水库西灌区总渠北分干渠葛林村段（2016年） 江心舟 摄

五合圩排灌沟（2017 年）　　傅小毛　摄

红星支渠、郭塘支渠、中沟支渠、杨树支渠、四联支渠。

褒隐寺水库灌渠　包括总渠和东、西支渠。总渠从水库出口至袁家老屋分水口，长约 2 千米；东支渠自分水口，经张北山、张家龙至何氏塘，设计灌溉面积 1800 亩；西支渠自分水口，经方家湾、程家冲、余屋、夏西门、柯屋、唐宇畈、黄花垅至何家花屋，设计灌溉面积 1200 亩。

气候　鸦滩属北亚热带季风气候区，四季分明，无霜期长。夏冬两季长，春秋两季短。春季冷暖多变，春雨绵绵；夏季梅雨季节，高温炎热；秋季气候温和，晴朗少雨；冬季严寒，雨雪稀少，由单一冷气流控制。

四季降水不均，秋冬两季少，春夏两季多。特别是梅雨期（入梅最早在 6 月 6 日，最迟在 6 月 28 日），华南雨带北移至长江沿岸，在江淮一带持续徘徊，鸦滩地区降水量有 250 ~ 300 毫米，占夏季降水量的 2/3，是全年雨量最集中的时候。梅雨期平均约 20 天。梅雨强度大，平均每年发生一次大到暴雨，少数年份也有“空梅”现象，要防涝、防旱。

民间习惯以农历一月、二月、三月为春，四月、五月、六月为夏，七月、八月、九月为秋，十月、十一月、十二月为冬。累年平均气温为16.5℃，最高年平均气温为17.5℃，最低年平均气温为15.9℃。最热在7月，平均气温为28.8℃；最冷在1月，平均气温为3.7℃。气温平均差25.1℃；春秋两季气温变化率大，幅度在11℃以上；冬夏两季气温变化率小，幅度在3℃以下。

年平均无霜期为292天，最短为212天。累年平均初雪日为12月18日，终雪日为3月3日。

全年以东北风为主，春末到盛夏以偏南风为主，西风偏少。冬季风速最大，夏季风速最小。有“东风一刮，乐死鸡鸭；西风一发，虫灾没得”的俗语。7～8级大风多见于3月和9月。每年都会有雷雨大风天气。

人口

人口总量与分布 早在新石器时代晚期，域内已有人类繁衍生息。封建社会经济落后，社会动荡，生存环境恶劣，人口增长慢，且变动幅度大。1953年，域内仅9514户，36934人。此后，人民生活不断改善和提高，人口增长较快。20世纪70年代，实行计划生育。2016年1月1日起，施行一对夫妇可生育两个孩子政策。2018年，全镇共出生1169人，净增734人，自然增长率为8.83‰。到2018年年底，全镇户籍总人口79477人。

1964年6月30日，境内人口密度为每平方千米267.97人，高于全县平均（253.89人）14.08人；1990年6月30日，境内人口密度为每平方千米427.48人，比1964年每平方千米增加159.51人。2015年，全镇乡村人口76551人，人口密度为平均每平方千米484.5人，比1964年增加216.53人。非农业人口少，主要集中在鸦滩、麦元、古炉、码头、窝枫岭集镇上，1976年738人，1996年2242人（含工商户经济自理户口），2010年1312人，2018年736人。

2006 年、2018 年鸦滩镇乡村人口分布情况表

表 2

村名	2006 年		2018 年		村名	2006 年		2018 年	
	户数	人口	户数	人口		户数	人口	户数	人口
合计	18052	73349	19338	78741	三联	812	3394	861	3861
鸦滩	1288	5423	1413	5916	望河	1267	5177	1298	5325
码头	1470	5920	1655	6536	枫岭	1027	4061	1090	4313
香茗	1013	4027	1203	4341	南山	1033	4309	1172	4885
连塘城	1279	5033	1321	5240	麦元	1290	5190	1358	5549
望马楼	1616	6320	1687	6949	茗南	1259	5312	1304	5574
凤栖	618	2468	648	2484	葛林	1284	5382	1345	5488
古炉	1618	6619	1723	7175	花河	1178	4714	1260	5105

说明：根据 2006 年、2018 年年报数据整理，“乡村人口”指农业人口

人口机械变动 新中国成立前，奉行早婚、早育、多育，人口出生率高，死亡率也高，自然增长速度缓慢。新中国成立后，人口增长呈“两快一慢一稳”的趋势。“两快”：一是 1949—1957 年，人口增长较快，自然增长率最高的 1957 年为 19.8‰，最低的 1955 年为 6.62‰；二是 1963—1976 年，自然增长率最高的 1963 年为 36.48‰，最低的 1976 年为 18.3‰。“一慢”是 1958—1962 年，自然增长率最高的 1962 年为 3.97‰。“一稳”是 1977—2018 年，长达 41 年的时间里，自然增长率均在 15‰以下，大部分年份在 8‰ ~ 10‰。人口发展总趋势是出生多、死亡少、增长快。

1949 年以后，除正常出生、死亡、婚进婚出外，人口有三次小的变动。一是 1957 年，因兴建褒隐寺水库，太湖县转桥乡先锋村划归码头乡；二是 20 世纪 60 年代初，向

人口文化知识竞赛（2014 年） 李平 摄

青草湖移民；三是从 1968 年下半年开始的知识青年“上山下乡”和城市居民下放活动。

20 世纪 80 年代初，许多青年人外出务工经商，流动人口逐年增多。2018 年，全镇县外务工经商的流动人口有 25366 人，占劳动年龄内人口 43011 人的 58.9%。主要集中在河南郑州从事建筑装潢业，在浙江湖州织里镇从事服装业，在山东淄博从事家具制造、销售以及在其他大、中城市从事餐饮服务业。

2005—2018 年鸦滩镇外出务工经商人口情况表

表 3　　单位：人

年份	合计	县内	县外	年份	合计	县内	县外	年份	合计	县内	县外
2005	17584	1876	15708	2010	27840	4437	23403	2015	29293	4156	25137
2006	21025	2701	18324	2011	28051	5662	22389	2016	29583	4564	25019
2007	24933	3009	21924	2012	28458	5123	23335	2017	30999	5231	25768
2008	25291	3243	22048	2013	29518	4314	25204	2018	30953	5587	25366
2009	26227	4101	22126	2014	29787	4024	25763				

说明：根据农业年报整理

人口构成

民族构成　鸦滩镇人口以汉族为主。1990 年第四次全国人口普查时，总人口 67542 人，少数民族仅有回族，人口 2 人。2000 年第五次全国人口普查时，全镇有 29 个由汉族与少数民族组成的混合家庭。2010 年第六次全国人口普查时（按全国人口普查统计口径），全镇有汉族 63987 人；有回族 1 人、维吾尔族 1 人、苗族 7 人、彝族 1 人、壮族 2 人、满族 3 人、土家族 1 人、羌族 1 人、撒拉族 3 人、塔塔尔族 1 人，共 10 个少数民族，21 人，他们沿袭汉族的文化风俗习惯，也使用汉语。

性别构成　人口性别比例总体趋于合理。1953 年为 103.30（即女 =100 男 =103.30。下同），1982 年为 106.91，1990 年为 104.13，2010 年为 103.1。

年龄构成　2010 年第六次全国人口普查时（按全国人口普查统计口径），总人口为 64008 人，男 32493 人，女 31515 人。0 ~ 14 岁人口 11272 人，占总人口的 17.61%；15 ~ 64 岁人口 45742 人，占总人口的 71.46%；65 及 65 岁以上人口 6994 人，占总人口的 10.93%。2018 年，全镇 80 岁以上高龄老人有 1648 人，其中 90 岁以上老人 105 人。

文化构成　旧社会，只有少数地主、乡绅、官宦、富商子弟上学，或念私塾。新中国成立以后，兴办学校，大力扫盲。1985 年，青壮年文盲率为 27.9%，比 1949 年的 78.3% 下降 50.4 个百分点。20 世纪 80 年代，政府加大投入，普及小学教育，90 年代，实现基本扫除青壮年文盲，基本实行九年制义务教育的目标。2010 年，全镇有大学生（包括大学肄业、在校生、大专生）1675 人、高中生（包括中专生等）5351 人、初中生 19563 人。2018 年，全镇有博士研究生 50 余人。

职业构成 新中国成立前，从业人口中主要是从事农业生产，仅少数人从事手工业、商业和担任公务人员。1949—1978 年变化不大。20 世纪 80 年代初，一些富余劳动力开始外出务工、经商，农村的社会分工发生了质的变化。2007 年，乡村从业人口 42202 人（年报数据劳动年龄内人员，下同），其中非农业从业人口 23734 人，首次超过农业从业人口。2013 年，工业从业人口 13557 人，农业从业人口 11922 人，工业从业人口首次超过农业从业人口，工业和非农业从业人口占总从业人口的 69.95%。2018 年，乡村实际从业人口 43025 人（年报数据），其中农业从业人口 10805 人，占 25.11%；工业从业人口 16495 人，占 38.34%；建筑业从业人口 7343 人，占 17.07%；交通邮电仓储从业人口 739 人，占 1.71%；金融业从业人口 36 人，占 0.08%；批零餐饮业从业人口 2888 人，占 6.72%；科教文卫从业人口 380 人，占 0.88%；从事其他行业从业人口 4339 人，占 10.09%。外出务工经商人员 30953 人，占乡村从业人口的 71.94%。

姓氏构成 2018 年，全镇有 245 个姓氏。其中陈、曹、何三姓人口均超过 5000 人。人口在 4000 ~ 5000 人的姓氏有郝姓，超过 4000 人。人口在 3000 ~ 4000 人的姓氏有徐（3259 人）、李（3093 人）2 个，人口在 2000 ~ 3000 人的姓氏有金、袁、张、汪、吴、孙、王 7 个，人口在 1000 ~ 2000 人的姓氏有胡、帅、方、刘、程、傅、余、甯、宋 9 个。只有 1 人的姓氏有 58 个，有 2 人的姓氏有 24 个，有 3 人的姓氏有 24 个，有 4 人的姓氏有 8 个，有 5 人的姓氏有 7 个。

2018 年鸦滩镇姓氏人口一览表

表 4　　单位：人

姓氏	阿	阿依尔蔓	安	昂	敖	白	柏	包	鲍	毕	宾	卜	班	蔡
人口	2	1	4	11	1	7	1	2	14	27	1	3	2	370
姓氏	曹	查	柴	产	常	陈	成	程	仇	储	楚	崔	催	代
人口	6595	234	2	5	11	7091	1	1092	4	1	1	19	3	7
姓氏	戴	单	党	荡	邓	狄	丁	董	钭	窦	杜	段	塅	樊
人口	959	4	1	1	17	1	16	957	1	1	11	7	4	3

续表 4

姓氏	范	方	费	冯	傅	甘	高	部	葛	耿	贡	谷	顾	官
人口	253	1534	3	54	1061	493	41	2	6	4	1	1	3	3
姓氏	管	桂	郭	韩	华	花	郝	何	和	贺	衡	洪	侯	胡
人口	3	2	37	94	2	1	4572	5775	1	3	3	412	3	1824
姓氏	黄	霍	纪	季	佳	贾	江	姜	蒋	焦	金	靳	阚	柯
人口	538	3	3	2	1	17	25	100	16	218	2993	1	1	62
姓氏	孔	寇	匡	况	稂	黎	李	历	梁	廖	林	玲	凌	柳
人口	36	1	1	3	1	3	3093	1	23	271	372	1	1	1
姓氏	刘	龙	卢	鲁	陆	路	逯	雷	吕	罗	骆	马	毛	茅
人口	1161	8	164	41	5	3	1	8	9	25	1	28	7	3
姓氏	麦	穆	慕	梅	孟	蜜	缪	牟	莫	那	倪	聂	甯	牛
人口	1	1	1	3	16	1	1	1	5	2	15	476	1011	3
姓氏	欧阳	潘	庞	彭	皮	蒲	戚	齐	谯	乔	钱	强	秦	邱
人口	356	39	4	331	1	5	1	5	1	3	225	1	9	9
姓氏	区	曲	屈	瞿	冉	饶	任	荣	容	阮	桑	上官	尚	邵
人口	1	2	3	1	1	44	47	2	295	5	2	1	5	13
姓氏	沈	盛	施	石	史	水	帅	疏	舒	宋	苏	孙	坛	檀
人口	16	4	7	8	12	1	1539	1	14	1004	20	2182	2	237
姓氏	谭	汤	唐	田	陶	萄	童	涂	万	汪	王	危	伟	韦
人口	11	32	23	10	242	1	22	2	9	2278	2132	1	7	18
姓氏	魏	温	文	闻	翁	巫	吴	伍	武	夏	向	项	萧	谢
人口	68	2	7	1	2	1	2267	2	9	257	4	374	717	30
姓氏	辛	熊	许	徐	轩	宣	薛	闫	严	颜	阳	杨	尧	姚
人口	7	145	40	3259	1	1	10	3	158	2	41	736	2	20
姓氏	叶	伊	印	殷	壅	应	尤	于	余	虞	禹	喻	袁	岳
人口	616	3	1	106	1	1	1	6	1031	254	2	27	2800	2
姓氏	载	曾	占	詹	张	章	赵	甄	郑	中西	钟	周	朱	郲
人口	1	9	10	260	2303	211	54	3	570	2	6	104	306	1
姓氏	祝	庄	卓	邹	宗	祖	臧							
人口	3	1	6	2	3	2	1							

说明：姓氏以音序排序

镇村建设

发展概况

新中国成立前，鸦滩仅有一家中药铺、一家米行，几家茶馆、小吃店。街道长不足200米，宽约5米，两侧多为土砖小瓦房，个别好一点的店铺用少量青砖建造店面。店铺用木头做成插板门，高、宽均约2米。抗日战争时期，望江县政府迁鸦滩街，国民党县党部及县政府直属机关也相继迁到鸦滩街附近的村庄办公，鸦滩街开始繁荣。抗日战争胜利以后，县政府及其机关迁回县城，鸦滩街陷入萧条。

新中国成立后，鸦滩街一直是区公所、公社管委会（革委会）和乡、镇政府所在地，集镇建设发展较快，大致可分为三个时期。

1949年4月—1992年2月　1949年望江解放后，鸦滩街作为区公所（政府）、鸦滩公社（乡）所在地，逐步增设政府机关、学校和事业单位，同时集体企业、私营工商业经营者逐渐增多。20世纪80年代以后，一些有一技之长、有经济实力的村民开始在街

鸦滩老街（2018年）　傅小毛　摄

农村新貌（2017年）　傅小毛　摄

上或租，或买，或建房，经商办企业，促进了市面繁荣。1990 年，中共鸦滩区委、区公所用一年时间将主街道进行拓宽整治，形成 9 米宽的街道，两边有走廊、下水道和 5 米的路肩，并铺成柏油路面。到 90 年代初，形成两条呈“卜”字形的街道，长约 1000 米。

1992—2005 年 “撤区并乡”后，鸦滩镇党委、镇政府举全镇之力，进行集镇建设。1994—1998 年，兴建农贸街；1997 年，开始政府机关搬迁与开发桃园街，拆迁兽医站，建设政府街；1998 年年底，政府机关搬迁到新大楼办公。与此同时，派出所、法庭、教办搬迁新地。1997 年年底至 1998 年年初，十字街到董家大屋水塘两边的违章占街建筑全部被拆除，道路被填平成为街道。至此，从老街口到董家大屋南北向大街、农贸街口到种子站的东西向大街，与新建的桃园街、政府街形成“井”字形的布局，鸦滩集镇新格局形成。

1996 年 4 月 10 日，鸦滩镇作为望江县唯一集镇建设成绩突出的乡镇，参加市政府召开的市建设工作会议。1998 年，安徽科学技术出版社出版发行的《发展中的安徽小城镇》一书，鸦滩镇是望江县唯一选入书中的乡镇。

2006—2018 年 2005 年区划调整后，镇域范围扩大，人口增多，经济总量增加。2008 年年底，鸦滩镇被批准为省级中心建制镇，给中心镇区的发展带来新的机遇和挑战。

2009 年，通过招商引资，占地面积 200 余亩的鸦滩集镇新区动工。一期开发面积 80 亩，2009 年 9 月奠基，2013 年建成。由中国·望江（鸦滩）童装基地、政务新区、综合大市场、文化广场四部分组成。总建筑面积为 82800 平方米。2009 年，修通武香大道集镇段，在集镇东北规划建设鸦滩工业集中区东片区。在扩容升级的同时，对集镇老街道和原省道 S212 线集镇段进行全面整治，集镇建成区形成“四纵四横”的道路格局，面积由 2005 年的约 1 平方千米扩大到 4.02 平方千米，服务功能明显增强，镇区建设初具规模。

2010 年，村镇规划建设办公室配备市政执法中队。镇政府加大投入，改造升级老镇区，完善新镇区的基础设施。2010 年，投资 200 万元，对镇区主要下水道进行改、扩建，将 14380 米的老集镇和集镇新区污排水管网全部接通，新建 3 千米的污排水管道，完善主次干道污排水设施，对污水处理实施“微动力污水处理系统”[①]。

---

① 微动力污水处理系统：是指完全依靠自流和可控的生物自净能力来处理污水。由收集管网、化粪池、集水池、调节池、生态塘、潜流湿地、表面流湿地组成。一般用于处理民用生活废水。

敬纯路（2016 年） 傅小毛 摄

2009 年 9 月，鸦滩综合大市场奠基 李平 摄

2012 年 3 月 31 日，鸦滩镇十四届人大第二次会议通过《望江县鸦滩镇总体规划修编（2014—2030 年）》，对中心镇区作全面规划，以“五纵八横”为主街道。“五纵”指南北向的振兴路、褒隐路、武昌湖大道、敬纯路、武香大道；“八横”指东西向的胜利路、育才路、创业路、香茗山路、朝阳路以及较短的府前路、桃园路和省道月北线集镇沿线。2014 年年初，投入资金 98 万元，对街头绿地、绿道、武香路绿化进行全面提升，城镇园林绿化率在 40% 以上。2018 年，日处理 1000 吨污水的武昌湖生态环境保护项目鸦滩镇常规动力污水处理站及管网工程告竣，投入使用。

2018 年建成的主要街道有振兴路、武昌湖大道、敬纯路、胜利路（原农贸街）、府前街、育才路。整个集镇，机关单位及商业户以三层框架、半框架砖混结构的复式楼房为主，有少量四层和四层以上楼房。基本建成望江西北部功能齐全、经济繁荣的新兴城镇。

康居新村建设

乡村建设在鸦滩有较好的传统。“农业学大寨”期间，鸦滩公社长丰大队进行村庄规划和建设；码头公社灯塔大队的郝昌下、杨桥大队的宋屋迫于洪水的威胁进行整体搬迁；麦元公社永红大队的孙家沙堰沟部分搬迁。2005 年起，中共鸦滩镇党委、政府以发展经济为主线，启动以改善基础设施为重点的美丽乡村建设。根据总体规划中 2006—2010 年的近期规划，全镇村庄规划为 16 个中心村（葛林村规划为两个中心村），83 个基层村。2005 年，鸦滩镇被安庆市环保局评为环境优美乡镇。

2006 年，制定《鸦滩镇 ×× 村庄规划理事会章程》，成立村庄规划领导小组，各行政村、自然村成立村庄规划理事会，使美丽乡村建设高起点、严要求、有规范地进行。

2006 年 1 月 2 日，镇政府编制康居新村的具体规划，按一次规划、分步实施的方针执行。具体目标按照“一年抓示范，三年成规模，五年大变样”的工作目标，用 5 ~ 8 年的时间，形成一批布局合理、功能齐全、环境优美、各具特色的康居新村，使全镇康居率达 70%。

2006 年年初，全镇 16 个中心村康居建设全面启动。结合各村实际情况，分中心村建设，整体搬迁，部分搬迁重建、部分原基改造，原基改建四个层次进行。2006 年以后，加强环境保护，大力实施镇村绿化、硬化、亮化、美化工程，美丽乡村建设进入一个崭新的阶段。2010 年，鸦滩镇获望江县小城镇建设“雷池杯”竞赛一等奖，被评为安庆市小城镇建设先进单位；2012 年，荣获安庆市小城镇建设“宜城杯”竞赛二等奖和望江县小城镇建设“雷池杯”竞赛二等奖。2014 年 12 月 29 日，安徽省精神文明建设指导委员会授予鸦滩镇“第三届安徽省文明村镇”荣誉称号。

中心村建设 2012 年 12 月，望马楼村中心村建设规划由北京世纪千府国际工程设计有限公司编制完成，2013 年 3 月通过专家评审，并由市规划部门审查通过，5 月由县人民政府批准，动工建设。2013 年年底，通过省级验收，成为鸦滩镇第一个省级中心村。

全国文明村望马楼村党群服务中心（2017 年） 傅小毛 摄

鸦滩镇其余15个中心村同时进行编制规划、筹措资金、组织实施，至2018年年底，建成鸦滩中心村、码头中心村、莲塘中心村、香茗中心村、三联中心村、望马楼中心村6个省级中心村，葛林中心村、古炉中心村2个市级中心村。

鸦滩中心村位于鸦滩村中部，由张屋、吴家嘴、吴家花屋组成，110户、508人。2015年，中心村人均收入8145元。

鸦滩中心村于2013年上半年动工，2014年建成，2015年通过省级验收。累计投资604.8万元，采取老宅区改造和新宅区建设相结合的方法实施。整个工程拆除危旧房98处，完成110户农房白墙红瓦立面改造工程，家家用上自来水、太阳能。建公厕4座，110户安装净化桶，对排出的污水进行三级净化后再排进污水管道，建成三格式化粪池、沼气池2座。新建排雨污水管网15.55千米，实现雨污水分离。新建面积483.27平方米的村民活动中心，内设图书室、党员活动室、村民议事厅，完成面积310平方米的古树休闲庭与面积356平方米的停车场水泥场面。全面改造供电线路、有线电视杆线，村主次干道安装路灯105盏。整治水塘5口、沟渠450米，建成5.1千米的主、次水泥道路。建成总长36米的宣传长廊3处，弘扬鸦滩历史文化和积极向上的民风民俗。

整体搬迁 2002年，码头村范屋、鸦滩村陈家月楼屋先后动工进行整体搬迁，随后茗南村的张家楼下、香茗村的郝家老屋等自然村相继动工，规划建设标准高、管理严、速度快、创意新，在全镇起到示范引领作用，在全县范围内也有很大的影响。至2018年年底，全镇整体搬迁的自然村有23个，其中古炉村10年间有6个自然村搬迁，涉及248户、1411人，总投资435万元。全镇总投入25100万元，受益户数1255户，受益人口5274人。

码头村范屋。位于码头河畔码头桥北，全村86户、368人，范、饶两姓合居。2002年，迁建工作正式开始。年底，有80户搬迁到位，主要工程基本完成。新落成的范屋自然村，整体布局为“五纵六横”。5条南北纵街中，1条主街宽16米，其余4条宽6米；6条东西横街均宽4米，总长1.5千米。铺设下水道长2千米，按距离放置环卫垃圾桶，间隙处种植花草。环村路宽8米，长800米；进村公路宽5米，长900米，两旁植香樟2000余棵，安装路灯32盏。路面全部水泥硬化。建村民体育运动场1个、面积800平方米，村民休闲广场1个、面积1800平方米，草坪1块、面积300平方米。每户建筑模式基本相同，后面两层楼房，上下共6开间，中间留一小院，大门楼一侧为厨房、餐厅，一侧为沼气池、卫生间，占地面积209平方米。

2006年年底，码头村范屋在市、县新农村建设示范点评比中获第一名，被评为安徽

新农村建设示范点鸦滩村陈月楼屋（2016 年）　傅小毛　摄

省农家乐旅游示范点。省、市、县领导多次考察，省、市、县电视台多次采访报道。外省新农村建设考察团也到村参观、考察。

鸦滩村陈月楼屋。2002 年，将村庄整体搬迁至自然村东边省道 S212 线旁地势较高处，占地面积 50 亩，建房 83 户，户均用地面积 200 平方米。总投资 180 万元，完成改水改厕工程，新建公厕 2 座；硬化主、次干道 1.8 千米；新修雨污排水沟 3.6 千米；兴建面积 1000 平方米的村民休闲广场、面积 20 平方米的休闲亭各 1 座；绿化带面积 520 平方米，栽种梅花、香樟、桂花等苗木；安装路灯 50 盏。2007 年 9 月 20 日，陈月楼屋被望江县新农村建设指挥部确定为新农村建设示范点。

茗南村张家楼下。原址位于阳家大屋西 1000 米，花凉亭北分干渠北岸，43 户居民。2009 年动工，将整个村庄搬迁至花凉亭西灌区总渠南、北分干渠南侧的面前山。经过一年多的拆建，全部搬迁到位，老屋基复垦耕种。新自然村沿村公路东西两侧建设。公路东侧分布 13 户，房屋坐东朝西，面朝公路，店面房格局；公路西侧分布 30 户，房屋坐北朝南，东西向 5 排，每排 6 户，中间为宽 5 米的街道。沿公路第一家是店面房，面朝公路。家家楼房为钢混结构，房屋街道整齐划一，污水统一从地下排放，并有路灯、绿化带，通水、电、网络。

部分搬迁重建、部分原基改造　2009 年，老虎林自然村动工搬迁重建、原基改造，随后，望马楼村曹上墙屋、鸦滩村董家大屋、花河村檀屋、何家小屋、葛林村郝家大屋等8个自然村进行搬迁重建、原基改造，总投入4785万元，受益户数638户，受益人口2706人。2017年，望马楼村被评为全国文明村。

望马楼村老虎林。位于鸦滩集镇北面，与集镇相连，全村129户、510人。2009年，该自然村3个生产小组推选9人组成村庄规划理事会，负责自然村的改造整治建设。累计投入资金达432万元，老住宅区改造和整户搬迁相结合，共分为6个内容：2009—2011年，先后搬迁31户居民至月北公路边，南北向共6排，每排之间铺宽5米的道路，两边是排污下水道。2010年，将祖堂搬迁到新区东面。拆除危旧房屋93处，完成98户农房白墙红瓦的立面改造工程，家家用上自来水、太阳能热水、有线电视。整治水塘3口、沟渠360米，新建排雨、排污水管网1.7千米，实现了雨污水分离。建公厕1座，11户安装了净化桶，对排出的污水进行三级净化后再排入污水管道，建成三格式化粪池、沼气池各3座。新建建筑面积243.5平方米的村民活动中心，内设图书室、党员活动室、村民议事厅。完成面积392平方米的篮球场与面积252平方米的停车场建设。规范杆线，硬化村内主、次干道共16千米，安装路灯65盏。新建区和老村改造区完成绿化，对周边3片林地进行整治补栽。建设长60米的宣传长廊和宽5米的中心村大门楼，村容村貌焕然一新。

原基改建 2013年，鸦滩村方家嘴完成原基改造工程。2014年年初开始，陶家河、张屋、吴家嘴、花屋、码头村郝家新屋、花河村檀屋先后开工改基。2018年年底，原基

望马楼村虎林新村（2016年）
傅小毛 摄

中心镇区一角（2017年） 傅小毛 摄

改造完工的有31个自然村和20个村庄整治点，总投资13565万元，受益户数2773，受益人口12478人。

三联村董屋（窑岭）有56户，268人。2008年5月，进行老村庄改造，开展“三清”，即清路障、清零星杂树、清垃圾；实施“五改”，即改路、改圈、改厕、改厨、改垃圾入桶。经过5年的努力，修建宽4.5米的水泥路面116米，下水道1.263千米，安装路灯36盏，建沼气池36个、娱乐活动场1个，配建篮球架和健身器材。家家通自来水，户户门前为水泥路。

同时，结合实施农村扶贫危房改造。2017年，危房改造109户，易地扶贫搬迁28户。鸦滩镇被评为全县乡村建设先进集体。

供水 鸦滩镇有3个自来水厂。中心镇区自来水厂始建于2003年，水源取自武昌湖地表水，设计规模为15000立方米/日，2015年，利用国家饮水工程资金1600万元进行改造升级，镇区给水管网随道路建设铺设，覆盖鸦滩、码头、连塘城、香茗、望马楼5个行政村，用户5075户。中心镇区自来水普及率达100%。2009年，古炉自来水厂、麦元自来水厂相继建成投产，覆盖三联、古炉、望河、南山、枫岭、麦元、茗南、葛林、花河9个行政村，用户8217户。2017年，实施农村安全饮水工程，覆盖645户。2018年年底，全镇有自来水用户14470户，占总户数的74.4%。

供电 中心镇区内有35千伏变电所1座（2台机组，变电装机容量分别为2000千瓦和3150千瓦）。2005—2015年，投资590万元，新建10千伏干线1条，对4条10

古炉自来水厂（2016年） 傅小毛 摄

鸦滩供电所（2017年） 傅小毛 摄

千伏主干线共29千米进行全面改造。投资3000万元，新建54个配电台区，改造43个配电台区，新增配电变压器容量11415千伏安，改造配电变压器容量11495千伏安，新建与改造10千伏支线57.2千米，新建与改造400千伏线路116.4千米，改造用户11841户，保证城乡用电。2017年，新建10千伏主干分支供电线路5条、20千米，实施农网升级12个台区。

交通

新中国成立前，鸦滩的道路皆为土路。1957年，开始修省道月北线沙石路。1996年，改铺柏油路面。2006年，全县第一条村级水泥路石南路建成通车。2018年，镇内有2条省道（月北、麦徐线）、1条县道（窝甘线）、2条专用公路（麦元—香茗山、杨树—先锋）。

济广高速 G35济广高速是安徽省“四纵八横”高速主要交通干线，横穿鸦滩镇东部，境内长8.3千米，途经连塘城、枫岭、望马楼、鸦滩4个村，于2015年9月27日开工建设，2017年12月通车。

省道月北公路 1957年，横贯鸦滩的唯一一条省级公路开始修建，1958年建成通车。建成时为沙石路面，路宽7米，区内北起荞麦岭，经枫岭、鸦滩、码头、麦元，南至七塘冲，全长25千米。1996年，改铺柏油路面。1998年，进行全线拓宽，路面增至12米。1999年，柏油路面加宽、增厚，两旁植柏树，成为标准省级公路。

济广高速鸦滩河大桥（2017年） 傅小毛 摄

旧式独轮车（2017 年）　傅小毛　摄

济广高速（2017 年）　傅小毛　摄

省道月北线（2017 年）　傅小毛　摄

县道窝甘线起点——窝枫岭（2016 年）　傅小毛　摄

县道窝甘路　自窝枫岭经二甲岭至路甘，镇内长 7 千米。1958 年起，分段修建。1959 年 4 月，窝枫岭至高士段竣工。1995 年 9—11 月，二甲岭路段（长 1.1 千米、宽 12 米）改铺柏油路面。1996 年年底，全线完工。2003—2005 年，再次对窝甘路进行全线改造。改造后的窝甘路为三级公路，路基宽 8.5 米，路面宽 7 米，最高时速为 60 千米。

专用公路麦香路　自麦元坝至香茗山茗山禅寺，为香茗山旅游开发专用公路。全长 5.6 千米，1990 年 11 月建成土路。2004 年，铺沙石，路基宽 7 米，路面宽 3.5 米，技术等级四级。2007 年，改铺水泥路面，路面拓宽至 4 米。

中心镇区道路建设　根据规划标准，镇区规划道路系统分为主干路、干路、支路三级。整个路网系统大致呈方格网状，规划道路总长 22.5 千米。2013 年，基本完成镇区道路改造。2014 年，农贸市场新建路面 3000 平方米，敬纯路扩建 2500 平方米，武香路新建 7000 平方米，虎林大道新建 18000 平方米，累计完成新、扩建道路 30500 平方米。

镇村公路　20 世纪 70 年代中期，在大规模开展农田基本建设的同时，掀起乡村道路建设的热潮，鸦滩区先后修建通往各大队的公路，基本上形成以公社（乡）为中心，连接大队（行政村）、生产队（村民组）的公路网络，20世纪80—90年代，又多次拓宽、整直、添铺沙石。

望江县第一条村级水泥路——石南路（2017年）
傅小毛 摄

“村村通”工程建设 “村村通”工程建设是指村村通水泥路（油路）工程，2006年开始实施。镇政府规定负担原则、筹资方式、拆迁原则、方法步骤，成立农村公路建设理事会和农村公路建设基金管理协会，设立专门账户存放公路建设资金。2006年，全县第一条村级水泥路——石南路建成通车。2017年，新增农村畅通工程46.6千米，杨林至古炉高速接线乡道竣工通车。至2018年年底，全镇投入6465.97万元，修建175.44千米的村级水泥主干道。“村村通”实现全覆盖，并在全县率先实施“组组通”工程。修建村组沙石路145.22千米，各种机耕路遍布冈岭圩畈，方便人们的生产生活。

公共交通 2014年，鸦滩公交临时停靠点全部建成。2015年，公交车辆全部停入新停靠点，避开商贸繁华地段，消除了安全隐患。2018年，有麦元、花河、码头、鸦滩、望马楼、枫岭、古炉、三联8个行政村开通公交线路。

邮政 明末，域内“东大路”“西大路”均设有驿站。清同治年间（1862—1874），设老鸦滩递铺，从县前铺、凉泉铺、芦薪铺、老鸦滩铺、石桥铺到怀宁县的腾云铺，全程30千米。

新中国成立后，邮政事业发展迅速。1953年年底，成立鸦滩邮政代办所。1956年3月，成立鸦滩邮电所，1958年升为支局。1998年8月21日，邮电分营后，鸦滩邮政支局成立。2018年，有从业人员9人，基本形成邮政储蓄微机化、通信自办汽车邮路化、营业大厅规范化的现代化管理。

邮政业务历来以函件、包件、汇兑和报刊发行为主。1987年，开办邮政储蓄业务，2000年以后，社会上各种特快专递迅速发展，传统意义上的函件、包件业务日趋衰退。邮政储蓄和党报、党刊发行在邮政业务中逐渐占据主导地位。

电信 鸦滩镇于1993年开始筹建程控电话，1994年开通。1998年8月21日，邮电分营，设鸦滩电信所。2001年，固定电话发展到2100部，基本实现程控电话“村村通”。2002年5月，鸦滩电信所升为支局。2018年，鸦滩电信支局有电话用户4358户，古炉电信支局有电话用户1030户，麦元电信所有电话用户2055户。

乡村电信设施（2017年） 傅小毛 摄

联通营业厅、移动营业厅、移动通信网络主要经营移动电话、无线宽带上网、互联网专线、短信平台等业务，营业网点遍布集镇乡村。

2007年，鸦滩镇开始接入宽带，并逐渐升级为光纤传输。2018年，全镇有3000余户使用宽带网络。

镇域经济

工业 最早出现在鸦滩的工业企业是铸造业企业，始创于明末，但发展缓慢，鸦滩也是全县最早发展铸造业的区域。新中国成立初期，鸦滩仅有几家铸坊、油坊、面坊、染坊等。1954年，办起鸦滩窑厂。1956年，办起码头乡竹业合作社。1958年9月，在此基础上组建鸦滩区竹器厂。改革开放后，大办乡镇企业。1983年，古炉轮窑厂建成投产，随后码头窑厂、鸦滩窑厂、金山窑厂、红星窑厂相继建成投产。水泥构件生产厂家迅速发展，预制场随处可见。1984年，中共鸦滩镇北山村支部书记袁鉴彪自费考察长江南北20多个市县乡镇，聘请湖南浏阳县的花炮名师，创建县内第一个花炮厂——北山花炮厂。20世纪80年代末，在北山花炮厂的影响下，连城鞭炮厂、袁畈鞭炮厂、栏合鞭炮厂相继建成投产，一些农户也在家里办起了小作坊。20世纪90年代初，鸦滩镇形成建材和烟花爆竹两大产业。21世纪初，烟花爆竹产业因产业调整而歇业。

省级农民工创业园牌匾　　傅小毛　摄

安徽龙头企业望江县喜来美家具有限公司（2018年）　　傅小毛　摄

中共十一届三中全会以后，各级政府出台一系列优惠政策，鼓励发展民营企业。通过招商引资等措施，民营企业发展迅速，鸦滩镇逐步形成粮油加工和服装加工两大主导产业。

2016年，全镇工业企业发展到61家，其中规模以上工业企业9家，实现高新技术产业产值3496.2万元，申请发明专利24件。2017年，全镇固定资产投资9.26亿元，规模以上工业企业总产值9.61亿元，申请专利32件。联河米业有限公司蝉联全国大米加工50强。

2000年以后，镇内有200多名私营企业主在外地从事生产、经营服装业，从业人员有2万余人。2012年12月，中国望江（鸦滩）童装基地开业，当年入驻30多家中小型服装生产企业及配套产业。民营企业的发展引起“民工回流”，2018年，有4000多名务工人员在家乡就业。

2017年，鸦滩镇启动工业集中区规划编制工作，拓展发展空间，加强园区设施配套，被评为全县乡镇工业集中区建设先进单位。鸦滩工业集中区含西片区、东片区。

工业集中区西片区　位于望江、太湖交界的茗南村内与省道S211线交会处，兴建于2006年11月，是省政府批准的安徽省首批农民工创业园。控制面积1500亩，规划面积810亩，第一期工程占地面积140亩，通过招商引进资金500万元，建厂房及综合用房面积6360平方米，区内基础设施齐全。2011年12月，鸦滩镇工业集中区西片区被安徽省人力资源和社会保障厅评为省级农民工创业园。

工业集中区东片区　兴建于2009年10月，位于望马楼村与省道S212线交会处，规划面积1500亩。至2014年，有投资3000万元的省级龙头企业现代肉制品加工有限责任公司、投资 5000 万元的望江县喜来美家具有限责任公司、投资 2000 万元的茗山运输有限责任公司开业投产。

商业　新中国成立前，鸦滩商业有两次流星式的繁荣。清光绪初年设码头镇前后，当时镇内街道上商业繁荣。后因日本侵略军封锁长江及江湖分治、武昌湖水位下降而衰落。抗日战争时期，1943 年 11 月，望江县国民政府机关、中国国民党县党部迁至鸦滩街，店铺增加。抗日战争胜利后，县政府机关迁回县城，商户也随之星散。百货粮行是鸦滩最大的粮行，位于鸦滩老街，1940 年开业，从业人员 6 人，年经营量约 135 万千克，1949 年歇业。

新中国成立初期，鸦滩仅有 1 条小街、1 家中药铺、几家小店。至 20 世纪 70 年代，主要是集体商业。区、公社设立供销社，各大队设立供销部，后码头公社先锋大队、袁畈大队增设先锋门市部、红旗门市部。80 年代初，农村、集市上开始有私人商店，麦元、码头、鸦滩、古炉 4 个公社开设综合厂，兼营日杂百货。1985 年，乡、村开始兴办商业企业，麦元乡香茗山商业公司是规模较大的一家。1987 年后，流通领域体制改革速度加快，市场逐渐放开，私营商业和个体商贩逐渐成为市场的主体。1992 年，古炉乡在二甲岭开工建设占地面积 3300 平方米、建筑面积 1010 平方米的顶棚式农贸市场，1993 年建成并投入使用。1995 年，鸦滩镇在农贸街建设占地面积 3367 平方米、建筑面积 2718 平方米的钢架顶棚式农贸市场，1996 年投入使用。2014 年，鸦滩农贸市场改建为两层楼房，建筑面积 1200 平方米，2015 年投入使用。

新时代生活广场（2017 年）　　傅小毛　摄

2000年后，除极少数商品实行专卖外，都由私人经营。市场逐渐繁荣，连锁店、专卖店、超市在集镇和乡村随处可见。2018年，全镇有个体商户1391家，规模较大的有新时代生活广场、望江县东方商贸有限责任公司、独秀超市、家乐福超市、东斌商场、鑫华联超市、金联华超市、袁氏商贸等。

2005年，全镇批零住宿餐饮业从业人员1663人，2018年增至2888人。

金融

信用社 1951年农历七月、八月间，成立乡信用合作社，贫下中农首先入股，每股2元，由工作人员上门动员，登记造册。1955年，按乡建社，允许地主、富农入股。1956年1月，鸦滩区撤并调整为码头、麦元、古炉、枫岭4个乡信用社。1957年年底，精简为码头、麦元、古炉3个乡信用社。1958年，合并为鸦滩大公社信用部。1961年，撤销区级人民公社，恢复区辖公社制，随后设立麦元、码头、鸦滩、古炉4个信用社。1992年，码头信用社降格为鸦滩信用社分社。2005年，鸦滩镇有麦元、鸦滩、古炉3个乡镇信用社，均实行理事会领导下的主任负责制。

农村商业银行支行 1986年5月，成立望江县农村信用合作社联合社，自成体系，归中国人民银行望江县支行领导。2004年，接受县银监办管理。2005年，实行全员劳动合同制、干部聘任制、薪酬工资制。2012年，更名为安徽望江农村商业银行股份有限公司。麦元、鸦滩、古炉3个农村信用合作社同时分别更名为望江农商银行麦元支行、望江农商银行鸦滩支行、望江农商银行古炉支行。

安徽望江农村商业银行鸦滩支行（2017年） 傅小毛 摄

离行式自助银行 1980年，建立农行鸦滩营业所，位于老街口原区公所对面。1998年，迁至农贸街，开展存款贷款业务。2008年撤销。2015年12月28日，设立中国农业银行鸦滩镇离行式自助银行。

农村合作社资金互助部 2009年年初，望马楼村首先成立农民资金互助部，6月1日正式挂牌，是望江县第一家农村合作社资金互助部。2010年4月，更名为望江县利丰油茶种植专业合作社农村资金互助部。2011年，被省农委评为省级资金互助示范合作社。

文化

据文史记载，西汉成帝时期的梅福是已知最早到鸦滩的文人。后来有唐末文学家、诗人罗隐，明代文学家、诗人解缙，明代学者、哲学家罗汝芳，明嘉靖进士翁溥，清代进士李世治，清代拔贡姚琅等。他们在香茗山观光赏景、吟诗撰对，留下许多佳作名篇。

鸦滩人读书求仕，蔚然成风。家境稍微宽裕者，无不延师课子，图取功名。

1942年，流散在抗日大后方的京剧艺人与票友在鸦滩张家祠堂建立戏剧研究社，同时“国剧社”“国风社”的京剧“好佬”齐集鸦滩，鸦滩京剧发展进入鼎盛时期。1944年，青年学生宋树林等在鸦滩以国民党县党部名义创办油印刊物《望江简报》，是鸦滩的首份报刊。

1954年，鸦滩区文化站成立，利用广播、书籍等进行文化宣传，组织乡村文化活动。“文化大革命”中辅导、普及样板戏。改革开放后，1979—2000年，鸦滩镇组织妇女挑花，挑花制品五次进京参展、交流，三次用于制作人民大会堂安徽厅沙发扶手、靠垫。

20世纪60年代以后，古炉公社、鸦滩公社、码头公社每到汛期都要编发《防汛简报》，用钢板刻写油印，发至机关、学校、生产大队。2005年，鸦滩镇农村公路管理站编发8期简报，2011年4月，由镇党政办主编《鸦滩信息》，各行政村配备信息员，并纳入年终考核，2011年共编印14期。

麦元中心小学学生在全国第八届少儿书法大赛中获多项金奖、银奖。图为小选手在安徽省选拔赛上挥毫（2017 年）
郝西海 摄

20 世纪 80 年代末至 90 年代中期，有 108 部族谱（包括同姓不同修）进行了续修。1985 年，鸦滩中学成立雷阳文学社，创办油印刊物《雅风》，定期出刊。2003 年秋，香茗山九老诗联社成立，出版《茗山吟》作为会刊。自此群众性的文化创作活动蓬勃开展，一批诗词、散文、剧本等个人专集相继出版。2005 年区划调整后，鸦滩镇文化体育站成立，开展图书借阅、科技文化培训、网络信息资源服务共享等服务。

2012—2014 年，鸦滩镇党委、镇政府在镇政府四楼会议室连续举办三届鸦滩文化论坛，并对鸦滩的名胜古迹和民间文化进行全面普查。2013 年 12 月 28 日，在香茗山九老诗联社的基础上成立鸦滩镇诗词学会。2017 年 12 月，鸦滩镇诗词学会更名为鸦滩镇诗词书画学会。

文化机构

鸦滩区文化站 1954 年成立。1964 年，在老街口建文化站，占地面积 310 平方米，建筑面积 180 平方米。“文化大革命”中辅导、普及样板戏，出墙报。1978 年，举办 3 期戏曲培训班、1 期曲艺培训班，培养业余文艺骨干 90 多人。同时，开展对望江挑花的资料整理、传承发展、学术探讨和对黄梅戏的研究，参与录制黄梅戏 36 本、72 折中望江的传统唱腔，对古老剧种“平安戏”的声腔、表演、剧本、道具、服装进行挖掘整理。1992 年，撤区并乡后，鸦滩区文化站撤销。

鸦滩镇文化体育站 2005年成立。2011年6月，总投资近70万元、建筑面积650平方米的综合办公楼投入使用。站内设办公室、书报刊阅览室、文化科技培训室、信息资源共享服务室和多功能活动厅，开展图书借阅、科技文化培训、网络信息资源服务共享等活动。

书店 1949年11月，望江新华书店鸦滩门市部建立与邮政业务相结合的图书发行点，1956年，为配合全县农村掀起的合作化高潮，组织发行《关于农业合作化高潮》《关于农业合作化问题》《全国农业发展纲要》。1994年7月，建立望江新华书店鸦滩门市部。销售中、小学课本和独家发行的政治理论读物。

改革开放后，开始出现私人书店。2018年，全镇有13家私人书屋，大部分集中在集镇上，以经营学生学习资料和文化用品为主。

农家书屋 2007年3月，开始实施“农家书屋”工程。2012年年初，硬件设施全部到位。15个村（社区）文化室总面积1861平方米，单个村（社区）文化室面积均达到100平方米，图书1500余册，报刊30余种，电子音像制品100余种（张）。按照县图书馆统一要求的“总分馆制”[①]为15行政村的农家书屋配置了15台专用电脑，每年通过民生工程专项资金向每个农家书屋补充图书。县、镇、村图书借阅实现“总分馆制”“通借通还”。

鸦滩镇文化体育站（2017年） 傅小毛 摄

电子阅览室（2016年） 傅小毛 摄

① 总分馆制：是指由同一个主管机构管理的文化馆集群。在鸦滩镇，是由县文化馆、镇文化室、村农家书屋形成的覆盖城乡、布局合理、结构完整、功能健全、实用高效的文化馆服务体系。

广播电视站 1955年，连城乡郝树盛高级农业社建立收音站，是鸦滩区最早的收音站。1957年，鸦滩区利用电话线安装舌簧喇叭。1969年，码头公社建立广播放大站，1970年，麦元公社、红炉（古炉）公社建立广播放大站。各公社均用松树、竹子为杆，以14号铁丝为线，将舌簧喇叭牵入村庄农户。1971年，全区入农户舌簧喇叭有9850只。1973年，全区入农户舌簧喇叭达到10230只。同年，公社广播放大站定为县办集体事业单位，每站配2名工作人员、1台收讯机、1～2台扩音机。1976年以后，开始用水泥杆更新线路，载波逐渐被广播专线替代。1987年以后，鸦滩乡、古炉乡坚持早、中、晚3次播音，码头乡、麦元乡坚持2次播音。各广播站除转播中央人民广播电台、安徽省人民广播电台、望江县广播站节目外，还配合中心工作自办本地新闻等各种专题节目。1992年8月，广播站改名为广播电视站，9月，鸦滩广播电视站、码头广播电视站合并为鸦滩镇广播电视站。

鸦滩广电分中心 2005年9月，鸦滩镇、麦元乡、古炉乡的广播电视站合并成立望江县广电中心鸦滩分中心，以原鸦滩镇广播电视站的广电大楼为办公地点，建筑面积约300平方米，工作人员18人。有线电视信号由县广电中心光纤专线输送，有线电视用户有4000余户。

2012年，鸦滩镇唯一一个山区村——凤栖村联网。至此，各自然村全部实现有线电视联网，干线长约300千米，支线长约500千米，有线电视用户有1.2万户。2017年，新增农村数字电视“村村通”用户635户。

村广播室 1992年，麦元乡建立红卫、南山2个村播音室。1993年，建立赤冈、中山、太林、青阳4个村播音室。同年，古炉乡建立增发村广播室，鸦滩镇建立四联、九峰、杨桥、长丰、郭塘5个村广播室。1997年，“两乡一镇”村通播率为93.7%。同年开始申办调频广播。至2003年年末，实现村村有调频广播室。村广播室主要转播县、乡（镇）广播站节目。村干部经常利用广播布置工作、播报通

鸦滩广电中心（2017年） 傅小毛 摄

知，宣传计划生育政策、农业科技等。

电影放映队　1971 年，麦元公社成立电影队，到自然村轮回放映。随后码头公社、鸦滩公社、古炉公社也成立了电影队。电影队以放映《红灯记》《沙家浜》《智取威虎山》等样板戏为主。1982 年，码头公社创办电影院，1985 年，鸦滩乡、麦元乡、古炉乡相继建起电影院，重要影片和宣传片、科教片下乡轮回放映，平时在电影院放映。20 世纪 70 年代末至 90 年代初，农村电影放映业达到鼎盛时期，婚嫁寿庆、盖新房放电影已成习俗，并出现民营电影队。90 年代以后，农村开始普及有线电视，电影放映走向萧条。1998 年以后，电影队先后停业。

文化设施

鸦滩文化广场（鸦滩镇居民广场）　位于文化站综合楼前，总投资约 400 万元，占地面积 29347 平方米。分水上、陆地两部分。水上部分沿岸用钢管做成护栏，地板砖铺成林荫小道，道边种植垂杨；陆地部分分运动区、休闲活动区、舞台表演区等。广场入口是一座高大的牌坊，正上方是安徽省政协原主席方兆祥题写的“中国民间文化艺术之乡——鸦滩”金色大字。广场的南面是舞台表演区，背景是寓意“扬帆起航”的大型钢架蓬式造型。广场西边是乒乓球活动区，再往西是篮球场，水泥地面，两级大理石镶面的看台。广场东南、西南、西北是休闲区，有鹅卵石小路、雕塑、花草。西南的休闲区内有各种健身器材。2013 年 8 月 28 日，望江县第二届体育舞蹈大赛在此举行。

鸦滩文化广场（2016 年）　傅小毛　摄

农民文化乐园　2015 年，香茗村、望马楼村建成农民文化乐园，向村民开放。村农民文化乐园由广场、礼堂、讲堂、文化活动室、图书阅览室、文化共享室、展览墙（廊）、舞台八大部分组成。其他行政村均制定规划，分步实施。2018 年，全镇建成鸦滩、麦元、香茗、望马楼、码头、连塘城、望河、南山、三联 9 个村农民文化乐园。

文学组织

雷阳文学社　1985 年下学期，鸦滩中学（高中）成立雷阳文学社，创办油印刊物

鸦滩镇诗词学会成立大会暨香茗山九老诗联社成立十周年庆典（2013 年）　李平　摄

诗词学会“以老带新”，传承国粹（2017 年）　江心舟　摄

《雅风》为社刊，一年后停刊。

香茗山九老诗联社　2003 年秋，由孙皖樵、汪培根发起，聚集香茗山南麓 7 个自然村的 9 位退休老人，仿唐代诗人白居易首创香山九老诗会，组成香茗山九老诗联社。拟定将各人所作诗联及诗朋联友的唱和赐玉、先贤散佚的名篇佳作汇总编成《茗山吟》，作为会刊，至 2013 年，出至第 8 期。

鸦滩镇诗词学会　2013 年 12 月 28 日，召开鸦滩诗词学会成立大会，制定学会章程，选举学会理事会成员，邀请镇党委书记、镇长为名誉会长。2015 年年初，理事会进行了调整。

鸦滩镇诗词学会是在香茗山九老诗联社基础上建立起来的汇聚全镇诗词爱好者的群众性文学组织，会员 67 人，来自退休教师、公务员、村干部、农民等。其中，中华诗词学会会员 4 人，中国楹联学会会员 3 人，中华对联文化研究院研究员 2 人，县诗词学

《茗山吟》书影（2017 年）　傅小毛　摄

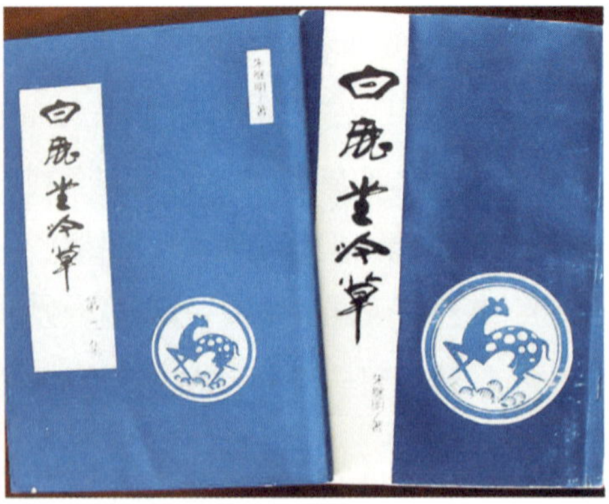

朱继明诗集书影（2017 年）　傅小毛　摄

会会员 16 人。2017 年 12 月，召开第二届会员代表大会，选举产生第二届理事会，鸦滩镇诗词学会更名为鸦滩镇诗词书画学会，继续将《茗山吟》作为会刊，至 2018 年，续刊至第 13 期。

文学创作

明、清至民国时期，鸦滩有几十位文人，著述书籍数百本（册）。新中国成立后，文化事业百花齐放，特别是改革开放以后，雷阳文学社、香茗山九老诗联社、鸦滩诗词书画学会先后成立，文学创作进入繁荣时期。

诗词　近代有袁祖光的诗集《瞿园楚游草》《绿天香雪簃诗话》《摘星词杂十二种》《古今齐谐》等 50 卷，旅日后著《东游诗草》，并辑《端木诗》4 卷；现代有朱继明《白鹿堂吟草》第一集、第二集，李学华《铁马秋风》，吴器成《霜林醉》，胡望江《望江诗选》等。孙皖樵、吴兴汉创作的诗词曾多次在省内外大赛中获奖。2016 年 5 月 29 日，由安徽省诗词学会、太和县委宣传部、太和诗词学会联合举办朱继明诗词研讨会，中华诗词学会，河北、安徽及阜阳、安庆、宣城等省市诗词学会负责人参会。

吴器成诗歌散文集书影（2017 年）　　傅小毛　摄

楹联　清代袁祖光、胡会亭、王道一，现代汪穆堂、孙皋言、孙赞言、曹少怀、孙皖樵、朱继明、帅银涛、郝忠汉、余宴清、陈百川等都创作了大量的楹联。孙皖樵毕生进行楹联创作，600 余件楹联作品和创作论文在全国各省、市征联大赛中获奖 40 余次。2015 年 5 月，在鸦滩工作的江心舟出版了《望江地名联》，为用地名撰联结集的先例。

戏剧　鸦滩是黄梅戏鼻祖蔡仲贤的故乡。蔡仲贤等老艺人在演唱改进黄梅调的过程中，对传统剧本不断地改编、移植，同时创作不少黄梅戏剧本。与蔡仲贤同时代的清末进士袁祖光，不仅是诗人，还是一个剧作家，创作了《一线天》《卖詹郎》《望夫石》《仙感》《长人赚》《藤花梦》《金华梦》《暗藏莺》等黄梅戏、京剧剧本 16 部。1956 年，

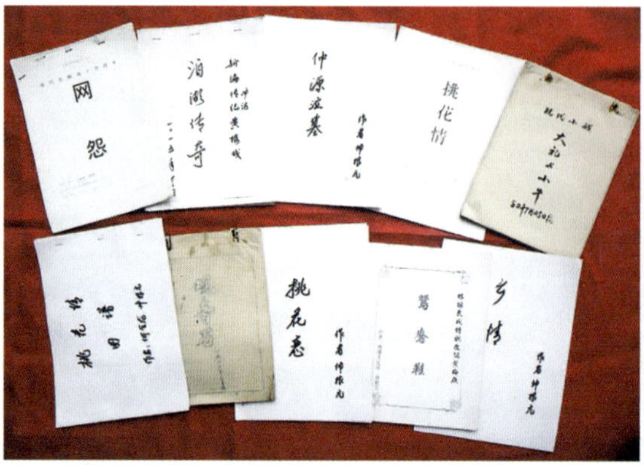

帅根元创作的部分黄梅戏剧本手稿书影（2017 年）
傅小毛 摄

吴向东的散文集书影（2017 年） 傅小毛 摄

帅根元于长岭侯冲农业合作社取材，与人合作创作现代黄梅戏《女社长》。20 世纪 80 年代以后，帅根元创作现代黄梅戏独幕剧《牛犊风波》《山外青山》，改编现代戏《相亲》，还创作大型古装黄梅戏《鸳鸯鞋》，与陈结林共同创作大型古装黄梅戏《观音石》。2015 年，帅根元与何金龙共同创作独幕黄梅戏《挑花情》。

其他 散文集有汪穆堂著《兔园文集》，陈关生著通讯报告文学集《特别关注》，吴器成著《枫林飞翰》，吴向东著《观潮》《视点》。

李皓的散文诗获全国性文学竞赛奖十余次，有 500 余篇被报刊采用，其作品并被收入中学生课外读本。

2003 年，人民出版社出版陈友根与人合著的《那片绿色的小学语文课本》。2009 年，郝晓昌著《八十人生散记》出版。2009 年，孙皖樵、帅根元、帅之文合编《望江民俗文化选》出版；鸦滩中学编写《身边的挑花》出版；中国文联出版社出版由江心舟主编的《中国民间文化艺术之乡——鸦滩》。

2014 年 2 月，麦元中心学校与香茗山九老诗联社印刷由孙皖樵主编、江心舟执行主编的《古典诗词学习入门》，是年 5 月进行第二次印刷。2015 年，陈结林小说《李生果》出版。

志书与族谱修编 2000 年，孙皖樵主编的《香茗山》出版，共 14 万字，是鸦滩第一部旅游专业志。2009 年 9 月，麦元中心学校编修《麦元中心学校校志》，是该镇第一部部门志。2015 年 11 月 14 日，启动《中国名镇志丛书·鸦滩镇志》的修编工作。

鸦滩有记载的族谱修编是从唐朝开始的，姜姓渭璜堂宗谱首修于唐兴元元年（784）；胡姓明经堂宗谱首修于南宋庆元二年（1196），曹氏怀德堂、方氏壮犹堂、孔氏厚义堂、

编辑人员讨论镇志稿（2017 年） 虞良燕 摄

姜氏渭璜堂宗谱书影（2017 年） 傅小毛 摄

镇党委书记汪洁冰（中）等领导审查志稿（2017 年） 傅小毛 摄

欧阳氏六一堂、任氏白简堂、郑氏通德堂、朱氏柘林堂等宗谱首修均在明朝。大部分族谱在清康乾时期首修，只有陶氏惜阴堂、张氏鉴水堂、章氏建水堂宗谱在民国时期首修。20 世纪 80 年代，在全国启动编纂地方志的带动下，鸦滩 245 个姓氏中，有 108 部族谱（包括同姓不同修）进行了续修。21 世纪以来，有陈、郝、孙、汪等姓氏进行第二次续修族谱，徐氏续修联谱，帅氏还与江西帅氏合修全国联谱。

教育

私塾、书院 私塾、书院是封建时代文化教育的主要场所。私塾有蒙馆和经馆两种，鸦滩数量较多。

蒙馆相当于现代的初级小学，采用《三字经》《百家姓》《千字文》《四言杂字》《鉴略》《幼学故事琼林》等启蒙教材，重在识字写字。一般学童在蒙馆学习三年以后，进入经馆。经馆讲解课文，叫“开讲破字”。经馆以四书五经、唐诗宋词、《左传》、《古文观止》为主要教材。学生学写散文、诗歌、对联，一般每逢三、八日作文一次，习字书法是主要课程。在经馆学习三五年后可到县里参加考试，考秀才、禀生、贡生，

麦元中心学校（2016 年） 傅小毛 摄

鸦滩中心幼儿园（2017 年） 傅小毛 摄

或进县学深造。

私塾先生的学俸（工资）由学生家承担，受聘先生的饭食也由学生家轮流供给。每年农历四月初八、端午、中秋、春节，学生家会给先生送礼。

书院一般都是豪绅、巨儒、官宦之家或宗族兴办的，入学者皆豪门贵族子弟。鸦滩有建于唐代的莲花书院和建于清同治年间（1862—1874）的南山书院。

学前教育 幼儿教育在鸦滩起步较晚。1987 年秋，麦元乡、码头乡、鸦滩乡、古炉乡的 4 所中心小学共设 4 个幼儿班，学制 1 ～ 2 年，配备幼儿教师 5 人（其中鸦滩 2 人），享受民办教师待遇。1991 年，区内各乡各村小学设立学前班、幼儿班，接受 5 ～ 6 周岁儿童入班。2003 年开始，鸦滩镇、麦元乡、古炉乡先后在乡镇所在地创办中心幼儿园。2005 年以后，麦元、码头、鸦滩、古炉集镇开始有民办幼儿园，部分村也有民办幼儿班，幼儿教育基本普及。2018 年，全镇有公办幼儿园 10 所、民办幼儿园 9 所，幼儿教师 84 人，在园幼儿 1557 人。

小学教育 清咸丰末同治初，葛林村王杨氏（后人尊称其为“杨婆婆”）建私立小学 1 所。1939 年，泉塘乡、褒法乡、土永乡建立中心示范国民小学，学制 6 年，同时设保国民小学 14 所，学制 4 年。在农村，小学教育仍以民办私塾为主。

1949 年 3 月，爱国民主政府接管乡、保小学以及民办、私塾学校，改为国管民办。1952 年秋，全部转为公办小学。鸦滩有鸦滩区中心小学、30 所初级小学。1964 年，掀起了办学热潮。全日制、半日制、早午班等形式的耕读小学不断涌现。

1971年，按照“小学不出村，初中不出队，高中不出公社”的要求，鸦滩区4个公社都办起初中，每个大队都办起完全小学，有9所小学附设初中班。全区小学增到70所，200多个班级，在校学生近8000人，教师近300人。1973年，“学朝农，赞白卷英雄”，把提高教育质量视为奇谈怪论，一时间，教育秩序混乱，教学质量急剧下降。

1977年，教育秩序恢复正常。1981年，开始普及初等教育。1986年，鸦滩区4个乡全部通过安庆行署检查验收，“四率”达标，其中入学率为95%、巩固率为97%、毕业率为80%、普及率为95%。1990年，启动基本普及九年义务教育和基本扫除青壮年文盲的鸦滩镇“两基”工程。政府加大投入，办学条件得到很大改善。1997年11月，鸦滩镇“两基”工程顺利通过省检查验收。

2005年后，小学结构布局更加优化。2016年，实施校安工程、薄弱学校改造项目55个，义务教育均衡发展顺利通过国

古炉中心学校文化走廊（2016年） 余满旺 摄

古炉中学运动会（2017年） 傅小毛 摄

麦元中学课间跳绳（2017年） 傅小毛 摄

麦元中心学校请望江县文化馆开展“书法培训”活动（2017 年） 郝西海 摄

望江县鸦滩镇中学（2017 年） 傅小毛 摄

家验收，麦元中心小学被安庆市教育局评为“翰墨校园”特色学校，九年制义务教育教学质量位居全县前列。

2018 年，鸦滩有中心学校 3 所、村级完全小学 12 所、教学点 4 个、教学班 132 个，学生 3826 人，教师 263 人。

普通中学教育

初中教育 1939 年 6 月，望江县立初级中学迁到祖师殿、何氏宗祠、叶氏宗祠进行教学，开创了鸦滩中等教育的历史。

1958 年秋，望江县鸦滩区初级中学建立。1961 年，招 5 个班。1963 年、1964 年、1965 年，该校中考成绩均居全县第二名。1968 年年底，望江县红炉初级中学成立。1969 年，望江县麦元初级中学、望江县码头初级中学成立。1975 年，望江县向阳初级中学成立。1978 年，鸦滩区初级中学高中升学率居全县第二。1980 年年底，望江县红炉初级中学、望江县向阳初级中学分别更名为望江县古炉初级中学、望江县鸦滩初级中学。1981 年，小学附设初中班全部并入全日制初中。2004 年，望江县码头初级中学停办，并入望江县鸦滩初级中学。

2018 年，全镇有麦元中学、鸦滩中学、古炉中学 3 所初级中学，教学班 44 个，在校学生 1839 人，教职员工 200 人。

高中教育 1970 年，望江县鸦滩区初级中学招收高中班 1 个，学校改名为望江县向阳区中学。1978 年，该校高考升学率居全县第一。1980 年，该校更名为望江县鸦滩区中学。1982 年，教师金淦堂被评为全国模范班主任。1983 年，该校更名为安徽省望江县鸦滩中学，高中二年制改为三年制，为全县首批 3 所改制中学之一，开始面向全县招收高中新生。1987 年，高中应届毕业生郝继明、王焰松，分别考入北京大学、清华大学，一时轰动全县。1989 年，校长金琪被评为安徽省优秀教育工作者。2001 年，学校获“全省普通高中会考先进集体”称号。2004 年，成为单列式高中。2008 年，被批准为安庆市示范高中，旋即定名为望江县第四中学。2012 年，学校迁到县城望江四中新校址。

职业教育

1940 年春，望江县立初级中学附设 1 个一年制简易师范班，连续 3 年招收学生 145 人。1943 年，学制改为 4 年，招收学生 50 人，仍附设在望江县立初级中学内。1945 年秋，在何氏宗祠正式设立望江县立简易师范学校，并附设供师范学校学生实习的小学 1 所。1947 年秋，改为望江县立初级农业职业中学。1983 年，码头初级中学改为码头初级职业中学，学制由 3 年改为 4 年，增设农业理论和农业技术课。1992 年，恢复 3 年制初中，创办九年一贯制学校。

农业中学 1958 年秋，创办鸦滩初级农业中学，校址在鸦滩村方家嘴，1969 年停办，校产、基地一同并入鸦滩区初级中学。1958 年，创办古炉初级农业中学，1968 年并入古炉中学。1959 年，创办麦元初级农业中学，1960 年撤销。农业中学教材为初中语文、数学加应用文、珠算、土地丈量、会计记账等实用课程。学生上午学习，下午劳动，实行半耕半读制。

林业中学 1958 年，鸦滩区在朝阳庵创办畜牧场。1962 年，转型发展林、茶、果、木种植。1965 年，改办茗山初级林业中学，在鸦滩区招收 1 个班，学生 50 人，学习初

麦元中心学校开展家长评教活动（2017 年） 余根旺 摄

中文化课与林、茶专业知识，学制3年。1986年9月，学校改为茗山初级职业中学，当年招收2个班，学生113人，有教职工18人。1995年停办。

五七大学 1971年秋，在茗山职中创办望江县五七大学，面向全县招收林茶、农机2个专业班，学生各40人，林茶专业班设在朝阳庵（农机专业班设在华阳大号）。学制1年，学生“社来社去”[①]。1973年，招收小学民师培训班学员40人，学习半年后回原校任教。1974年，招收“赤脚医生”50人，培训半年后回原大队行医。1975年，举办为期8个月的文艺培训班，培训黄梅戏演员21人。1977年，先后举办初中数、理、化教师培训班，两期共培训120人，时间持续半年。1978年秋，安庆行署决定在五七大学设安庆师范望江教学点。1982年，正式改为望江教师进修学校。

成人教育 1949年冬，鸦滩区60%的行政组办起了冬学。1951年，有一部分冬学转成民办学校。1956年，实行靠社办学和“不忙多学、小忙少学、大忙放假”的原则，组织农民参加扫盲学习。1957年年底，鸦滩区有常年民校164所，识字班145个，13825名农民参加学习。1958年，开始办成人耕读班，有1425名农民参加学习。“文化大革命”时期，成人教育中断，1978年年底，恢复扫盲工作。按照县“堵少年、扫青年，以堵为主、堵扫结合”的原则，鸦滩区办夜班、早班、午班等各种形式扫盲班30个，其中小学兼办扫盲班20个，学员720人。1982年，把扫除“文盲”与“科盲”、学习农业科学知识结合起来，鸦滩区办起“双扫班”48个，学员1614人。1996年，连塘城村何妹伢获“安徽省第二届识字女状元”称号。1997年，鸦滩镇“两基”工程通过省检查验收，达标合格。

1982年开始，各校先后组织高中、初中、小学、幼儿班教师参加安庆地区中师函授望江分校、安徽师范大学、安徽大学、安徽教育学院、池州学院等校函授班学习。至2010年，由此途径获得大学本科学历的有34人，获得专科学历的有56人，获得中师学历的有116人，获得幼儿教师学历的有84人。同时，在机关、企事业单位的工作人员和社会青年中，也有不少人通过自学考试等形式取得大专及以上学历。

---

① 社来社去：指“文化大革命”时期，学校招生从哪个公社来，毕业后回到哪个公社，学生不分配、不安排工作。

医疗卫生

清末，鸦滩名中医袁宝芳等，擅长多种疑难杂症诊治。民国时期，鸦滩的医疗仍是以中医中药、民间单方、偏方治病救人。行医者被称为“郎中先生”，行医方式是家庭诊所兼药店。诊断上几乎没有使用器械，全凭望、闻、问、切分析确定病症，开方施药。新生儿破伤风（俗称“脐风”）发病率高，婴儿成活率仅 30% 左右。

20 世纪 40 年代，鸦滩境内有李少华、胡肖瑗、廖少刚、王鲁堂、董子芳、曹士英、陈学恒等中医，分别在鸦滩、麦元开设中医、跌打私人诊所，维持鸦滩地区疾病诊治工作。1951 年 5 月，鸦滩区卫生所在董家大屋成立，当时医疗设施仅有听诊器、体温表等。1958 年，鸦滩区卫生所更名为鸦滩区医院。1952—1957 年，组建了鸦滩、青阳畈两家联合诊所，并在码头何下屋、二甲岭陈家宕设分所。1958 年人民公社成立后，两家诊所及分所全部转入 3 个公社医院。

20 世纪 60 年代，西医西药开始进入鸦滩。60 年代至 70 年代初，为缓解群众看病难问题，部分大队开始办起医疗室。五七大学还开办“赤脚医生”短期培训班，培训“赤脚医生”50 人。随后，各大队全部实行合作医疗。

1971 年后，鸦滩医院改为望江县医院鸦滩分院，为全民所有制医院，徐梦周任业务院长，并调入一批科班出身、有一定实践经验的医生，扩建病房，增加设备，周边各县的患者也到此就诊。1978 年，县医院鸦滩分院改为鸦滩区卫生院。1992 年，改为鸦滩镇中心卫生院。

1987 年鸦滩区卫生机构情况一览表

表 5

单位名称	医务人员（人）	其他人员（人）	病床（张）
鸦滩区卫生院	27	4	40
古炉乡卫生院	8	2	12

续表 5

单位名称	医务人员（人）	其他人员（人）	病床（张）
码头乡卫生院	10	1	10
麦元乡卫生院	9	2	10

2000 年以后，随着社会经济的发展，鸦滩的医疗卫生事业设备更新、人员增加，检测和医疗水平提高，积极开展防疫与公共卫生、妇幼保健工作。2003 年春，防治“非典”（传染性非典型肺炎）期间，鸦滩镇中心卫生院成立疫情控制和医疗救治组，参与窝枫岭留验站疫情监测工作，24 小时值班，实行疫情日报和零报告制度，域内未发生输入性“非典”确诊及疑似病例。

2008 年，全镇 15 个行政村先后成立村级社区卫生服务站（村卫生室），成为新农合定点医疗机构，承担本村基本医疗卫生服务工作。2012 年开始，镇卫生院和村卫生室实行药品零差价制度。

2018 年，全镇有公职医务人员 62 人，其中 3 人有副高级职称，17 人有中级职称；村级医务人员达 69 人。

鸦滩镇中心卫生院 1992 年撤区并乡后，原鸦滩区医院改为鸦滩镇中心卫生院。后几经设备更新、人员培训，不断发展。2018 年，鸦滩镇中心卫生院占地面积 8404.7 平方米，建筑面积 5810 平方米，其中医疗用房面积 3416 平方米，总资产 628 万元，有医务人员 62 人，其中 20 人有中高级职称。卫生院设有中医、西医、内科、外科、骨伤科、妇产科、放射科、防疫科、手术室、化验室、B 超室等科室，配有数字胃肠机、B 超机、300mA X 光机、生化分析仪等高科技先进设备 19 台（套）。可施行各种中、小型手术，治疗一般疑难杂症。2014 年 4 月，该卫生院被安庆市劳动竞赛委员会、安庆市总工会授予“安庆市劳动竞赛先进集体”称号。2018 年，该卫生院被国家卫计委卫计司评为 2016—2017 年度全国“群众满意的乡镇卫生院”，并通过安庆市卫计委“乡镇卫生院一级综合医院”评审。

鸦滩镇中心卫生院（2016 年） 傅小毛 摄

村卫生室　20世纪60年代至70年代初，不少大队相继成立大队医疗室（合作医疗室），配有“赤脚医生”2～3人。80年代初，实行农业联产承包责任制后，村医疗室逐步由乡村医生经营。1996年，麦元乡作为望江县三个试点乡镇之一开展村医疗室“合医合药”试点工作，并通过省级考核验收。2000年后，域内大部分村开展新型农村合作医疗。2007年，省委、省政府把建设村卫生服务站正式纳入农村卫生服务体系建设民生工程项目予以实施。2008年，全镇15个行政村全部建立标准化村级社区卫生服务站（村卫生室），为新农合定点医疗机构，承担基本医疗及公共卫生服务、签约医疗服务、重点建档立卡贫困人口的签约服务工作。村级社区卫生站人员为取得执业助理以上医、护资质及乡村医生资质者。2018年，全镇村级医务工作人员有69人，其中获得执业医师（执业中医师）资格的有8人。2018年，码头村卫生室被安徽省卫计委授予“群众满意村卫生室”称号。

社会保障

社会保险　1993年6月，农村社会养老保险工作启动。2012年6月3日，镇政府成立领导小组，制定实施方案，稳步推进养老保险工作。2015年，38355人参保，占应参保人数的92%，领取待遇人员有13010人。2018年，城乡居民基本养老保险参保36655人，占应参保人数的95.6%。

2005年3月，成立鸦滩镇新型农村合作医疗管理委员会。2006年8月，成立5个工作组，每组负责3个村，从8月12日开始，集中一周时间抓落实新型农村合作医疗工作，收到较好的效果。2018年，新型合作医疗保险参保率为96.16%。

定补优抚　新中国成立后，区（公社）、乡镇党委政府十分重视优抚工作。2018年，全镇优抚定补对象573人，其中60周岁以上退役士兵按军龄由国家给予补助。

2018 年，全镇有定期抚恤对象 11 人，其中伤残人员 7 人、“三属”[①] 4 户（5 人），全面落实优抚政策。

社会福利

五保户供养 1956 年开始，对农村中丧失劳动能力、无依无靠、无生活来源的鳏、寡、孤、幼、残人员实行保吃、保住、保穿、保医、保葬，简称“五保”。20 世纪 70 年代末至 80 年代，实行代耕，或由生产队按人定量统筹经费，供养五保户。2001 年开始，由省财政拨付资金。2018 年，全镇 430 名五保对象全部享受“五保”，供给标准为每人每年 6480 元。

敬老院 1992 年，建成古炉敬老院，入住老人 26 人，院长曹荣花曾获“安庆市劳动模范”“安徽省劳动模范”称号。2009 年，建成鸦滩中心敬老院，有职工 13 人，为事业单位，古炉敬老院并入鸦滩中心敬老院。2014 年，建设凤栖敬老院。全镇有床位 350 张，2018 年，入住五保老人等 70 人。

2016 年，建成村级幸福院 4 个。

低保户管理 2018 年，全镇有低保对象 2220 人，实行“应保尽保，应退尽退”的动态管理原则，“按季审核，分类施保”。

大病救助 2018 年，对低保户、五保户、重点优抚对象实施大病医疗救助，每年救助对象 100 人左右，救助金额 100 万元左右。2018 年，对 90 名大病患者实施医疗救助，金额达 95 万元。

鸦滩镇中心敬老院（2016 年） 傅小毛 摄

① 三属：是指民政优抚对象中的烈士遗属、因公牺牲军人遗属、病故军人遗属。

2013—2018 年鸦滩镇社会福利情况表

表 6

年度	五保户供养			低保户		大病救助		高龄补贴	
	应保户（户）	已保数（户）	入敬老院数（人）	应保户（户）	已保数（户）	救助人数（人）	救助金额（万元）	高龄人数（人）	补贴金额（元）
2013	585	430	155	1428	3428	135	105	—	—
2014	600	465	135	1210	3210	131	98	—	—
2015	587	587	103	1021	2921	109	85	1338	401400
2016	550	483	103	750	696	105	80	1339	401700
2017	540	525	70	740	704	110	100	1527	458100
2018	430	430	71	940	936	90	95	1694	508200

扶贫 2012 年，望江县被列入国家大别山连片扶贫开发片区县，按照县委、县政府的安排部署，镇政府立足镇情，大力实施扶贫开发战略。至 2014 年，建档立卡贫困户 4768 户，建档立卡贫困人口 18196 人，确定麦元村、葛林村、古炉村、香茗村、连塘城、凤栖村、望河村 7 个贫困村。通过创新扶贫机制和措施、加大贫困人口的技能培训、突出产业扶贫示范带动、实施扶贫整村推进等措施，扶贫工作取得明显效果。2014 年，脱贫 792 户 3207 人。2015 年，脱贫 722 户 2955 人。2017 年，全镇减贫 1142 户 4559 人，古炉和葛林 2 个贫困村脱贫，鸦滩镇被县委、县政府授予“望江县脱贫攻坚工作先进乡镇”称号。2018 年，脱贫 528 户 1805 人。

人民生活

新中国成立前，鸦滩是一个封闭的农业镇，农民赖以生存的土地所有率极不均衡。全镇占人口总数 5% 的地主占有 60% 的土地；超过人口半数的贫雇农仅占有 20% 的土地，许多农民长期生活在饥寒交迫之中。每当青黄不接之际，农民或向地主借粮度日，春借一斗，秋还一斗五升（十升为一斗，约 5.85 千克），或沿门乞讨，有的甚至卖儿卖

20 世纪 50 年代的民居（2016 年） 傅小毛 摄

旧时生活燃料牛屎粑（1997 年） 徐平波 摄

女。域内曾有“正月悠悠家断粮，二月长长去讨饭，三月荒荒饿死放牛郎”的民谣。土地制度改革前，香茗村竹林窝大地主陈凤翥，家中有五口人，占有土地、山场 1000 余亩。而该村 45 户贫雇农仅有 25 亩土地，人均不到 0.30 亩。连塘城村张家垅，全村 30 户人家有 29 户无田地耕种，全靠做挑夫当苦力，“扁担上了肩，家家才起烟，扁担靠了壁，家家没有吃”是其生活的真实写照。

新中国成立后，农民分到土地，摆脱了地租、高利贷的剥削，解放了生产力，生产积极性高涨。在党和政府领导下，大力兴修水利，引进新的品种，改革耕作制度，农业生产发展较快。中共十一届三中全会以后，农村实行“大包干”①，农业生产获得丰收，粮食大幅度增产。21 世纪后，中共中央颁布了一系列惠农政策，免除农业税，下拨良种补贴、农资补贴、购机补贴等，各级政府加大种植结构调整力度，实行科学种田，农业生产飞跃发展。同时，外出务工经商呈“人数众多、工作较稳、收入较高、保障较好，且有一技之长”的趋势，农民人均纯收入逐年提高，生活不断改善。

收入

农业收入 鸦滩农民的农业收入主要有种植水稻、小麦、大麦、蚕豆、黄豆、油菜、花生、芝麻、棉花、烟草等粮食、油料、经济三大类作物，出售其自食自用之余所获得的收入；饲养猪、鸡、鸭、鹅等家禽、家畜，出售其食用之余所获得的

---

① 大包干：是指 1978 年开始实施的中国农村基本经济制度，是农民以家庭为单位，向集体经济组织承包土地等生产资料和生产任务的农业生产责任制形式。

山区机械化种植（2016 年）　　傅小毛　摄

收入；部分农户把棉花纺成线，织成土布，出售自用之余所获得的收入；将烟叶做成黄烟，将糯米酿成米酒，出售黄烟、米酒所获得的收入等。

新中国成立前后，鸦滩镇农民收入很少。1949 年，除自食自用外，人均年收入仅 34 元。1957 年，人均年收入增加到 74 元。1958 年以后，工分所得为农民唯一收入来源。到 1975 年，人年均收入仅 81 元，部分地方工分值很低，收入更少。

1981 年，实行联产承包责任制以后，农民收入增长很快。1987 年，人均农业收入已达 408 元，比 1975 年增加 327 元。90 年代后期，年人均农业收入已达 600 元左右。进入 21 世纪以后，人均农业收入逐年增长。至 2018 年，人均农业收入在 1000 元以上。

务工收入　1981 年以后，沿香茗山一带村庄部分剩余劳力开始到北方修补铝制品，时称“打白铁”。一般人均年收入 2000 元左右。此后，外出务工人员逐年增多，到 90 年代末，一般人均年收入超万元，最高的近十万元。

进入 21 世纪以后，外出务工人员基本流向两大产业：一是建筑装潢业，集中在河南省郑州市，从业人员以男性为主。一般年收入在 10 万元左右，最高在 30 万元以上，最低也有 6 万 ~ 7 万元。二是服装制造业，集中在浙江省湖州市织里镇，从业人员以女性为主。一般年收入有 3 万 ~ 4 万元，最多的可达 10 万元。自办加工厂的最高收入有 30 万 ~ 40 万元。从事其他行业的务工人员散布于全国各大中城市，人均年收入大多在 10 万元左右。

2018 年，镇内 5 个集镇办有粮油食品加工厂 23 家，家具厂、机修厂 22 家，服装厂 87 家，自来水厂 3 家。许多人在镇内务工。

经营收入 2018年，鸦滩镇有各类经营市场、店铺400余家。大的自然村、公路沿线有商店、代售点1000余家。全镇有酒店、饭店、旅馆、理发店、早餐店、豆腐坊75家，小吃店30余家。

养殖收入 有人承包水面，养殖鱼虾、鳖、黄鳝、泥鳅；承包山场，种植树木、果树、油茶，兼养鸡、羊、牛；利用稻田水面错开茬口，放养群鸭、群鹅。还建有大型养猪场、养鸡场等。

消费 中华人民共和国成立初，农民的消费主要为食品和衣着，自种自食，自制自穿，消费水平很低，人均年消费折合现金40元左右。合作化以后，农民消费随着收入的增加而提高，到1957年，年人均消费60元左右。1958—1975年，消费增长缓慢，人均不足70元。

1981年，实行联产承包责任制以后，农民生活水平逐年提高，消费范围逐年扩大，年人均消费在400元以上。20世纪90年代到2018年，吃，从吃饱到吃好、吃营养；穿，从穿暖到穿好、穿美，讲究高档料子、时装；家用电器现代化；交通工具从自行车到摩托车、电瓶车、三轮车、面包车、小轿车；通信已由电话发展到手机、电脑、网络。2018年，年人均消费近5000元。

名胜古迹　旅游

鸦滩西北枕香茗山，西南依南山，东南临武昌湖梢，东北濒泥塘湖。“两山两湖”之间，有众多的洞、泉、石、庙和古寨、城、祠、道场遗址，旅游资源丰富。2012年，鸦滩镇被安徽省旅游局评为安徽省优秀旅游乡镇，香茗山风景区被评为国家AA级旅游景区。2013年，鸦滩镇被评为安徽省特色景观旅游名镇。

香茗山风景区

香茗山位于镇西北，跨望江、太湖、怀宁三县，东西横亘20余千米，南北逶迤约5千米。主要景点分布于大茗山、莲花尖、小茗山、梅家岭、褒隐寺水库、纱帽山等。

香茗山之峰

狮子吐烟 位于大茗山巅。香茗山第一高峰和第二高峰，状如双狮对峙，春末夏初、夏末秋初的7—8点或16—17点、20—21点，偶见峰顶（人称“狮子口”）冒出阵阵轻烟，直冲云端，俗称“狮子吐烟”。香茗山周围，凡是能望到“狮子吐烟”的地方，都流传着诸如“狮子吐烟，天气有变。”“狮子口吐烟，不雨也风颠。”等天气谚语。

一般发生“狮子吐烟”现象后，当天或之后三天内有雨。“狮子口”由两方成120°角的石壁组成，拔地而起，垂直而立。传说崖壁内藏有朱砂、金钗石斛。1938年的一天，孙映璋打柴，见到来自湖北的三人，一人系在粗麻绳的一端，由土制绞车送下石壁，因石洞中钻出几只老鼠咬麻绳，怕绳断出危险，即将人拉上作罢。据传后来有人用铁链吊

香茗山风景区获国家AA级旅游景区铭牌 傅小毛 摄

香茗山脚下民居（2017年） 郑强 摄

人下去采朱砂、金钗石斛。

莲花尖 位于香茗山大茗山、小茗山之间。“中峰特出，势若莲花，故称莲花尖。”孙皖樵咏有《莲花尖》诗:“移种瑶池不着泥，花如扑地更多姿。一枝秀出青天外，正在含苞待放时。”就是其写照。古莲花书院，今莲花场，北边的莲花水库，南边的莲花湖（原名汪家冲水库），都因莲花尖而得名。莲花水库、莲花湖，一北一南，坐落峰底，形如盆托莲花。沿山路而上，近看莲花峰体，则又像一朵折瓣莲花。立山根仰望，又若火舌舔空。山中人又称此峰为“火焰山”。唐代诗人程杰有《芙蓉峰》诗:“谁把芙蓉云外栽，亭亭秀丽四时开。清宵皓月峰头挂，宛似佳人对镜台。”莲花尖南麓有茗山禅寺，在皓月当空之夜，在茗山禅寺附近，仰望莲花尖，可领略此诗意境。

观日峰 小茗山巅一方突兀的巨石，是观日出的绝好所在，故名观日峰。相传唐代的罗隐就经常在此观日出、日落。登上观日峰极目远望，千顷湖川、万亩田畴、市镇村落连成一片，视野开阔。观日出，必须夜宿洞佛庙僧房，晴日五更，到观日峰可目睹日出壮景。

观日峰也是观夕照、赏晚霞的最佳地点。可领略“满目青山夕照明”的意境。当太阳坠入地平线时，常见一柱当空，霞光成扇形射出，出现“夕阳须倒生”的奇景。

香茗山之泉

朱砂井 位于大茗山无量殿南面陡峭石壁之下，系一口巨石下的泉水井。原井深数米，井口直径2米，井水清澈，内藏朱砂，四时不涸，故名“朱砂井”。解缙“山崖殷窦簇朱砂”的诗句即指此井。现朱砂井已淤塞，井口犹存，直径和水深均不过1米，泉水仍然不断渗出。井淤塞的原因有三种传说：其一，古代在茶排上居住的夫妇俩，妻子死后，丈夫将她葬于井内而使井淤塞；其二，无量殿惠智道人为治龙患，下长而大的铁蜈蚣于井内，并以沙土填塞；其三，朱砂井有一老龙，因犯天条，玉皇大帝将它困于井中，老龙有个龙子在宿松凿山修道，每年5月要到香茗山探视老龙，并舔食井里的朱砂，剩下的土石积于井中而使井淤塞。

朝旸庵泉 位于朝旸庵古刹前树龄近500年的大香樟树两侧。相传此地形似出山蜈蚣，“头”伸向眠牛塘梢，“尾”拖在香茗山南麓，庵堂建在蜈蚣头上，这两处泉眼象征“蜈蚣”的两只眼睛。西侧泉眼在独山脚下，因修公路而填塞。东侧泉眼现为两个井口，一口供饮用，一口供洗刷、浇灌使用。朝旸庵的泉水清澈甘甜，在办五七大学及“望江师范”期间，井水供应200多名师生的生活用水。

朝旸庵泉（2017 年） 傅小毛 摄

伯温泉 俗名泉水池，池面约 2 平方米，位于寨林庵护林舍的东南角。据说朱元璋的军师刘伯温当年随军南下，兵屯香茗山，筑大茗山寨和狭英寨。刘伯温住在狭英寨的衙屋岭。是年寒冬大冻，山中须烊冰化雪造饭，饮水极为困难。刘伯温偶见岭下石缝中有珠点玉片，吮尝后知是山泉，即命士兵掘池而蓄，果然清水满池，后来山中人感其功德，遂称之为“伯温泉”，后又称“寨林泉”。至今泉井犹存，泉水甘美，冬温夏凉，不涸不溢。盛夏季节，游人至此，饮泉一勺，无不心凉汗释、暑气全消。

曹公道场泉 因曹学佺在此修道而得名。位于狭英寨北门的仰天螺，人称“神井”。口径、深度都不过 1 米，即使大旱之年，此井也不枯。饮后，井水不浅；不饮，也不漫溢。封建时代，每遇大旱之年，乡民有设坛祈雨之举，均到此井取水回去遍洒四境。

香茗山之洞

梅福炼丹洞 坐落于小茗山北面的悬崖绝壁上，四周绿草如茵，花香四溢，云飞雾绕，险象环生。山与云、洞与花、险与奇，兼而有之，具有“怪石如龙盘古洞，好花挂壁迎神仙”之妙。入洞无路可走，须攀陡岩而上。史传为西汉梅福修道炼丹之所，故名。洞里有丹灶、石案、石榻遗存。

石佛洞 俗称洞老爷庙，简称洞佛庙。坐落于小茗山南崖峭壁上。攀 99 层阶蜿蜒上到僧房，再踏 34 级石阶，只身侧行，钻进头道石门，可见在 9 平方米的平地上矗立

石佛洞（2017 年） 徐平波 摄

着八柱六角飞檐小亭，因是纪念很早的一位住持悟空和尚，故名“悟空亭”。孙皖樵撰有一副嵌名联：“悟炎凉冷暖；空南北东西。”

再由此进二道石门，即洞佛庙。洞内为石壁、石顶，内空约12平方米，高约2.5米。原顶部裂纹，构成八卦状图案。后壁呈梳背状，壁上佛像原为凿刻的金地藏王像，现为木质地藏王像。佛龛前为石质拜台、香案。胡会亭撰联：“宝刹凿从天帝手；云根生出地王心。”

清乾隆年间（1736—1795），由胡姓人筹资，在石佛前修建佛龛，两边为红石条立柱，右柱镌有《庙记》，左柱刻有落款“乾隆五十二年安定郡建”。

石佛洞内两侧有对称的石洞如深巷，传说“一通湖广一通江”。某朝一县令想入洞中探宝，亲带衙役下洞，点燃完一稻箩蜡烛还未走到尽头。20 世纪 80 年代，石佛洞修葺一新，香火鼎盛。

老虎洞 梅家岭的鞍槽岭北边有一条南北走向的山脊，中段有一石洞，可容七八人，上山打柴的人常入洞内避雨。洞口上方有一巨石，高约4米，形若一只伏卧的老虎，昂头张嘴，遮住半边洞口，故名老虎洞。

烈马披鞍（2017 年） 傅小毛 摄

香茗山之石

石林 位于小茗山南部的山体表层，分布着钾长花岗岩（含钾岩石，可提取钾），由于地表水的作用，地表遭风化剥蚀，出现了姿态万千、神韵无穷的形象石林，特别是洞佛庙东北部一带最多。嶙峋怪石线条清晰、轮廓分明，随着游人欣赏角度的变换，呈现不同形态，构成一幅幅奇妙的画图。特别是蓬莱三岛石、六郎石、烈马披鞍石一带，尤为奇特壮观。

狮子张口 是一方面目狰狞、形象逼真的巨大象形石，雄踞于二茗山背后通往寨林庵的路旁。宛如巨狮张开着大嘴，故名。不远处，有牌刀石，其下有砧板石，砧板石的一角有猪肝石，人称“四两肝”。

罗汉现肚 褒隐寺水库西北戴家井屋背后，有一座山叫“罗汉现肚”。山的中部有一块椭圆的巨石，石的上方，左右各有一个突出的圆形石包，似一双大乳。石的中部隆起，如一口大锅扣在上面，中间有一块凸起的小石疙瘩，很像人的肚脐，远远望去，整座山如一尊袒胸露腹的罗汉像。相传汉钟离云游至此，看看此石，摸摸自己的肚子，笑了笑，批了八个大字“罗汉无衫，露肚潇洒”。从此山民就称此山为“罗汉现肚”。

罗汉石 香茗山中段梅家岭北侧有一长形巨石，高约 4 米，宽约 2 米，上圆下方，酷似一尊肥头大肚的罗汉在山腰打坐，人称罗汉石。罗汉石的上方椭圆面部有三道裂缝，呈倒品字形，恰似一双眯眼和一张大嘴，品字中间突起，上窄下宽，好似高挺的鼻梁。中部隆起如一口反扣的大锅，又光又滑，形似罗汉的大肚。下部两条石埂向两边延伸，好似人坐下向两旁伸开的双腿。石埂下端，两块长夹石板向上凸起，并各有几条裂痕，如脚掌、脚趾一般。在罗汉石的下方，有毕公（毕寅）墓。

罗汉石，不仅形象逼真，还有美好的传说：很久以前，梅家岭密林中，有一条巨蟒，经常窜出伤害牲口。一次，巨蟒缠住一头小黄牛，正要吞食，忽然从罗汉石射出一道金光，罩住巨蟒，小牛逃脱，巨蟒被烧成灰烬。从此，人们纷纷向罗汉石烧香跪拜。元末，刘伯温随朱元璋至此，路过罗汉石，留下一副对联："罗汉显灵，佛光普照；毕公仰卧，佳话流传。"

驴头石、果老石 驴头石位于石佛洞之东、果老道场之南的山脚下；果老石位于大茗山南麓，形体高大，独峙山间草坪，如天外飞来。相传"果老石"是张果老的物化石，"驴头石"是张果老的坐骑。石上有形似打坐和搭脚的痕迹。

香茗山之寺

相传自唐开元十一年（723）春，新罗国的金乔觉到香茗山后，许多高僧相继到香茗山周围参禅修行。香茗山一带佛教文化逐渐繁荣。较大的禅寺有茗山禅寺、洞老爷庙、褒隐寺、法华寺等。

茗山禅寺 坐落在莲花尖南麓，莲花湖梢。北倚莲花尖，青山浮影，莲花毕肖；南濒莲花湖，湖前胭脂山，清明时节，满山红杜鹃伴着苍松碧草，影映湖中，涟漪呈彩；东望冈峦起伏，翠竹掩映着片片茶园，四季常青；西为果林场，春来桃李争艳，夏秋硕果飘香。寺门口一尊三层宝鼎，大殿门口两柱上顶的门楼，匾额上镶嵌四个铜塑隶书大字"茗山禅寺"。殿堂三大开间，石瓦砖木结构。相传，很久前有一位悟空和尚住在小茗石洞内，他四处化缘，立志在香茗山建庙，供奉地藏菩萨，一示虔诚，二求平安。山民热情相助，不多久，遂在风景秀丽的莲花尖南麓的低矮平地上建起了地藏庙。几十年后的一个夏天，连降暴雨，山洪突发，危及庙堂，悟空和尚什么也不管，抱着地藏王菩萨像就跑。当他走到山涧中，一失足，连人带佛像被打入浪中，洪水退后，人们找到悟空和尚尸体，双手还紧紧抱着佛像。

1998 年，3 位居士赴九华山迎来地藏菩萨像和观音大士像，请法师到香茗山开辟佛

香茗山莲花尖（2018 年） 史景钟 摄

教道场，将林场3间看山房改为佛殿。1999 年，在原地藏庙东侧建寮房 11 间。同年 2 月，举行大殿奠基法会，重建茗山禅寺，由九华山慧开法师主持，四众弟子万人参加。2005 年，茗山禅寺有常住僧 5 人，皈依居士数百人。

褒隐寺 原坐落在凤栖冲口褒隐寺水库坝下。“县西北七十里，唐宝历二年（826）僧福海造，明洪武元年（1368）僧绍寿重建。”原寺庙规模宏伟，前后五重，宝塔建在第四重、第五重之间的大院内。庙产颇丰，香火鼎盛，僧尼最多时有 100 多人。褒隐寺在清末民国初为县行政基层单位，是“望江县十三寺”之一。寺庙在抗日战争时期被拆毁，唯寺塔犹存。旧址建褒隐寺水库管理所和褒隐电站。

1992 年年初，僧道根得当地信士之助，于褒隐寺水库东边的帅家湾建五间瓦房，中为佛殿。1998 年，道根往生，僧常丰到寺常住。2000 年，常丰往生。同年 6 月，释演智迁寺于象山对面狮子山下。重建的褒隐寺在水库大坝两端，西为寺，东北为庵，僧、尼分开。

香茗山之塔 褒隐寺塔，矗立于褒隐寺水库大坝下，是望江县保存下来的唯一一座古塔。塔以青砖构成，6 方 7 层，高约 25 米。各层以砖斜铺，出挑为檐，檐平角伸，造型古朴、素雅、别致。2 ~ 6 层，方方有门，门似佛龛，无阶梯上下，唯有底层有一门独开，门向朝东。

相传塔与古寺同龄，建于唐宝历二年（826）。此地曾有一民谣，流传于香茗山一带：

褒隐寺塔（2018年）　　傅小毛　摄

朝阳庵（2016年）　　傅小毛　摄

凤栖山冲口，猪象两边守；
象若吃掉猪，冲里变成湖。
冲外成大海，赤城尽淹没。

此塔不同于其他宝塔的一大特点——无顶。传说，凤栖冲口左边把守的“象”（山），要吃掉右边把守的“猪”（山），那么冲里冲外的广大地域就要被湖、海所吞没。这样便惊动了香茗山神，他奏知玉帝，玉帝便派师徒两个神仙下凡建筑宝塔。师徒议定：师父到十里寺筑十里寺塔，徒弟在褒隐寺筑褒隐寺塔，将“猪”与“象”隔开，镇住“象”，让它吃不了“猪”。建塔要一夜完成，东方发白即回天庭向玉帝回话。过子时，十里寺塔完成，褒隐寺塔只砌了六层多一点。天快要亮，师父已到，催徒弟上天。这时第七层塔才刚刚完成，徒弟急了，筑塔顶已来不及，只好将塔砖乱堆在一起。1982年12月11日，望江县人民政府公布褒隐寺塔为县级重点保护文物单位。2015年进行了维修。

香茗山之庵　朝旸庵坐落于小茗山东南。明嘉靖年间（1523—1565），知县文阶为缅怀梅福、罗隐两隐士所建。民间有一传说，明朝时，有个金姓姑娘看破红尘，不愿出嫁，要寻一个世外桃源修行养性，看中了这个地方。她拿出自己的积蓄建造一座庵堂，削发为尼，独享清幽，后人称之为“金娘娘”。清咸丰年间（1851—1861），有和尚到朝旸庵开旗放戒。从那时起，庵堂就成为僧、尼投居之地。后来，朝旸庵屡遭兵乱破坏，清代复修。1941年后，相继扩建大殿两进（后进为楼房），分别名“三圣殿”“忠烈祠”“保悟楼”。大门均嵌匾额和对联。三圣殿的一联：“有意烧香，何必远朝南海；诚心敬佛，此间便是西天。”为望江名士周幼堂所撰，时省主席李品仙书。

忠烈祠联为汪穆堂所撰：“立志以求荣，总要有功社稷；披肝而拒敌，莫为无谓牺牲。”

朝旸庵原有大佛、罗汉、菩萨像数百尊，香火鼎盛。后被地主、官绅据为降神、请仙的乩坛，成为反动会道门之活动场所，终为人民政府所取缔。20世纪90年代，朝旸庵仅存庵堂主体，分为前后两进，砖木结构，深25米，宽36米，面积约400平方米。四周茂林修竹，环境幽静。原殿前的一棵古樟树，与朝旸庵同龄，仍然盘根错节、叶茂枝繁。县五七大学、教师进修学校、茗山初级林业中学、安庆师范望江教学点曾设于此。1986年8月，县人民政府公布朝旸庵为县级重点文物保护单位。

2003年，释演空尼入庵后，将原有庵堂重新翻盖，修葺一新，西方三圣重新开光，重塑金身，新建佛殿、寮房、佛亭，添置大钟、大鼓、大宝鼎、香炉等。香火日益旺盛。

香茗山之水库 香茗山周围有大小水库十余座。春来桃红李白，满山的映山红映衬着苍松碧草，倒映水中，一派幽雅绮丽风光。

褒隐寺水库坐落在凤栖村与连塘城村交界的凤栖冲，因褒隐寺而得名，是望江唯一

褒隐寺水库（2017年） 傅小毛 摄

的一座小（1）型水库，由安庆专署水电局设计。1956年9月动工兴建，后几经加固，于1979年竣工。2008年，投资600万元，加固坝体，改造泄洪道。灌溉面积1万亩，防洪功能达500年一遇的标准。

武昌湖风景区

武昌湖，望江县最大的内陆湖，沿岸湿地面积8667公顷，是长江中下游保存最为完好的生态湿地之一。周围名胜古迹众多，鸦滩境内从花河口至三冲圩十多千米的湖岸上，有码头镇、关马城、永济桥、蔡老爷庙、望马楼遗址，李氏、曹氏、吴氏、余氏、

碧波荡漾武昌湖（2017年） 傅小毛 摄

叶氏、何氏等宗祠旧址，戴家罾、砚池墩新石器时期遗址，龟翁亭与谢翁亭、独山墩、神墩、祖师殿、江宁寺、张山寺等景观，南岸建有度假村。

神墩　坐落于武昌湖梢，鸦滩河与沙河交汇处西北边，是并排的两座土山包，形似扆子。中间有一横向长方形水池叫神墩夹。神墩东望狮山、龟山、月山、蛇山、象山，南临独山墩，北枕老鸦滩。高不过十米，面积约 300 平方米。

有人说它是古雪花县城护城墙的一段。也有人在神墩发现了灰色瓷片和破损瓷盆瓦罐，认为它是古瓷窑的遗址。

清雍正四年（1726）发大水，望江知县黄鹤鸣到此视察灾情。面对滔滔洪水，曾吟一联："神墩看浪滚云翻，未闻龟蛇二山告急；虎林有尘扬雾罩，哪见狮象对口喷洪。"

清乾隆二十四年（1759）大雨如注，知县郑交泰在神墩建立船站，设航标灯塔。1913 年发大水，檀家田埠何文汉捕鱼，发现水中一条巨蛇，就驱舟追赶，追至神墩，巨蛇跃上神墩顶端，钻入墩里，随后顶上喷出数丈高的水柱，墩周围也卷起巨大的旋涡，老人惊慌之中驾舟逃走。

独山墩　位于武昌湖稍码头河与双河口交汇处北岸。它状似硕大的馒头，高约 60 米，墩顶浑圆，面积约 4000 平方米，墩上青松挺立。墩脚偏东南，因洪水裹挟泥沙长期沉积，形成一条长约 50 米、高十多米、宽约 20 米的沙埂伸向河中，与墩体垂直，形成天然良港。

独山墩虽无峰峦起伏之势，却是武昌湖梢登高赏景的绝佳之处。登上墩顶，视野开阔，四周村庄、集镇尽收眼底。既能观赏武昌湖水天相接处冉冉升起的红日、青波浩渺间鱼跃鸢飞，渔歌唱晚；又可眺望香茗山落日霞辉，层林尽染的雄姿。

民谣说："水汪汪，水汪汪，滔滔水中泛龟王。水升它也升，水退它是墩。"清末民国初，它是码头古镇通往安庆黄金水道上的天然航标，亦是各种渔船停靠避风、晒网的良港佳趸。1971 年杨树圩扩建加固后，它成为杨树圩的天然屏障。墩的周围还是人们垂钓、采菱、摘莲、摸芡、取藕的场所。

祖师殿　建于明朝晚期，坐落于武昌湖北岸码头村椅子山西侧。外两重内三重，砖木结构，宽 10 米，深 30 米，内有三重佛殿。四周墙壁均由糯米汤加青粉拌石灰粉刷，极其光润。左右两边扇脊高挺，棱角分明。殿门上方左右两边各有一个米筛大的圆形洞。抗日战争时期，望江中学迁设其内，上、中殿用于教学，下殿中央供奉禅宗初祖达摩祖师（众称天师）像，左右为雷公、电母、风伯、雨师像。达摩祖师像虽属明代木雕，依然保存完好。两重佛殿门旁各有一副对联，分别为“九年面壁悟禅理；一苇渡江寻本源”“导引清修，面壁九年成慧悟；帡幪久荷，心香一瓣答神庥”。

1941 年，县长漆仍素下令拆庙建校。1942 年，第三届毕业生集资在校前广场筑亭，因此亭面对香茗山，地系香茗山余脉，想到将来抗战胜利，学校必重回县城，人们将永远怀念此地，故名“怀茗亭”，时徐秩东撰两联，分别为“三载春风同坐地；一亭旧雨再来时”“香茗奇峰云在望；雷池文化日方中”。

另据戴氏宗谱记载，明嘉靖年间（1522—1566），码头村戴家上湾戴龙阳，生于明嘉靖十年（1531），16 岁举孝廉，授宛平县令，官封七品。此人信佛，住所供有天师佛像。任满归家，轻车简从，却将佛像用黄巾包着带回家乡，供奉在村内祖堂神龛上。传说戴家上湾农忙时，各户小孩都安睡于摇篮里并被搬到祖堂，人们将大门锁好。传说有位农夫从门缝窥见一位身穿黄袍、银须白发的长者走动于摇篮之间，轻轻摇晃摇篮。当听到响动后，长者就不见了。后以戴龙阳为首捐款集资，在狮山（又名陈家山）建起祖师殿。

新中国成立初期，祖师殿先后被改建为供销社、粮站。改革开放后，当地群众于祖师殿遗址南 300 米的椅子山背重建祖师殿，为仿古建筑，香火依然旺盛。

镇国寺 位于武昌湖北岸南山村龛子湖畔，原建于明末清初。初为一茅庵，清雍正八年（1730），地方信士改建茅庵，呈四合院布局，并定名为镇国寺。1939 年，寺被日本侵略军焚毁，同年年底修复。1954 年夏，寺遭大水倒塌，次年年底恢复。“文化大革命”期间，古寺被拆毁。改革开放以后，境内信教人士申请政府批准后，募捐筹资，于 1993 年复建该寺，请三祖寺宏信、妙德二僧任主持。此后四五年间，三圣殿、东寮房、斋房相继落成，塑佛像 20 余尊。1997 年，宏信、妙德离寺别住，演维任主持，建天王殿、大殿，增塑佛像，添置法器。

2002 年 9 月，当地居士黄演能往生满三年，开缸见头发、皮肤丝毫无损，胸前红润，腹部扣之有声，身如铁铸铜浇。由于管理较妥、弘扬力度强、护法人员多，信教人士有 2 万余人，主要来自安庆市、怀宁县、望江县，还有赣州人士年年进香。镇国寺规模逐渐扩大，2015 年占地总面积 6000 平方米。寺内有天王殿、大雄宝殿、三圣殿、地藏宝殿、伽蓝宝殿、月身殿、太子殿等大小殿堂，供有大小菩萨像百余尊，有精制宝鼎、大铜法钟、大型点烛器等成套法器。东寮房已办成传统佛教文化教育课堂。

镇国寺（2018 年） 傅小毛 摄

张山寺 建于清康熙年间（1662—1722）。因坐落于武昌湖北岸张山西陲，故名。东连紫竹庵，西对木鱼山，背枕产象林，面向武昌湖。东西两侧宝塔矗立，宝塔七层，青砖砌成，层层有佛龛，无阶梯上下，建于何时无考。寺庙大殿、厢房有 20 余间，僧侣近 10 人。新中国成立后，先设张山小学于此，后拆毁。

经县佛教协会批准，2000 年以后，从民间逐步收集了隐匿 30 年的三尊佛像、长明灯侧竿板、韦陀菩萨像及清康熙年间（1662—1722）为纪念捐赠建寺地基和捐资献物的功德碑、张千乘祭祀牌位等。当地群众捐资复建该寺，有上、下殿 6 开间，厢房 8 间，寺内有神像十几尊。

江宁寺 坐落在武昌湖北岸望河村甯家大屋大堰东北边。三面朝水，一面靠山。1990 年 3 月，建三圣殿和三间小屋（厨房、宿舍、餐厅）。1993 年 8 月，由释宽广住持，一年后建大雄宝殿和三间楼房给外地居士住宿。1995 年 3 月，新建天王殿。至 2018 年，占地面积在 3 亩以上。

文物　古迹

文物　鸦滩有众多的遗址，出土大量的文物，在县馆藏一级文物 3 件、二级文物 10 件。1981 年，在鸦滩公社长丰大队发现的“郢爰”（现藏于望江县博物馆），是战国时期楚国一种扁平钤印的块状金币，又名“印子金”，属一级文物。

表 7

望江县馆藏的鸦滩镇出土一级、二级文物一览表

名称	质地	时代	级别	发现地点
玉铲	玉器	新石器时期	一级	连塘城遗址
玉铲	玉器	新石器时期	一级	三联村戴家畈
郢爰	金	战国	一级	鸦滩村
石铲	石器	新石器时期	二级	连塘城遗址
石铲	石器	新石器时期	二级	望马楼村沿河
五铢钱	铜	东汉	二级	鸦滩村
多足青釉辟雍砚	瓷器	隋	二级	香茗村
石狮	石器	唐	二级	三联村
石笔架	石器	唐	二级	三联村
石山	石器	唐	二级	三联村
石鹿	石器	唐	二级	三联村
龙泉窑仿官青釉碗	瓷器	宋	二级	鸦滩村
大炮	铁	太平天国	二级	望马楼村

说明：根据《望江县志》整理

古迹

孙家老屋遗址　位于麦元村孙家老屋。1985 年发现，由省博物馆专家发掘，出土大量石器、陶片。经鉴定为新石器时期晚期遗址。

杨树屋嘴（芝麻墩、河北岭）遗址　位于码头村杨树屋嘴。2001 年，在此处发现大量陶片、石器，经市、县文物部门鉴定为新石器时期晚期遗址。

戴家墩遗址（2017 年） 傅小毛 摄

收藏在望江县博物馆的郢爰

砚池墩遗址 位于鸦滩圩排灌站东南，是一座呈东南—西北向分布的长方形土墩，面积约 5000 平方米，形似一方砚池，故名。1957 年开荒时，曾挖出很多用青石打磨成的光滑扁平箭头形石器，箭头长约 6 厘米，箭柄长约 4 厘米。1984 年，由省博物馆专家发掘，出土大量石铲、石斧、陶片、陶罐等，经鉴定为新石器时期晚期遗址。

戴家墩遗址 位于三联村的戴家墩。1985 年 4 月，文物普查时发现，面积约 3 万平方米。采集有鼎、壶、罐、钵等陶器的陶片、鼎足、器盖、器座及斧、铲、锛、磏等石器。陶器均为手工制作，多系夹砂红陶，少数为灰陶，多为素面，少数有弦纹、网状纹。石器为磨制。经鉴定为新石器时期晚期遗址，遗址主体保存基本完好。

果老道场遗址 位于小茗山顶峰北面山崖的一块平地上，又名“城头上”。此处犹如一座“天台”，下临深渊，沟壑纵横，万山拜伏其下。置身道场，四野空旷，有“举头红日近，回首白云低”之感。道场有道观遗址，依稀可辨。

曹公道场遗址 小茗山出狭英寨北门有一道山梁连接成“丁”字形，人称“仰天螺”，亦名仰天包。“山上（仰天包）有井，井侧有庙，相传天旱祈雨辄应，明代庙毁，唯存残碑，字磨灭不可读，仅额镌‘曹公道场’四字可见。”传说此处就是曹老爷得道之处。

连塘城遗址 坐落于连塘城村梅家岭南麓。元末大富豪毕寅于元至正十六年（1356）前后，率望、太县民拒贼、护耕筑此城。因城内外有 18 口水塘相连，形似一朵莲花，故名连塘城。城址周围委土为堑，高 3 ~ 5 米，宽 2 ~ 4 米，周长 1.5 千米。城垣呈圆形，有东西南北四个城门。其南有关马城，城东高阜有望马楼，小茗之巅有大寨烟墩，四望相应。与民约，贼至入堡，贼去则耕，太平时期为朝廷作枢密指挥机构。

连塘城在历史上曾为古战场，有“连屯旧戍”之称。历史上，“连屯旧戍”被列为“望江十景”之一。清代文学家张正庭曾吟《连城旧戍》一诗，有“宋武凭陵壮力争，连塘屯筑此偏城”诗句。连塘城至今有数段城墙完整可辨，山丘上的战壕也清晰可见，城墙周围经常出土做工精细的青砖。城内有新石器时期遗址，1972 年出土过大量的石铲、石斧等。1986 年 1 月，望江县人民政府公布连塘城遗址为县级重点文物保护单位。

关马城遗址 坐落在码头村郑家嘴西北边，元末大富豪毕寅筑连塘城时所建，为连塘城关马所用。有“绕城跑一圈，腿脚都发软。”“草坦大，马啃荒。”等民谣。关马城，委土为堑，城墙高 2 米余，宽 2 ~ 3 米，周长近 1000 米。城垣为椭圆形，有东西两个垛口，各有木栅关闭。城内有拴马桩数百根，配有马槽。城东有一放马川（今杨树屋嘴东北），地势平坦，水草丰盈。城西有一归马林（今香茗村境内），丘冈起伏，绿草如茵。

太平天国时期，太平军曾用此城堑建一水寨，名叫鸭嘴寨，至今清晰可辨。

望马楼遗址 坐落于望马楼村境内的牛背山上，是一座两丈余高、上下两层的阁楼。此处是东西两条古道的交会处，也是武昌湖畔的最高点，冈陵起伏，三弯九曲。登上此楼，方圆数十里尽收眼底。传说毕寅筑连塘城时所建。楼的西南面建有关马城；

连塘城遗址一角（2017 年） 傅小毛 摄

关马城遗址一角（2017 年） 傅小毛 摄

城东有放马川；城西有归马林。登上楼顶，三处一览无余，故名望马楼。楼门有一副对联："狮象把关，佛塔招云，山谷流泉，假日月精华，梅福炼丹何处去；姊妹降世，神灯照火，金鸡报晓，沾天地灵气，罗师筑室后人来。"

传说三国时期，孙、刘结盟抗曹，此乃孙、刘两家的前沿阵地。那时江湖河相连，望马楼东南是一片汪洋，波浪滔天。周瑜手下大将黄盖为观察敌情，在此建一瞭望台，高二丈余，称之为望水楼，又叫望河楼。并将楼东约三里许河边杨树林砍掉树梢，在树桩上建一小亭，名为杨楼，做上标记，记载水位。继而建立水师港口，常停靠战船近千只，名为杨楼港。在楼的东北角建立商埠，相传有商店百余家，集军需与民用货物于一体，并赐埠中居民姓孙，故名孙家埠。

码头古镇遗址　位于码头桥南北，码头河两岸。清光绪初年，码头镇正式成为建制镇，属县直辖。当时，码头桥南北、码头河两岸，有收购棉、麻、花生、芝麻、绿豆等土特产品的货栈，有中医诊所、药店、日杂百货店、粮行、食品（糕饼为主）店、布草店、文具纸品店、屠宰店、茶馆、酒肆、旅馆、饭店、赌场等 40 余家。有来自江西的白木，来自安庆的"府粪"，来自潜山、太湖的竹木茶和本地土特产品，有来自九江、武汉等上江[①] 的日杂百货，也有来自芜湖、南京、上海以至苏杭等下江[②] 的丝绸精品和"洋货"等，吸引着南来北往的旅客、商贩，住宿、赌博、品茶、饮酒者络绎不绝，常常通宵达旦。

抗日战争爆发后，因日本侵略军进行水上封锁，码头镇逐渐萧条。1954 年发大水，所有店铺全部被淹没、倒塌，商贩们纷纷迁至祖师殿一带开业，古镇仅存遗址。

赤城县县城遗址　赤城县，古代侨县，南北跨香茗山到南山，东西跨太湖县原建设乡到望江县武昌湖西北的湖梢，县治位于茗南村阳家大屋，面积约 4 平方千米。有城脚岭，东门桥、西门桥的青石桥梁，护城河痕迹和城隍庙遗迹。新中国成立后，在开荒扩种、平整土地、修渠挖塘等农业活动中，不断发现古县城遗迹和遗物。有古砖断块、元宝、玉猴、方孔钱、陶制泥壶、泥碗、瓦罐等，有些已由望江县博物馆收藏。

大茗山寨遗址　坐落于大茗山峰顶，为元末朱元璋所建。寨墙依山势用土夯筑，又名"土城"。四周多绝壁悬崖，形势险峻。山寨设有东、西、南、北四门，多用麻青石

---

① 上江：旧时望江人称长江以西望江至武汉为上江。

② 下江：旧时望江人称长江以东望江至上海为下江。

条砌成。后经明末罗汝才、史可法，清太平军石达开等多次维修，虽经数百年的风雨洗刷，土城至今仍形迹可辨。南门最高，原形犹在，尚存多层石条，高达 1 米。东门以大小石头砌成，内有城壕。西门、北门尚存基脚石。

狭英寨遗址 坐落于小茗山及其北面的山峰。峰上与小茗山山脊围有土石寨埂，内围“三溪四梁”[①]，周长约 1.5 千米，寨埂高 2 ～ 3 米，低处依稀可辨。设有东、西、北三门。东门叫“阎王关”，有“一夫当关，万夫莫开”之势。东门北侧的平山肩曾为驻军文衙所在，故名“衙屋岭”，又称“雅士岭”。元末，朱元璋带军师刘伯温西下，过此筑狭英寨。“山口狭窄，山峰险陡，易守难攻”，故名。明末农民起义首领罗汝才、张献忠先后在此扎寨。继而史可法曾在此驻守。

清咸丰三年（1853），太平军石达开回师西征，占领望江全境，将此寨作为香茗山五城寨中的主寨，屯兵驻守。其后守守退退，退退守守，达十年之久，并多次在此发生激战。一次清兵围攻此寨不得，遂乘阴暗天，黑夜偷袭，太平军将计就计，放入大量清兵后，伏兵齐出。清军全军覆没，死以万计。谷里尸体、兵器成堆，血流成河。后人称其为“死人沟”“万人溪”；下面的小河称“血水河”。传说伯温泉到阎王关山下有太平军兵器库。

先锋寨遗址 坐落于凤栖村西北的一座椭圆形山峰上，西北紧邻太湖县境。面积约 4000 平方米。寨前是宿松、太湖通往石牌、安庆的必经之路。清咸丰三年（1853）正月，太平军从徐家桥进军石牌，曾在此扎寨。寨体为碎石块和石条所砌，寨墙残存，寨内曾发现石弹丸。

营盘岭寨遗址 坐落于连塘城村营盘岭，东北紧连怀宁，西北与太湖相接。面积约 3000 平方米。寨址四周有当年太平军所挖的战壕，壕沟深 1 米，寨内曾出土磨制的石弹丸和一门太平军使用的铁炮，现存望江县博物馆。

大寨烟墩遗址 坐落于小茗山东边第三座山峰牛马嘴上。清乾隆三十三年（1768）《望江县志》载:“元末大富豪毕银（寅）率望、太县民拒贼，护耕筑此（城）……小茗之巅有大寨烟墩，四望相应。”

莲花书院遗址 坐落于香茗山莲花尖西南麓的一块小平地上，周围树木繁茂，四季花香，环境幽静。左有溪流，右有园圃。历代有许多学子在此讲学读书，又名“安读

---

① “三溪四梁”：指寨内三条山沟、四道山梁。

院”。因“安读院”与山民俗语“豌豆园”谐音，后俗称“豌豆园”。1995年出版的《望江县志・书院》中载：“莲花书院，坐落香茗山，相传建于唐代，罗隐曾来居。”

南山书院遗址 坐落于南山北麓麦元村陈家新屋，建于清同治年间（1862—1874）。整体建筑坐东朝西，两重八开间，两重之间留有一丈见方大天井；上重三间北面为办公室，南面两间架柁为教室，下重三间的中间开大门为通道，北面为厨房，南面为学生宿舍；天井南北各建有厢房一间，为先生宿舍和会客室。房门合面而开，上下左右皆有回廊相通。南山书院自清朝至新中国成立，一直以经馆为主，先生皆为有名学者。在此书院读过书的名人有清末贡生陈炳华、民国时期副省长倪文玉、黄埔军校上校军医陈煜坤、中国地质学院地质工程师陈建华等。新中国成立初，南山书院改办南山小学。60年代，学校撤销，房屋后朽毁。

学士坛遗址 莲花尖峰顶有一土坛，是明朝大学士解缙到香茗山登莲花尖观光赏景之所在，人称“学士坛”。他还在坛边一块石上题了“余来座”三字。后有人以石镌刻，以记其事。

宗祠遗址 鸦滩各姓氏不惜重金在香茗山一带购地建造宗祠。祠堂一般为砖木结构，三重，每重三大开间，内设大五架。材料讲究，所有立柱直径均在60厘米以上，下垫青石鼓。横梁、挑梁、匾方、连枋、升子斗、门窗、杉椺、天花板、掩板都使用上等白木。设计考究，两重天井，排水沟、下水道均用青石条砌成，地面由青石板平铺。天井两边是厢房，上有木楼。雕刻精细，四柱、五架、连枋、檐角均雕有倒爬狮子、天官赐福、鲤跳龙门、龙凤呈祥等图案。油漆色彩协调和谐，古色古香。四周为扇形齐檐，马头墙，琉璃瓦筑脊，桃形瓦出水。祠内众多匾额制作精细，楹联对仗工稳。2018年，仅凤栖村王氏宗祠、凤栖山王氏宗祠在原址上重建，其余均仅存遗址。

2018年鸦滩境内祠堂遗址情况表

表8

祠堂名称	位置	建造时间	规模
曹氏宗祠	武昌湖北岸黄婆嘴	清乾隆年间（1736—1795）	三重
袁氏宗祠	袁老屋东面田畈中	清嘉庆年间（1796—1820）	三重
帅氏宗祠	梅家岭南麓鹞子林	清道光二十五年（1845）	三重
叶氏宗祠	马头村叶屋东面	清同治十一年至十三年（1872—1874）	三重
胡氏宗祠	胡家老林头西面	1913年	三重
何氏宗祠	马头村椅子山东南	清嘉庆十年（1805）	三重
郑氏宗祠	鸦滩村郑家老屋中间	民国初年	三重

续表 8

祠堂名称	位置	建造时间	规模
方氏宗祠	麦元村石灰山北麓	1921 年	三重
吴氏宗祠	原鸦滩中学院内	清道光二十四年（1844）	三重
张氏宗祠	鸦滩老街南端	清光绪初年	二重
余氏宗祠	古炉村余家祠堂	清乾隆初年	三重
李氏宗祠	武昌湖北岸祠堂山	明朝中期	三重

黄土冈古战场遗址 清咸丰七年（1857），清朝廷为镇压农民起义军，特派都统多隆阿、总兵鲍超率兵 5 万人到香茗山一带，企图剿灭太平军。多、鲍一方面在老林头成立老林局屯兵养马；一方面，通过地方官绅袁寿（五品衔）、胡福等筹粮筹款，组织乡勇，对付太平军。清咸丰九年四月、五月间，太平军西线告急，遂撤到香茗山，捻军征北主将张乐行、龚得树部从定远赶来助战，与清军在此地展开了近半年的拉锯战。战争结束，逃难的农民返乡后，自动组织起来，到附近山上挑来黄土掩埋尸骨，此地黄土一片，寸草不生，后人将此地称为“黄土冈”。老百姓又将附近山沟、田野里的尸骨搜集到黄土冈南面的小丘上，堆成一个小山包，叫“骨头包”。两个地名沿用至今。

战马场遗址 坐落于小茗山东南麓的两山之间，原名严深塘，是朱元璋、刘伯温屯

黄土冈古战场遗址（2018 年） 傅小毛 摄

兵狭英寨时的关（养）马之处。由狭英寨（寨林庵）出东门阎王关，上走马埂，再蜿蜒而下，就可到战马场。场内原有马棚、马厩，四周围有高3米的土石墙，遂成一座关马城。城外有放马场。

朱元璋于明洪武元年（1368）在南京建都后，当地山民便依南面半截土石墙筑坝，稍加修建，改作一口水塘，叫“战马塘”。

1955年冬，由望江水利科在战马塘的基础上勘测、设计，兴建望江全县最早的一批小（2）型水库中最大的一座水库。人们称其为“战马塘水库”，后改名为“葛林水库”。

旅游开发

香茗山、武昌湖两大景区位于沪蓉高速和济广高速之间，贯穿镇境的月北公路、窝甘路和安九公路（安庆—九江）与安庆高铁、机场相连，交通十分便利。鸦滩镇至相邻的黄山（太平湖）、九华山、天柱山、小孤山、龙宫洞、庐山、花亭湖、五千年文博园等景区均可当日抵达，是长江中下游旅游热线上的连接点。

发展规划 1998年11月16—17日，安徽省政府召开关于加快发展皖西南旅游工作会议，强调把加快发展皖西南旅游业作为发展安徽省旅游业新的增长点。中共望江县委、县政府编制《望江县旅游业发展总体规划》，加速了以香茗山、武昌湖为重点的古雷池旅游风景区的开发步伐。

修建中的护道（2016年） 徐平波 摄

2014年，鸦滩镇邀请安庆师

范学院资源环境学院编制《鸦滩镇旅游发展总体规划》，5 月 9 日，召开评审会，通过专家评审。

开发投入

项目建设 2005 年，在莲花尖下原地藏庙遗址东侧复建茗山禅寺，将高压电送上二茗山顶。2006—2008 年，围绕武昌湖开发，架起中圩与郭塘圩、三合圩、四合圩之间的三座载重桥；修通从四合圩经三合圩、郭塘圩、中圩到鸦滩圩 12 千米的环湖公路，将武昌湖湖岸线的景点连在一起；投资 150 余万元，新建鸦滩跨湖大桥；修通长 15 千米的武香大道，将武昌湖与香茗山两大景区连成一体。

2007—2010 年，新修 4 条水泥路，分别通往香茗山的莲花尖、朝旸庵、褒隐寺水库风景区，建立两大景区网站，为开发香茗山、武昌湖旅游资源打下基础。

2014 年，国电南山风场建成投运。2016 年，香茗山风场建成投运。镇政府结合风场建设，利用风场道路作为主干道，修建支线将景点串联起来，便于游客攀登和景点间的往来交通；利用风塔的塔基，辅之以城墙式护栏等，使之既是景观瞭望台，又是新的景观点。2017 年，建成 4 个游客服务中心、5 个停车场、4 个旅游公厕，完成香茗山景区一期、褒隐寺景区和望马楼油茶生态文化园基础设施建设。2018 年，香茗山旅游防火通道全面开通。

政策扶持 2014 年，鸦滩镇出台促进旅游业发展专项优惠政策。主要内容包括：鼓励民间资本参与旅游开发；用地优惠；奖励旅游创建工作；设立旅游发展专项资金，用于奖励创建星级以上农家乐以及星级旅游景区；配套其他优惠政策。

旅游路线

香茗山、武昌湖两大风景区可分为三个景观群（带），即以小香茗山为中心的西部景观群，以褒隐寺水库为中心的北部景观群，武昌湖梢鸦滩段沿湖景观带。

西部景观群 以小香茗山为中心的景观群，包括朝旸庵景观群。从茗山禅寺经山道至莲花尖凉亭，以此为起点有3条山道，一条向左（向西）可观赏莲花尖风光、学士坛、莲花书院遗址，过莲花尖山肩到大茗峰，可观赏大茗山寨、无量殿遗址、牛头石、朱砂井、狮子吐烟、大茗赤壁、果老石等。另一条向右（向东）可达石佛洞（洞佛庙），再从石佛洞攀上小香茗山峰，可近观石林、观日峰、六狼石、大寨烟墩、果老道场遗址；远赏曹公道场遗址、罗汉石、老虎洞、凤冠石・猴子守铜锣等。第三条向右前方（东北）过小香茗山阴的山道，沿途可观赏梅福炼丹洞、狮子张口、牌刀石、四两猪肝石、狭英寨遗址、伯温泉等。朝旸庵景观群有庵前树龄500年的古樟树，往东有朝旸庵泉、五七大学遗址、朝旸庵茶场等。

有3条水泥路通往西部景观群：麦香路自省道S212线麦元坝段至茗山禅寺，从吴家宕可达朝旸庵，是香茗山旅游开发专用公路。邢旸路从省道S212线邢家河段到朝旸庵，向西可达茗山禅寺。码杨路自省道S212线码头段至朝旸庵，向西可达茗山禅寺。

北部景观群　以褒隐寺水库为中心，可近观褒隐寺、褒隐寺古塔、褒隐寺水库风光；向南可寻访连塘城遗址；向西可观赏姊妹石、黄龙出洞等；向东可观赏牵奶奶晒日头石、纱帽山风光、营盘岭寨遗址等；从褒隐寺水库沿杨富路往北可观赏罗汉现肚、铁壁挂灯盏、王氏宗祠以及先锋寨遗址。

有2条水泥路通往北部景观群：杨富路自杨树村至先锋村（现改为凤栖村），途经北部景观群中部。鸦北路自镇政府所在地经原北山村接杨富路。

武昌湖梢鸦滩段沿湖景观带　武昌湖是长江中下游保存最为完好的湿地。栖息着白鹳、鸬鹚、天鹅、白鹭、雁鸭等国家级重点保护鸟类。鸦滩境内沿湖岸边，分布杨树屋嘴、砚池墩、戴家墩新石器晚期遗址以及众多的宗祠遗址和寺庙。双河口至三冲圩十几千米的湖岸线上有武昌湖生态文化园、武昌湖生态旅游湿地示范观赏区、观光农业旅游区形成的景观带。通往沿湖景观带有两条陆路，一条是省道S212线鸦滩段和窝甘路鸦滩段；另一条是从鸦滩圩到三冲圩的大坝沙石路。一条水路，可乘船从码头河经鸦滩河至赤湖，欣赏沿途风景。

旅游服务

2011年3月20日，镇政府制定了旅游服务的基本标准和条件。对接待游客的房间面积、室内设施、采光、通风性能、消防、安全、卫生、环保等都做了具体规定。同时要求从业人员必须身体健康，能用普通话提供服务，懂待客礼仪，文明礼貌；要求经营者遵纪守法，合法经营，严禁欺客宰客，确保游客的合法权益。

2015年以来，随着旅游资源的开发，旅游服务业有新的发展。

服务机构　2018年，从事旅游开发、餐饮住宿服务、垂钓服务、农业休闲观光、生态旅游观光服务、游览景区管理的企业有望江县葛林山庄农业发展有限公司、望江县螺蛳宕旅游开发有限公司以及独秀大酒店、银联宾馆、红玫瑰宾馆、稻香大酒店等。已注册住宿餐饮业商户59户，从业人员1307人。

旅游商品　主要有挑花制品、茶叶、中药材、山野食品等土特产品。

夕景（2018 年）　　徐平波　摄

生态建设与保护

鸦滩生态资源丰富，土质肥沃，灌溉便利，农业生态良好；5.53万亩林地，林木茂盛，管理规范；73661亩湿地，水生动植物资源丰富。2010年以来，“一镇一业”和“一村一品”已成雏形。生态建设与经济发展良性循环，互为促进。2013年6月，安徽省环保厅授予鸦滩镇“安徽省生态乡镇”称号。

生态资源

农业资源

耕地 2014年年末，耕地总面积158237亩，常用耕地面积74308亩，分布于山丘、低冈、圩畈。主要土壤种类有红壤，分布在香茗山南麓、东北麓；水稻土，分布于武昌湖梢的圩畈；另外有部分紫色土和黄棕壤。1959—1966年，围湖造田，平整荒坡坟地，增加耕地2.7万亩。1967年以后，因退田还湖、退耕还林及开挖渠道、拓宽公路、建筑住房、乡（镇）村企业等用地增多，耕地逐年减少。因人口增长，人均耕地占有量下降的幅度大。2018年年末，人均耕地面积0.98亩。

水资源 鸦滩水资源丰富，主要是地表水和地下水。

地表水源有四类：一是降水，鸦滩属亚热带季风气候，降雨充沛。二是引水，鸦滩属花凉亭水库西灌区上游，入县总渠及南、北分干渠均从域内经过；有小（1）型水库1座、小（2）型水库11座、小水库14座，总库容量993.21万立方米；共有塘堰1480口，总蓄水量约1184万立方米。三是泥塘河入境客水。四是武昌湖存水，可供提灌。

鸦滩属江北低山丘陵裂隙喀斯特淡水中等富水亚区。可挖掘开采的单位涌水量0～100吨/时。水化学类型为SO_4HCO_3或HCO_3型淡水。年际变化不显著，年内则随雨季变化而变化。

林业资源

鸦滩有香茗山、南山两大主要林区，树种以松、枫、栎为主。凤栖村为全县唯一一个山区村。全镇山场面积3.8万亩，林地面积5.53万亩，动植物资源丰富。

民国年间，林地面积3.2万亩。新中国成立后，实行封山造林、大力改造疏林地，减少荒山面积。到1957年，改造疏林地，新增成林面积6000余亩。1958年“大炼钢铁”，老林古树被大面积砍伐，全区毁林6170亩，138.5万棵。仅存古树500多棵。20

树龄近 500 年的朝旸庵古香樟树（2018 年）　　傅小毛　摄

世纪 60 年代，政府号召群众房前屋后种树，谁种谁得，几年后，村旁绿树成荫。70 年代，域内先后办大小林场 217 个，从业人员 620 人，经营面积 1.44 万亩，造林面积 1.7 万亩。

1982 年“林业三定”[①]时，有 24857 亩山林，被望江县林业部门列为林业区。封山育林，补种杉、松 2.5 万棵。1989 年冬、1990 年春全民大植树，各机关单位、中小学生积极参加，在南山栽国外松千余亩。20 世纪末，安徽省实施绿色长廊计划，公路两侧柏树成活率在 95% 以上，形成绿色长廊。

2002 年，退耕还林 5355 亩。2003 年，第三次森林资源普查时，鸦滩镇各种林业用地面积 15375.41 公顷，活立木蓄积量 167129 立方米，森林覆盖率为 18.7%，林木绿化率为 20.2%。自“千万亩森林增长工程”实施以来，各造林主体新增造林面积 11049 亩，巩固退耕还林面积 7000 多亩，森林覆盖率为 29.87%。

2018 年，林地面积 55327.1 亩，其中国家级公益林面积 23522 亩，主要分布在凤栖、连塘城、码头、香茗、葛林、茗南、花河、麦元 8 个村。鸦滩的林地面积占望江县林业资源总面积的 1/4。

古树名木　望江县林业局 1992 年、2002 年和 2006 年三次古树调查显示，鸦滩有一级保护古树 1 棵、二级保护古树 3 棵、三级保护古树 9 棵、一般古树名木 137 棵。其中全县最大的一棵古香樟树位于朝旸庵前，树高 25 米，胸围 5 人合抱，树冠东西长 14 米、南北长 15 米，树龄近 500 年。该树立于山脚小溪边，树旁有一小片竹林和农田，立地条件较好，枝繁叶茂。基部粗大，2 米以上急细，似葫芦形，2 米处原有两大分叉，后边一枝或遭雷击而断，或人为锯断，整个树向东南倾斜。

---

① 林业三定：20 世纪 80 年代初，为发展林业生产，1981—1983 年，开展“林业三定”工作，即稳定山林权、划定自留山、确定林业生产责任制。

鸦滩镇一级、二级、三级保护古树名木情况表

表 9

序号	树名	树龄（年）	保护级别	树高（米）	胸围（厘米）	位置	备注
1	香樟	近 500	一	25	450	朝旸庵	生长旺盛，环境好
2	青刚栎	300	二	15	342	古炉村陈桥组	生长旺盛，环境较差
3	朴树	340	二	14	320	鸦滩村张屋	根部外露，生长好
4	柘树	300	二	12	190	鸦滩村张屋	长势一般
5	枫香	240	三	16	315	鸦滩村董家大屋	根部外露
6	麻栎	150	三	15	210	鸦滩村张屋	生长旺盛，环境好
7	榔榆	200	三	8	130	古炉村钱家嘴	生长旺盛，环境差
8	合欢	200	三	13	150	枫岭村下堰组	生长旺盛，环境好
9	五角枫	130	三	29	401	古炉村金家在祥屋	两米以下中空
10	三角枫	200	三	7	250	码头村郝屋	无主梢，生长一般
11	三角枫	250	三	16	350	枫岭村胡家老屋	生长旺盛，环境较差
12	三角枫	200	三	15	250	枫岭村曹家湾	生长旺盛，环境较差
13	三角枫	200	三	15	250	枫岭村驾云老屋	生长旺盛，环境较差

说明：根据《望江县林业志》整理

中草药　香茗山是野生中草药资源的集中地。除二茗山东侧石块较多外，其余区域土层深厚，植被良好，众多草药杂生其中。民间传言：“香茗山上万药全，只缺甘草与黄连。”1980 年，鸦滩供销社收购丹参 413 千克、苍术 500 千克、桔梗 1000 千克，都来自香茗山，还有射干、何首乌、徐长卿、黄精、百合、木灵芝、石斛等药材。根据 1984—1985 年中草药资源普查统计，香茗山有植物类药材 458 种。其种类有发汗消炎退热类、利尿泻水排石类、活血止血类、健胃缓痉类、抗风湿类、镇咳排痰平喘类、通窍复苏类、收敛类、滋补强壮类、驱虫类等。20 世纪 70 年代，码头中药场曾引进种植枣皮、黄檗、厚朴、川枝、杜仲、防风、白术、山枝等。

香茗山所产中药材（2016 年）　傅小毛　摄

丘陵区生长有香附、半夏，其中半夏个大、粒圆、色白、粉足，为半夏中的佳品。

香茗山的野山鸡（2017 年） 徐平波 摄

泥塘湖黑水鸭（2017 年） 徐平波 摄

林间动物 香茗山、南山野生动物资源集中。哺乳动物有野兔、黄鼬、褐家鼠、小家鼠、黑线姬鼠、獾、狗獾、刺猬、狐、狼、蝙蝠、野猪、獐、麂等；鸟类有野鸡（雉）、鹁鸽、布谷鸟、黄鹂、喜鹊、麻雀、乌鸦、啄木鸟、鹰、鹞、猫头鹰、八哥、灰云雀、画眉、鹤、杜鹃、灰喜鹊等。还有节肢动物、软体动物、环节动物等。香茗山、南山有狼窝，1958—1960 年，狼害严重，三年间有 167 人被咬死（大多为儿童），227 人被咬伤，现不多见。1963 年冬，曾出现豹子。近年来野猪危害严重，山边旱地无法耕种等，畈间也时遭侵害。

湿地资源

鸦滩的自然湿地有湖泊、河流、滩涂等，人工湿地有水稻田、水库、池塘、灌溉渠系等。

两大自然湿地武昌湖稍水系、泥塘湖水系，包括鸦滩河、码头河、沙河、花河、石桥河、谷山河及大塘湖、龛子湖、杨湖、泥塘河、武昌湖稍，面积 3 万余亩。人工湿地包括 15 座大、小水库；花凉亭水库西灌区总渠南、北分干渠及支渠；176 口蓄水量 1 万立方米以上的当家塘和 65661 亩水稻田，总面积 73661 亩。湿地面积大，湿地资源丰富。

水生动物 鱼类有青鲲、白鲲、鲢鱼、鲤鱼、鳙鱼、鲫鱼、鳊叶、鳜鱼、黑鱼、鲶鱼、翘嘴白、鸡勾、黄姑子、鮈红、痴胖、黄额、黄鳝、白鳝、泥鳅等。沙河神墩至太平桥段盛产麦鱼，清朝曾为安庆府的贡品。

甲壳类有青虾、米虾、河虾、草虾、秀丽白虾、鳌虾（俗名大头虾）、龙虾、螃蟹、河蟹、毛蟹等。贝类有田螺、铁壳螺、蚬、蚌等。水禽类有鹤、鹳、天鹅、大雁、野

鹭鸶（2017 年） 徐平波 摄

武昌湖野鸭（2017 年） 徐平波 摄

鸭、鸥鸟、水喜鹊，尤以野鸭居多。爬行类有乌龟、鳖。

水生植物 有莲、芡、菱、荸荠、沙草、芦苇、狭叶香蒲、宽叶香蒲、白菖蒲、萍、满江红、槐叶萍、菹草、马莱眼子菜、篦齿眼子菜、慈姑、水车前、轮叶黑藻、苦草、狒子茅、王节芒、打漂、稀脉浮萍、凤眼莲、金鱼藻、睡莲、水苋菜、水白菜、稗、水芹、地笋、半边莲、紫草、水葱、猩藻、牛膝姑草、鸭舌草、蚕虫草等。

农业生态建设与保护

鸦滩的生态建设分为两个阶段。一是新中国成立至 20 世纪末，其特点是建设上项目单一、布局上零星分散、以自发的民间活动为主。进入 21 世纪以后，开始呈现综合性、专业性、高效性、持续性的特点。在规划上，因地制宜统一安排；在建设上，政府重点扶持；在经营上，“一镇一业”“一村一品”。鸦滩的生态建设的规模、速度、水平都有质的飞跃。

鸦滩是一个农业镇，2000 年以后，开始形成农、林、牧、副、渔等在内的多成分、多层次、多部门相结合的复合型生态农业系统。形成经营形式多种多样、适应市场经济发展的现代农业。

调整产业结构 新中国成立前后，鸦滩的农业产业结构单一，以种粮食作物为主，其次是棉花、油料和其他小宗作物。中共十一届三中全会以后，社会经济发展，生产力水平提高，产业结构和农作物布局不断优化，开始从传统农业向现代农业过渡。90年代中后期，出现稻田养鱼、养萍，林果、林药间作，种、养、加工相结合，具有明显增产增收特点的生态农业。2000年后，农业生产开始由个体经营转向规模经营，朝着农、工、贸一体化、集约化经营方向发展，经济、社会、生态效益显著提高。2013年，中共鸦滩镇党委、政府制订推进生态农业发展的具体规划，统筹安排，分步实施。

2010年4月，望马楼村购进油茶苗401箱，第一批16人承包荒山和闲置耕地试种440亩，当年成活率在85%以上。2010年10月14日，正式注册成立望江县利丰油茶种植专业合作社，组织种植户参观学习种植技术。2011年，扩种油茶200余亩。2013年开始挂果，摘油茶籽500多千克。2014年，油茶籽产量接近2000千克。2015年，油茶种植户有106户，栽种油茶苗6万余棵，新增面积600余亩。2018年，望马楼村油茶种植面积2537亩，带动农户678户。在望马楼等油茶种植专业合作社带动下，鸦滩镇油茶种植发展迅速。2015年，全镇种植油茶9000亩，带动农户11000户。2018年，有油茶种植专业合作社20个，新增油茶面积4000亩、种植户200户。

望马楼村油茶基地（2017年） 傅小毛 摄

古炉村瓜蒌种植基地（2017 年） 傅小毛 摄

2016 年，发展农民专业合作社 102 家、家庭农场 45 家。2017 年，新增农民专业合作社 12 家、家庭农场 13 家，新增土地流转面积 5000 亩。2018 年，新增瓜蒌种植户 8 户，面积 400 余亩，带动农户 52 户；建成绿色水稻生产基地面积 3 万亩，建茶叶、葡萄、蓝莓、小粒红花生等产业基地面积 1000 多亩，为农业形成"一镇一品、一村一业"的专业化和产业化打下基础。

规划布局

2013 年 6 月 17 日，中共鸦滩镇党委、政府制定《关于加快推进现代生态农业发展建设实施意见》，围绕建设省级生态农业示范区的战略定位，重点发展田园观赏、瓜果采摘、休闲垂钓、农耕体验、农家餐饮等休闲观光农业。根据各村自然资源、区位条件和比较优势，推进农产品区域布局调整。

香茗山生态农业示范区 以北干渠为主轴线，东起省道 S212 线，西至香茗山，南以省道 S211 线为界，北抵济广高速公路，重点发展生态经济林、生态种植业、生态养殖业、生态旅游业以及农产品深加工功能区建设。

三大特色精品农业核心区 一是生态经济核心区，为北干渠以上及香茗山沿线，突出发展油茶、生态有机水稻、生态有机茶叶、林下经济和瓜果采摘园、农家餐饮、开心农场等休闲观光农业；二是特色种养核心区，为北干渠以下及月北线公路沿线，重点发展以双季稻为主的富硒稻米、中药材、安庆六白猪的保种和养殖、油茶、瓜蒌、小粒红花生、花卉苗木等；三是高产单季有机水稻核心区，为武昌湖沿线圩口和泥塘湖五合圩，重点发展优质有机单季稻和油菜种植、田园观赏等。

九大生产基地 一是生态有机水稻生产基地，以香茗村为中心建立面积1000亩的有机水稻示范基地；二是富硒优质米双季稻生产基地，以花河村为中心建立面积1000亩的富硒优质米双季稻示范基地；三是油茶生产基地，以望马楼村、凤栖村为重点建立油茶种植生产示范基地；四是乌（土）鸡生态养殖基地及林下经济，以香茗村、葛林村为重点建立乌（土）鸡生态养殖示范基地；五是安庆六白猪保种场及标准化基地建设，以现代良种养殖专业合作社和望马楼村养殖专业合作社为依托，在三联村、连塘城村重点区域建立安庆六白猪保种场及标准化示范基地；六是生态有机茶叶基地，以香茗村为中心建立“茗娃”有机茶叶生产示范基地；七是瓜蒌种植基地，以码头村为重点区域建立面积500亩的瓜蒌种植示范基地；八是中药材科技种植基地，以望马楼村、枫岭村为重点区域培育种植中药材，建立面积500亩的示范基地；九是旅游挑花基地，依托金百灵等挑花公司发展旅游挑花基地。

为优化现代农业发展环境，从2013年起，采取以奖代补的方式，加大对香茗山生态农业示范区建设、农业产业化发展、农业科技、农业投入引导、土地流转及认证申牌等方面的重点扶持。整合各类涉农项目资金，对规模大、成长性强的重点基地、重点企业进行优先扶持。

安庆市望马楼生态农业发展有限公司（2017年） 傅小毛 摄

基本农田保护“五不准”制度标牌（2014 年）　傅小毛　摄

五合圩一角（2017 年）　傅小毛　摄

农田生态建设

鸦滩镇的农田生态建设以保护基本农田为核心，以蓄水引水、高标准农田水利建设、改造中低产田为手段，以高产示范区为引领，统筹规划，全面推进。

基本农田保护　20 世纪 90 年代，贯彻国务院《基本农田保护条例》精神，麦元乡、鸦滩镇、古炉乡均设置基本农田保护区。2005 年并镇以后，依据基本农田保护区划规程，全镇划分 18 个保护区、77 个保护片、425 个保护块。对每一块的四至范围、面积、等级、村组责任人、涉及的农户数、地类及责任起始时间都登记在册，逐一落实。埋设 209 个界桩，并制作 18 个基本农田“五不准”制度标牌。镇政府与村、村与村民组签订国土资源管理目标责任书，层层明确责任，村、组均设立国土资源监察信息员，建立起镇、村、组、农户四级国土资源保护网络，完善耕地保护和合理利用土地的一系列制度。

土地整治、复垦　2008 年，镇党委、政府争取国家级土地整治项目，整治区域涉及连塘城、鸦滩、码头、望马楼 4 个行政村，面积 19000 亩，投入资金 2270 万元，新增土地 730 亩。

2009 年，古炉、枫岭、麦元、鸦滩、码头、茗南、望河等行政村中 17 个自然村搬迁复垦。2012 年，望河村复垦项目竣工，2013 年，三联村复垦项目竣工，净增耕地面积 800 亩。至 2018 年，全镇复垦土地面积 1639 亩，净增土地面积 1056 亩。

蓄水引水　鸦滩有山区、丘陵、沿湖圩畈，农业生产易涝易旱。20 世纪 50 年代，先后修建葛林水库、褒隐寺水库等 15 座大、小水库。60 年代后，开通花凉亭水库西灌区总渠南、北分干渠及 6 条灌溉面积 3000 亩以上的支渠。2011 年，全国第一次水利普查时，全镇有塘堰 1480 口，其中蓄水量在 1 万立方米以上的当家塘 176 口，总蓄水量约 1184 万立方米。2008—2018 年，投资 1000 多万元，对 1 座小（1）型水库、9 座小（2）型水库实施除险加固工程，为防止山洪冲毁农田、控制水土流失和灌溉起了很大作用。

实施“5588”工程 2013 年开始实施，即用 5 年时间，通过 5 项改革措施，以小水库、小泵站、小水闸、中小灌区、塘坝、河沟、末级渠系、小型工程管护试点等 8 类小型水利工程进行改造提升，实现有效灌溉面积在 80% 以上目标。2016 年，鸦滩镇投入资金 1.28 亿元，除险加固小型水库 6 座，清淤硬化沟渠 75 千米，扩挖蓄水量在 1 万立方米以上当家塘 435 口，加固达标千亩以上圩口堤坝 8.25 千米，更新改造千亩圩口泵站 9 个、2750 千瓦，获县农田水利基本建设“雷池杯”竞赛金杯奖。2017 年，按照望江县政府所定武昌湖内圩口的防洪标准全面完成 8 个千亩以上圩口水毁修复、堤坝加固工程，五合圩高标准农田。完成郭湾水库除险加固，香茗、望马楼小流域治理，花凉亭水库西灌区总渠南、北分干渠节水改造项目完工。

至 2018 年年底，完成投资 1.4 亿元，池塘清淤扩挖 1430 口，加固千亩以上圩口圩坝 47.63 千米，沟渠清淤硬化 22 条，更新改造泵站 23 座、3987 千瓦，整修和拆建涵闸 25 座，末级渠系改造 23 千米。

小农水配套设施建设 2010—2014 年，投资 750 万元，分两期实施小农水配套设施建设，其中 2010 年实施麦元、茗南片 2000 亩，2014 年实施香茗片 1100 亩。

花凉亭水库西灌区总渠北分干渠孙家埠渡槽（2017 年） 傅小毛 摄

世行贷款二期加灌工程鸦滩镇项目区杨树圩示范点项目（2017 年） 傅小毛 摄

世行加灌工程　2000年，望江县世行贷款二期加灌工程鸦滩镇项目区杨树圩示范点项目动工，2002年基本完成。整个工程开挖沟渠15条，长13.9千米；衬砌沟渠11条，长11.55千米；建桥、涵、闸等配套建筑378座；改扩建排灌站2座；修标准沙石农用路7条，长8.55千米；平整土地面积1800亩，植树8000棵。完成项目投资340万元。形成“田成方、树成行、渠相连、路相通、农业增效、农民增收”的农田生态建设示范区。

绿肥种植　20世纪50年代初，以一季中稻为主，稻田多种兰花草。60年代初，引进红花草。1964—1965年，红花草种植面积接近水田面积的30%，70年代进一步扩大，可满足早稻基肥的需要。70年代初，开始放养“三水一绿”[①]，1975年前后放养较多，区内有数千亩。社员几乎户户都养，主要用作基肥和猪饲料。

围湖造田　1960年、1963年，武昌湖汛期水位很低，古炉公社、鸦滩公社、码头公社的农民在湖稍泥水滩上播下种子或插上秧苗，获得了好收成，从而开展了声势浩大的围湖造田活动。从20世纪60年代初至70年代中期，先后在武昌湖稍和泥塘湖建8口面积在千亩以上大圩，控制面积19.25平方千米，耕地面积20500余亩；32口面积在千亩以下的小圩，控制面积6858亩。2007年以来，镇政府加大投入，对面积在千亩以上的圩口进行全面整修加固。各圩口从大坝坝脚到平台都加高加厚压实，增强了抗洪能力；圩口之间架起载重桥，修通砂石路，各大圩口不再受“水环路断”之困，方便了交通和耕作，防汛抢险物资、器材和人员畅通无阻。

退田还湖　20世纪70年代开始，为利于泄洪排洪，减轻大圩口的防汛压力，保持湿地的生态平衡，逐步将32口（共6858亩）面积在千亩以下的小圩退田还湖。

水稻高产示范　2007年，鸦滩镇政府在县农委、县科技局以及联河米业有限公司的大力支持下，在花河村实施水稻高产示范项目，实施时间10年。示范区稻田面积1000余亩，其中核心区面积近300亩，涉及农户150余户。项目实施过程中，农业部门免费提供核心区水稻良种，发放有机特色肥料；农技部门安排专人蹲点，负责技术指导，推广早稻旱育稀植、晚稻旱秧保苗等先进技术，并组织村民实行统一施肥、统一灌溉、统一防治、统一收割。2011年以来，还对核心区部分田块给予每亩300元的资金补助。

2007—2018年，经验收，示范核心区农田早稻每亩平均产量超过500千克，“双

---

① “三水一绿”：指水浮莲、水葫芦、水花生和绿萍。

晚”[①] 产量超过 650 千克，由联河米业有限公司实行高于市场价格订单收购。每亩直接增收 600 余元。

综合防治病虫害

1975 年，鸦滩区 4 个公社都成立了专业和群众性测报站，大队植保员 54 人（80 年代称农技员），形成病虫害测报网络。对病虫害进行农业、人工、生物等综合防治，减少施药，保护生态环境。

农业防治 主要措施：一是改变种植习惯。20 世纪 50 年代，将棉地间种绿豆、豆角、高粱、西瓜改为种植棉花，消灭病虫寄主。二是推广抗病虫害品种。50 年代，推广中稻胜利籼、中农 4 号、小麦南大 2419、吉利麦。60 年代，推广早稻南特号、陆财号、晚粳农垦 58。70 年代，推广杂交稻泗优 6 号、汕优 6 号、沪棉 479 等。三是采取培育水稻壮秧、浅水勤灌、油菜清沟沥水、棉花整枝打杈、配方施肥等技术措施，增强作物自身抗逆能力。

人工防治 1951 年农历六月、七月，鸦滩区组织千人队伍，捕捉蝗虫 450 余千克。1953 年，推广水稻泥水选种，用洁水浸种，棉花用“三开一凉水”浸种，提高出苗率和防病能力。1958 年 8 月，全区组织 2000 余人捉虫摘卵，并用灯光诱杀飞蛾。鸦滩公社发动数千人次，点 1500 盏灯，诱杀飞蛾 250 多千克。1972 年，全区设诱蛾灯 950 盏，插杨柳把 6 万余把，设置糖醋诱蛾钵 300 多个，大量诱杀害虫。进入 90 年代后，对残存的高龄幼虫、卵块和蜗牛、地老虎等仍以人工捕捉为主。1996 年，棉铃虫成灾，受害面积达万亩，所有农户都投入捕捉棉铃虫，鸦滩镇大华村 9 个村民组一天就捕捉棉铃虫 20 千克。

生物防治 主要是试养赤眼蜂防治红铃虫和棉铃虫，以及严禁捕捉青蛙等措施。

生态企业与基地建设

安徽省联河米业有限公司 国家级农业产业化重点龙头企业，位于工业园区西片区，占地面积 4.6 万平方米。1997 年，投资 30 万元，增加一条日产 30 吨优质米生产线，将原联河米厂改名为联河优质米厂。1999 年，成立望江县联河米业有限责任公司。2002 年，改为安徽省联河米业有限公司。2004 年，公司投资 150 万元，建成生物质（稻壳）发电厂和糠油生产线。2005 年 5 月，在县经济开发区建立分厂，当年除加工大米外，还

---

① 双晚：即双季晚稻，是指插一季早稻收获后再插的晚稻。

安徽省联河米业有限公司麦元分公司（2017 年） 傅小毛 摄

发电 140 万千瓦小时，销售成品油 1004 吨，“富尔德”牌米蛋白质产品填补了国内从大米中提取食用蛋白制品的空白。2018 年，用工 213 人，加工大米 30 万吨、米乳 5000 万罐、蛋白粉 600 吨、米淀粉 5000 吨，实现产值 3.2 亿元，利税 180 万元。

东方米业集团 农业产业化市级龙头企业，始建于 2003 年 4 月。2009 年，在原东方米业公司的基础上与中储公司合资组建东方米业集团，是集水稻收购、加工、销售于一体的民营企业。注册资本 500 万元，企业员工 180 人。2018 年，实现产值 1.2 亿元，利税 58 万元。

东方米业集团（2017 年） 傅小毛 摄

南山村养猪场（2017 年） 傅小毛 摄

安徽省六白猪保种场（2017 年） 傅小毛 摄

安庆“六白猪”（2018 年） 傅小毛 摄

大方牧业有限公司 2003 年，由原麦元乡兽医站站长方春胜创办。当年投资 60 万元，建猪圈 5 间、面积 120 平方米，购农用车 1 辆。2004 年，扩建猪圈 4 间、面积 80 平方米，新建猪场 1 个、面积 300 平方米，全年养猪 3 批，获利 6.5 万元。2005 年，新建皖西南南山畜禽交易大市场，占地面积 15 亩，建筑面积 1200 平方米，年出栏商品猪 400 头，成交仔猪 300 头，出售鲜活鸡 500 只，获利 16.2 万元。2018 年，公司与望江县爱农生态休闲农业开发有限公司合并。当年修路 2 千米，修塘 4 口，征地 400 亩，其中水田 170 亩种稻、养泥鳅，养猪 300 头、鸡 1 万只，获利 41.8 万元。

望江县现代良种养殖有限公司 安徽省级农业产业化龙头企业，省生猪活体储备基地。建于 2005 年 5 月，公司下设麦元联合养殖分公司、蛇山种猪繁育基地（第一批国家级标准化养殖场、安庆六白猪国家级保种场）。2007 年，公司与安徽农业大学合作，投入专项资金进行六白猪改良技术研究，培育屠宰率高，瘦肉率、背膘、眼肌面积均超过理想值的特色品牌猪种，并通过国家有机食品认证。该公司所养六白猪于 2001 年被省农委列入第一批安徽省地方畜禽品种保护名录，2006 年被农业部确定为国家级畜禽遗传资源保护品种。

2011 年，公司在工业园区东片区新建年屠宰 2.9 万头生猪生产线 1 条、现代化肉食品深加工厂 1 座，进行屠宰加工、分割、真空包装、肉食品深加工。同时，公司注册“猪老大”“香茗山黑猪”“鸦滩黑猪”3 个商标，成立望江县现代猪业专业合作社，通过与望江县农友猪业专业合作社、鸦滩镇望马楼村猪业专业合作社、凤栖村生态养殖合作社、连塘城村猪业专业合作社合作，扩大养殖规模，带动及扶持养殖户发展养殖事业。

安徽省绿圆禽业有限公司 位于枫岭村，省道 S212 线与县道窝甘路交会处 2 千米，距济广高速公路 1.5 千米。2001 年建立，是集种鸡饲养、苗鸡孵化、商品鸡饲养与产品销售于一体的现代养殖企业。公司下设种鸡场、青年鸡育雏场、蛋鸡场、孵化场、销售部和技术服务部等，为养殖户提供种蛋、雏鸡、青年鸡等产品。

启功为香茗山茶题词（2017 年） 傅小毛 摄

茗娃专业合作社 2001 年 10 月，青年教师王勇承包位置偏僻、闲置十多年的朝阳庵（原望江县五七大学）林地 584 亩（含残次茶园 310 余亩），成立香茗山茶场。复壮改造后的茶叶于 2002 年 10 月注册“茗娃”牌商标。2007 年 9 月，茗娃农特产品有限公司成立。2009 年以后，平均亩产干茶约 35 千克，年产干茶逾 2 万千克。2008 年 3 月，望江县林业史上第一个林业专业合作社成立。2012 年，该林业专业合作社被省林业厅、省财政厅评为安徽省农民林业专业合作社示范社。2013 年年底，茗娃专业合作社已发展经济林、用材林和苗木花卉基地面积近 900 亩，林下养土鸡 1 万余只，养殖和出栏六白猪 300 余头。2018 年，合作社有社员 102 户，带动农户恢复茶园面积 200 余亩。实行注册商标与社员共享。

小月山农业发展有限公司 2014 年 3 月，该公司在香茗山腹地孙家道灌冲背后下猫岭落户。注册资金 2000 万元，实际投资 3000 万元，占地面积 3000 多亩（包括田地和山场）。采取林下养鸡，鸡粪养草，草喂牛羊，牛羊粪便经过处理再做草、粮、棉底肥的综合利用模式。2018 年，出栏牛 46 头、羊 867 只。年底，存栏牛 50 头、羊 1200 只、鸡 1000 只。公司固定员工 6 人，临时用工 2500 人。

望江县百果园生态养殖专业合作社 安徽省农民专业合作社示范社。2011 年 3 月，连塘城村 5 名村民在香茗山鹅公包山段承包 40 多亩经果林，投入资金 160 多万元，创办百果园生态养殖专业合作社生态养鸡场。将本地农户散养的黑乌骨鸡提纯后，利用天然资源虫草饲养，降低养鸡成本，增加养殖收入，当年纯收入 50 多万元。2012 年 5 月以后，养鸡场规模不断扩大，新建鸡舍面积 800 多平方米，新增固定资产 667 万元，养黑乌骨鸡 10 万余只。2018 年，养鸡 4.9 万只，产乌鸡蛋 32 万千克，产值 1347 万元，利润 189 万元。

望江县百果园生态养殖专业合作社（2017 年）　傅小毛　摄

香茗山茶场（2017 年）　傅小毛　摄

林业生态建设与保护

四旁植树　1950 年，全区“四旁”[①] 植树约 8 万棵，归自然村所有的成片树林有 400 片，面积 2000 亩。1976 年，全县森林资源调查时，鸦滩区“四旁”植树 328299 棵，树种有杉树、松树、枫树、香樟树、梧桐树、杨树、苦楝树、桃树、梨树、枣树等。1987 年，长达 7.5 千米的沙河两岸基本实现绿化。至 2018 年年底，流经镇域内的花凉亭水库西灌区总渠南、北分干渠渠坝绿化覆盖率在 40% 以上。

2015 年，鸦滩镇被授予“安徽省森林城镇”称号。

成片造林　20 世纪 50—60 年代，以疏林补种和次生林改造为主。城后、城上、河下、杨桥、新店等村成片造林，成效最为显著，面积达 2500 亩。70 年代，各地大办林

① 四旁：即村旁、路旁、沟旁和宅旁的总称。

路旁植树（2017 年）　　傅小毛　摄

场，麦元林场种树面积达 1200 亩，栽种松树、杉树、茶树、桑树。至 2010 年，镇内造林面积 19510 亩，其中退耕还林面积 7535.5 亩。2014 年，为响应安徽省“千万亩森林增长工程”建设，全年完成森林增长提质工程面积 4144.6 亩，居全县之首。

乡、村、队林场　1949 年，先锋村建立先锋林场。1987 年，林场由私人承包，经营面积 98.5 亩，林木蓄积量 45 立方米。1959—1974 年，先后创办码头公社林场、鸦滩公社长丰大队林场、古炉公社三联大队林场、麦元公社林场等。1976 年，全区有公社林场 2 个、大队林场 25 个、生产队林场 190 个，从业人员 620 人，经营面积 1.44 万亩。新造林 0.99 万亩，其中杉林 0.26 万亩、松林 0.67 万亩、阔叶林 0.03 万亩、竹林 0.002 万亩，经济林 0.024 万亩。农村实行联产承包责任制后，山皮及树木返还原山主管理。

实施“五八”绿化规划　1989 年，响应中共安徽省委、省政府“五年消灭荒山，八年绿化安徽”和中共望江县委、县政府“一年平原绿化达标，三年消灭荒山，五年绿化望江”的“一三五”规划。鸦滩镇党委、政府发动群众，强化措施，奋战两个冬春，共完成成片造林面积 1000 余亩，“四旁”植树 50 万株。又以南山、香茗山为重点大打消灭荒山攻坚战，至 1992 年秋，基本消灭了宜林荒山荒地。1992 年 9 月 24—28 日，“两乡一镇”[①] 中的麦元乡、古炉乡等 5 个乡镇，代表望江县通过安徽省消灭荒山核查验收组验收。1997 年，通过省绿化达标核查组验收。

---

① 两乡一镇：指 1992 年“拆区并乡”到 2005 年区划调整时的麦元乡、古炉乡、鸦滩镇。

林业第二次创业与生态林建设　1995年年初，响应中共安徽省委、省政府林业第二次创业的号召。通过5年努力，至2000年年底，“两乡一镇”共建成经果林基地面积4700亩、用材林基地面积7650亩，改造低产林面积3100亩，封山育林面积18920亩，“四旁”植树达89万株，活立木蓄积量达9.713万立方米。2001年，开始国家级生态公益林建设，鸦滩有国家级公益林面积23522亩，分布在凤栖、连塘城、码头、香茗、葛林、茗南、花河、麦元8个行政村。其中凤栖村占8236亩。

林茶、林果间作　1957年，码头乡松岭、樟岭大队垦荒建茶园。1958年，朝旸庵新垦茶园面积33亩。1960年后，鸦滩区有面积100亩以上的茶园1个，面积50亩以下茶园29个，面积10亩左右的茶园461个，总面积约1300亩。1976年，面积增加到1700亩，总产达42500千克。进入80年代，大部分都划给各家各户经营。面积减少，产量却有所提高，总产一直保持在40000千克左右。1999年，麦元乡开发种植面积100亩的“香茗云尖”等中高档茶，其形、色、香、味俱佳，品质优良。2001年，王勇承包香茗山林场，从事茶叶生产。2018年年末，全镇实有茶园面积2742亩，采摘面积2226亩，总产量75684千克。

1969年，鸦滩建果园面积31亩，1980年，发展到65亩。果品有桃、梨、枣、柑橘、杏、柿、板栗、苹果。90年代后，从山东引进香水梨、花梨，从安徽农学院引进桃树新种，从浙江温州、黄岩、瑞安引进蜜橘苗5100株，落户于11个果园。第二轮土地承包时，果园全部承包给私人经营。2018年，有果园面积1159亩，其中苹果园14亩、梨园176亩、柑

柑橘丰收（2017年）　　傅小毛　摄

橘园 415 亩、桃园 447 亩、葡萄园 107 亩，共产鲜果 569.03 吨。

护林 新中国成立初期，鸦滩区护林多以姓氏为主体，订立封山育林公约，划定育林四至，用石灰浆作标记，禁止砍伐和牲畜进入，违反公约者予以处罚。

农业合作化时期，私人山场转为集体所有，派人看山护林并建看山棚屋，供看护人员住宿。1964 年，望江县成立林业工作站，加强对林业资源的保护。20 世纪 70 年代，提倡山、水、田、林、路综合治理。采伐林木，必须由林权单位写出申请报告，经公社审查，报县林业主管部门批准，由鸦滩区农林站派员会同林权单位，对需要间伐的树木先做标记后间伐，有效地保护了林业资源。

防火 1984 年 9 月,《中华人民共和国森林法》颁布。1987 年 10 月，省政府发布《安徽省森林防火办法》。国务院于 1988 年 1 月发布《森林防火条例》。群众防火护林自觉性大大提高。县森林防火指挥部确定每年 11 月 1 日（近些年常从 10 月 1 日起执行）至翌年 4 月 30 日为森林防火期，春节至清明为森林防火紧要期。鸦滩镇全面落实值班巡逻、野外用火管理、火情报告、扑救措施及应急预案等防火责任制；加强防火队伍建设，充实防火物资，开展经常性的护林防火宣传和演练；在山场主要路口竖立警示牌。每逢清明节、中元节和春节前，政府工作人员分别把守通往山场的主要路口，并派宣传车反复巡回宣传，提倡文明祭祖，改烧纸为送花和花篮，降低火灾发生的概率。2015 年，出台《鸦滩镇森林防火“村为主”工作实施意见》《鸦滩镇森林防火工作方案》，完善《鸦滩镇森林防火应急预案》，与各村及相关单位签订森林防火责任书，形成“政府

森林防火宣传（2017 年） 傅小毛 摄

森林灭火演练（2018 年） 廖长华 摄

带动、部门联动、全民行动”的防火新格局。

病虫害防治 域内山场常见的虫害为松毛虫，3 ~ 5 年发生一次。主要运用人工捕捉、喷洒农药、施放烟雾、飞机喷药、施放白僵菌等方法进行防治。

1980 年，万亩山场普受松毛虫的危害，虫株率达到 100%，被群众称之为“不冒烟的森林火灾”。5 月，全区有上万人上山捉毛虫，十多天时间捉虫摘茧近 20000 千克。1981 年，域内设立病虫情报网，县林业保护站直接指导香茗山一带病虫测报工作。1986 年，香茗山南坡 4000 亩山林首次采用飞机喷药防治松毛虫，之后又分别在南山、香茗山北坡的先锋村万余亩山林喷药防治松毛虫。2001 年之后，松毛虫这一困扰林业几十年的头号害虫基本不再发生。

2013 年，在香茗山的莲花尖东南侧发现松材线虫病，鸦滩林业站和山主采取措施，将有病树木全部砍伐，并对疫木和伐桩进行了特殊处理。

1986—2001 年鸦滩镇飞机喷药防治松毛虫情况表

表 10

防治时间	防治地点或区域	架次	防治面积（亩）
1986 年	香茗山南坡	1	近 4000
1987 年	南山一带（涉及新桥、麦元两乡）	1	3000
1989 年	香茗山北坡（先锋村）、太阳山（属凉泉乡）	4	28500
1991 年	翠岭（属华阳镇）、麦元、码头（先锋村）	4	28000
1992 年	太阳山北坡、南山南坡	1	5600
2001 年	香茗山北坡及南坡（先锋等村）	4	23000

湿地生态建设与保护

鸦滩自然湿地位于东南部的鸦滩河水系、东北部的泥塘河水系，人工湿地位于西北部的小型水库及遍布全镇的塘堰，面积 10 万余亩。20 世纪 60 年代以后，鸦滩区就非常

专家为古炉中心学校学生进行湿地保护专题讲座（2017 年）　傅小毛　摄

重视对湿地的建设和保护。进入 21 世纪以后，镇政府采取建设保护与开发利用相结合的措施，加大投入，加强管理，湿地的保护建设和开发利用取得很大进展。

整治沙河　沙河下游至杨树圩、鸦滩圩之间河道弯弯曲曲，河床淤塞，排水不畅，1971 年，沿河两圩溃破。1972 年、1973 年，堵口复堤时，鸦滩区组织鸦滩、码头两个公社有关大队对全长 2000 米的河道进行疏通、加宽、整直。1975 年，鸦滩区再次组织有关大队对汪家堰口以上 1500 米段进行裁弯取直加宽，使水流畅通无阻。

水产品养殖

鱼类养殖　新中国成立前后，因河、湖、塘、堰、水库以河沟相通，汛期江、河、湖的鱼循水而上到塘、堰、水库里，属自然养殖。

1959 年，县政府发出“塘塘有鱼，寸水利用”的号召。凡冬季不干的塘，全部放养鱼。20 世纪 60 年代，提出“四级养鱼”，国营、公社、大队三级办场，生产队利用水塘养鱼。80 年代以后，塘、堰、河、沟、方宕、水库逐步承包给专业户放养鱼，品种增多，产量大幅上升，经济效益提高。2018 年，全镇养鱼专业户承包面积在 10 ~ 100 亩的有 68 户，承包面积在 100 ~ 200 亩的有 8 户，承包面积在 200 亩以上的有 3 户，承包面积在 300 亩以上的有 2 户，承包面积在 1000 亩以上的有 1 户。

2005—2017 年鸦滩镇内陆水域捕捞情况表

表 11　　　　单位：吨

年份	合计	青鱼	草鲤鱼	鲢鳙鱼	鳊鲫鱼	其他鱼	虾鳖	蟹	贝类	其他类
2005	104.5	19.3	24.2	32.1	10.7	17.7	0.4	0.1	—	—
2006	80.24	7.4	12.4	33.9	6.56	19.4	0.48	0.1	—	—
2007	136.65	12.9	16.8	53.7	5.36	23.9	23.59	0.4	—	—
2008	134.56	8.8	18.6	59.3	9.76	28.8	6.8	2.5	—	—
2009	125.85	14	18.15	46.1	14.4	18.4	14	—	0.2	0.6
2010	760	29	190	83	67	31	12	—	300	48
2011	773	11	51	14	223	112	12	—	301	49
2012	753	65	50	32	223	57	12	—	266	48
2013	611	65	46	15	223	36	9	—	196	21
2014	401	65	12	2	115	9	9	—	185	4
2015	240	1	6	4	3	4	16	—	205	1
2016	275	11	12	12	15	4	17	—	202	2
2017	275	11	16	9	15	3	17	—	204	—

说明：资料来源于鸦滩镇农业年报

养蟹　1989 年，古炉乡窑岭村张山生产队与武昌湖渔场在张山圩联合养蟹，水面面积 60 亩，由于经营不善，当年只收回成本。2004 年，增发村曹姓村民在池塘养蟹成功。

网箱养黄鳝　2005 年以后，五合圩方宕、二甲水库、余家祠堂门前堰各养黄鳝 200 箱，四合圩方宕、霍家堰、门中冲水塘各养黄鳝 100 箱，均获成功。

水生植物栽培

莲藕　藕有家藕、野藕两种，家藕粗大，鲜嫩，多白花。项家墩、项家湾、杨家湾大多利用池塘养家藕。1983 年，鸦滩公社松岭大队金屋、郑屋 4 户农户承包池塘 3 口，水面面积约 4.5 亩，种养家藕。当年收鲜藕 3500 千克。后逐步扩大到 58 户，承包水塘 65 口，水面面积 390 亩，挖鲜藕 305000 千克。临武昌湖的村庄因湾汊盛产野藕，水塘大多种野藕。每年可产莲子几万至几十万千克。

荸荠　俗称孛秋。当地有谚语：“红马罐，煨白饭，从夏到冬煨不烂。”20 世纪 60 年代到 70 年代初，农户挖窖或在田头泥沟少量栽插荸荠。70 年代末，栽插荸荠的农户

连塘城村何家中屋池塘养藕（2017年）　傅小毛　摄

增多，一般亩产2000千克。沿湖农民只在田头或田拐角栽插少量的荸荠，自产自销。2015年，香茗村戴家下屋2户村民分别在田头栽插0.7亩、0.15亩，亩产2500千克以上，零售价5元/千克。

菱角　湖湾沟汊野生菱角较多。傅家嘴、张家嘴、詹家嘴等沿湖农户有利用方宕和池塘栽植菱角的习惯。菱角米出售，菱角菜喂猪。

芡实　镇内湖汊、河沟、方宕、塘堰均有芡实，主要是天然繁殖。21世纪初，武昌湖稍鸦滩大桥至赤湖向阳圩河段，芡实（俗名鸡头米、鸡头果）密密麻麻，叶大茎粗果壮。每年秋季，客商争相收购，最多收购15万余千克。

采菱角（2018年）　傅小毛　摄

冬季采收芡实（2017年）　傅小毛　摄

生态能源开发

实施“一池三改”工程 2004年，通过实施农村沼气建设国债项目工程，实行“一池三改”[①]，实现无排放、无污染，是一项净化空气、净化水源的民生工程。工程从2004年12月1日开始，至2005年11月25日结束，共建沼气池2846口。之后数年间，又续建沼气池3756口。至2018年，全镇建沼气池6602口。

水力发电 1958年，码头公社前进大队社员集资，县水电局支援1台发电机，用木制水轮发电，供该村60户社员照明。1976年，县水电局、花凉亭灌区指挥所批准麦元公社红旗大队兴建麦元衙口水电站，供3个生产队照明，负荷18千瓦，年发电量约为4万千瓦小时。每年3—11月正常发电，负荷稳定。1992年，动工兴建褒隐电站。1994年，电站投入运行，年均发电量13万千瓦小时。至2000年，累计发电量52.56万千瓦小时。

褒隐电站（2017年） 傅小毛 摄

① 一池三改：指建设沼气池，改造厨房、猪圈、厕所。

生物质（稻壳）发电 2004 年，联河米业有限公司投资 150 万元，在工业园区西片区建成生物质（稻壳）发电厂。2005 年，在县经济开发区大米加工分厂设生物质（稻壳）发电车间。是年，共发电 140 万千瓦小时。

风电 域内风电分两个项目，由国电皖能风电有限公司投资建设。一为太湖县徐桥镇风电项目，位于太湖县徐桥镇石灰山山脉，小部分位于望江县鸦滩镇南山山脉。该项目于 2014 年 12 月并网发电。二为望江县鸦滩镇香茗山风电项目，位于香茗山山脊，小部分位于太湖县，山体分布范围约 15 平方千米。项目于 2015 年 12 月勘察定位结束，于 2016 年年底建成并网发电。

香茗山风电场与太湖徐桥风电场共用一座 110 千伏升压站，位于工业园区西片区，接入 220 千伏石牌变电站。

太阳能发电 鸦滩属北亚热带季风气候区，日照时间长，年平均日照近 2000 小时，属中国太阳能资源较为丰富的区域，较适合建设太阳能光伏发电项目。

2016 年 6 月，连塘城村在中屋组王家塝北干渠东侧建成鸦滩镇首座村级光伏电站，占地面积 2 亩有余，总投资约 46 万元，电站装机容量 60 千瓦。项目建成后并网，年发电量 51000 千瓦小时。2016—2018 年，鸦滩镇利用财政补贴、银行贷款等组织资金，采取村村联建、村户联建、户户联建及贫困户房顶、院内建设等模式。在 15 个行政村建立起光伏电站 34 座（装机容量 4300 千瓦），户用电站 20 座和户用单建电站 21 座（装机容量 1140 千瓦）。2018 年，总发电量 46240 万千瓦小时。

枫岭村光伏发电点（2018 年） 傅小毛 摄

油菜花海（2017 年） 陈景文 摄

望江挑花发源地

鸦滩是望江挑花发源地。古朴典雅的望江挑花，技法独特，寓意深刻，异彩纷呈，巧夺天工。改革开放以后，鸦滩镇的挑花制品十次进京参展、交流、销售、赠送外宾，作为人民大会堂安徽厅的沙发扶手、靠垫，并多次获奖，享誉中外，先后被列入省级、国家级非物质文化遗产保护名录。2008 年，鸦滩镇被文化部授予“中国民间文化艺术之乡”称号。

起源　发展　传承

鸦滩是望江挑花的发源地。该技艺因在望江传播广、发展快、影响大、普及程度高而被称为“望江挑花”。望江挑花集艺术性与实用性于一体，具有极高的开发价值和广阔的市场空间，是望江人民宝贵的精神财富和物质财富。20 世纪 70 年代前，望江挑花作为家庭代代相传的手艺，遍布乡村，是所有女性都通晓的手工技艺。其传承经历唐末、明清时期、新中国时期三个发展阶段。

起源　望江挑花相传始于唐初，初期挑花是用麻与发为原料制作敬神用品。少男少女剪下一缕长发，拧成发线，在麻布上挑成“长命富贵”“天下太平”“八卦”“太极图”等图案，作为祭祀的供品。

清同治年间（1862—1874）挑花制品——敬褡　傅小毛　摄

清康熙年间（1662—1722）挑花制品——敬褡　傅小毛　摄

发展 唐末文学家罗隐读书著述于香茗山莲花书院期间，在民间发现挑花制品，引起了重视。他改进技术，辅导操作，将敬神祀品扩大到生活装饰品，拓展了望江挑花的应用范围和发展空间，使望江挑花在晚唐以后得到了较大的发展。当时农家妇女在劳动之余学的针线活就是挑花，甚至成为一种社会时尚。挑花制品不仅装饰自己，还可敬老和馈赠亲友，又是姑娘与小伙子谈婚的定情物、姑娘的陪嫁品。

明代中期以后，随着棉花的种植、棉布的发展，拓展了挑花制品的材料来源，棉布、棉线既便于操作，又富于表现力，使挑花制品更加精美，挑花技艺发展迅速。妇女们又在“精”“细”上下功夫，从棉到布、从布到饰品，都是精纺细织、精挑细饰，用她们的心智挑出了精巧和意韵。至明末清初，形成了富有地方特色、带有浓郁乡土气息的挑花艺术风格。当时最为流行的要数头巾，形式统一，图案各不相同。当地流传口头禅：“家住望江县，头上搭块片（指妇女头上系挑花头巾）。”

新中国成立前，望江挑花没有专门的图案设计，是三分传承、七分创造，靠妇女们的心智、悟性和经验即兴创作。20 世纪 50 年代初，鸦滩区帅家下屋郝杏娣、帅根元等老艺人曾收集挑花制品和资料 200 余件，送到省群众艺术馆，并对望江挑花的技法、设计、色彩进行不断的探索、总结、研究，从理论上定名、定性，概括出作用、特点、艺术效果，研究总结图案设计的基本理论、方法，使之便于学习、传承。1982 年，安徽省群众艺术馆、安徽省工艺美术研究室编写的《望江挑花》出版，详细介绍了望江挑花的形成及艺术特点和价值等。受赖少其、张志将望江挑花制成沙发扶手、靠垫的影响，老

家家户户都挑花（2012 年） 鲍国华 摄

挑花头巾（2013 年） 鲍国华 摄

安徽省群众艺术馆专家张志（左四）深入挑花现场调研（2012 年）
鲍国华 摄

望江挑花进校园（2013 年）
鲍国华 摄

艺人帅根元、王世福等借鉴、移植工艺美术的基本理论，深入研究图案设计的基本原理，并逐渐使之规范化、程式化，使望江挑花图案设计的理论和实践都达到了一个新的高度，极大地提高了望江挑花的文化艺术品位。

望江挑花三个发展时期各有特点。唐末及明清时期是横向的普及、量的飞跃。它的影响和价值存在于普通老百姓之间，“挑花艺养在深闺人未识”。挑花是一家一户进行，成品主要是家庭装饰及馈赠礼品，追求的是艺术价值。新中国成立后是纵向的提高、质的升华。它的影响和价值主要存在于工艺美术家和学者群体之间，享誉中外。20 世纪 80 年代以后，挑花是在公司的组织下进行，成品主要是出售，追求的是艺术价值和经济价值的统一。

21 世纪以来，鸦滩民间挑花以艺术装饰品为主，多见“家和万事兴”“八骏图”“和为贵”“松鹤延年”“长城”“迎客松”等图案，制成条幅、匾额，挂于客厅正中，或作为馈赠礼品。

传承

在男耕女织的封建社会，挑花是妇女生产生活的重要组成部分，现代女性几乎不从事此项劳动。老一辈艺人去世后，挑花工艺面临着逐渐失传的危险。因此，中共鸦滩镇党委、政府加大对望江挑花传统工艺的保护、传承和发展力度，使挑花工艺的特殊价值得以延续和提升。

收集整理资料 20 世纪 80 年代以后，鸦滩文化站有计划地对域内挑花老艺人进行全面走访，收集民间挑花制品，整理挑花技艺和图案。逐步完成文字记录、图像声像资料的整理、录音和拍摄工作，完成资料的数字化制作及录入数据库工作。摄制《望江挑花》专题纪录片，立体直观地宣传望江挑花。

编纂挑花用书　2009年，由鸦滩中学编纂的《身边的挑花》出版，作为校本教材；由鸦滩镇政府组织编纂的《中国民间文化艺术之乡——鸦滩》出版，全面介绍望江挑花的形成、艺术特点、价值及传承与发展。

培训骨干　2007年4月11日，望江县挑花协会鸦滩分会成立以后，先后举办4期有1200多人参加的挑花技艺培训班，第三代、第

黄梅戏小演员学挑花（2018年）
王仕福　摄

安徽省群众艺术馆、安徽省工艺美术研究室编纂的《望江挑花》书影　傅小毛　摄

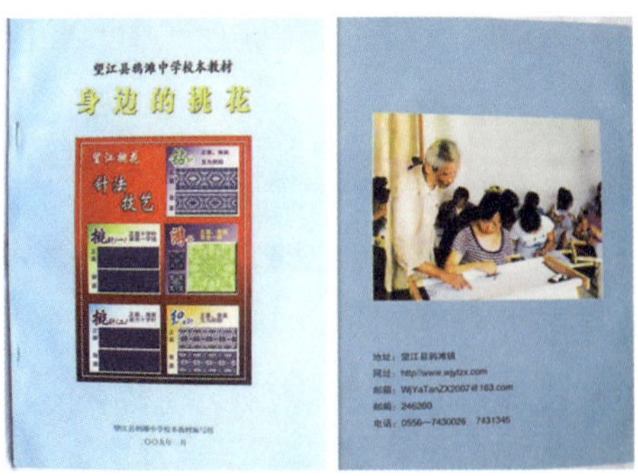

望江县鸦滩中学编纂的校本教材书影（2018年）
傅小毛　摄

望江挑花省级非物质文化遗产传承人王仕福（右三）给学员做辅导（2017年）　伍建设　摄

望江挑花省级非物质文化遗产传承人帅根元（左）在培训班上讲课（2013 年） 鲍国华 摄

望江挑花制品展示厅（2017 年） 李平 摄

四代传承人逐渐成长。2009 年，镇政府还组织镇村干部、挑花能手到湖北黄梅县参观、学习、交流。2012 年以后，鸦滩中心学校等校开展“望江挑花进校园”活动，对小学生进行挑花艺术的熏陶。2014 年、2015 年，鸦滩镇配合县妇联开展农村妇女扶贫培训，请省级非物质文化遗产传承人传授挑花技艺，将农村留守妇女脱贫致富与继承、创新和发展望江挑花这一民间艺术相结合，300 余名农村妇女通过培训学到了知识，培养了兴趣。

展示挑花制品 望江挑花制品多次参加省内外大型工艺品展览。2008 年 10 月，鸦滩镇望江县金百灵挑花工艺有限责任公司建成挑花制品展示厅，展示望江挑花制品 200 余件及挑花工艺流程和工艺设备，收藏和展示作品的艺术价值和艺术成就。

与市场接轨 1985 年，由安徽省群众艺术馆美术师张志综合合肥（古称庐州）、望江（古称雷阳）两地挑花艺术的特点，创作设计出“庐阳花布”，由安徽印染等厂家大批生产，畅销中外，《安徽日报》在头版头条作了报导。中国美术馆还展出了“庐阳花布”“庐阳提花”“庐阳玉绸”，展示了挑花艺术未来发展的广阔前景。

王世福（右）教韩国友人徒手编制（2018 年） 伍建设 摄

2008 年 10 月 21 日，望江县金百灵挑花工艺有限责任公司成立。公司在收集整理传统挑花针法、构图、应用的基

望江挑花参加中国青阳 2019 年全国非物质文化遗产摄影展（2019 年）王仕福　摄

础上，聘请望江挑花省级代表性传承人设计图案。公司有固定的生产基地、成品展示厅，有老、中、青熟练工人共 300 余人，主要产品有挑花壁挂、挑花工艺匾、抱枕、沙发扶手、靠垫、台布等。

2008 年以后，望江县华美挑花工艺品有限公司和农民挑花合作社、望江挑花工艺品有限公司、润芳挑花工艺品有限公司、惠龙挑花公司等相继成立。开发了五大系列产品，形成挑花生产、加工、销售产业链，逐步将文化艺术优势变成产业优势。

2015 年 6 月 10 日，望江县望马楼挑花专业合作社成立，成员 50 余人，投资总额

望马楼挑花专业合作社（2017 年）　傅小毛　摄

望马楼挑花专业合作社制作的挑花制品（2018 年）
傅小毛　摄

500 万元。开展技术培训、技术交流和咨询服务，注重挑花技艺的传承创新。

与旅游结合 结合香茗山、武昌湖旅游资源开发，将发展旅游事业与挑花艺术紧密结合起来，提升文化旅游的品位。2009 年，在集镇新区建民间文化艺术街，作为对外宣传望江挑花的窗口。

推荐传承人 为让非物质文化遗产薪火相传，不断增强其生命力，鸦滩镇大力培养和推荐望江挑花传承人。2008 年，帅根元、王世福被批准为望江挑花省级代表性传承人。随后，帅兰新、陈杏珍、茹占群、汤彩霞、房丽丽被批准为望江挑花市级代表性传承人；吴桂伢等被批准为望江挑花县级代表性传承人。2018 年，王仕福被批准为望江挑花国家级代表性传承人。

帅根元，望马楼村帅家下屋人，1930 年 6 月生，高中学历，1950 年参加工作，2008 年被批准为望江挑花省级代表性传承人。帅根元小时候，喜欢看姐姐挑花，久而久之，对挑花产生了浓厚兴趣。1952 年，帅根元在新坝区文化站工作期间，搜集望江挑花实物 200 余件，将部分送到安徽省群众艺术馆。1958 年，帅根元被错划为“右派”，1978 年平反后，被安排在鸦滩文化站工作。20 世纪 80 年代以后，他舍弃城里的舒适环境，住在老文化站简陋的小院里，全身心投入望江挑花资料收集、整理、研究和创作，满腔热忱传授挑花技艺，1982 年、1983 年，举办两期挑花培训班，亲自上课，辅导操作，培训挑花女工 374 人、挑花能手 54 人。2009 年，配合鸦滩（高级）中学和鸦滩中心学校，将望江挑花引入校园。他按时到中心学校给各小学教师上课、辅导，老师们在美术课上将挑花技艺传授给学生。辅导鸦滩中学编写校本教材《身边的挑花》，辅导挑花兴趣小组，培

帅根元望江挑花省级非遗传承人证书（2018 年） 傅小毛 摄

帅根元（左）辅导村妇挑花（2013 年） 鲍国华 摄

养出 48 位熟练工。

2008 年，望江县金百灵挑花工艺有限责任公司成立，他担任顾问并负责图案设计。2008 年 7 月，惠龙挑花公司成立，他担任艺术指导。

2010 年以后，他着重理论研究，准备编纂望江挑花工具书。

工艺

明代以后的望江挑花是将布帛嵌在绷框上，用与布帛不同颜色的线，沿经向或纬向挑、钻、游成正反互为阴阳或正反同形的图案。

原料 明代以前挑花是用麻布为底，以发线挑花；明代以后多用土布为底，以棉线挑花；现在多用平布或绸为底，用棉线或丝线挑花。

挑花原料——布、线（2017 年） 傅小毛 摄

工具

挑花工具主要有绷框、针、剪刀。

绷框 从形状上分，有方形和圆形；从材质上，分有木制、竹制和塑料3种；从大小分，有大、中、小号，根据图案的大小来选择绷框。

一般图案面积占绷框面积的1/2，如果图案过大，也可分成几部分来操作。民间挑花多是用木质方形小号绷框，村妇们抱在怀里或放在大腿上操作。上绷框是挑花的第一步，也是重要的一步，要求“一紧二平三正”。一紧，是要求布帛上在绷框上要紧，检查办法是把一根带线的针从布面上穿过，拔线时布面发出“嘭嘭”的响声为最合适；二平，是要求布帛要平，不能有一点褶，松紧度要一致；三正，是指布帛的经线与纬线呈垂直和水平状态，布纹不能斜，这样挑出的花才能平整不走形。

民间上绷框是用麻绳或棉线做拉线，拉线的地方要考虑布的坚固程度，防止脱线和损坏布的完整。

针 视经纬线的粗细而定，一般用2号针、3号针，只有在经纬线很粗的情况下才用1号针。

剪刀 剪刀的主要作用是剪线头，村妇多用做鞋的剪刀。

用大绷框挑花（2018年）

王仕福 摄

艺术特点

望江挑花的艺术特点是土、特、奇、古。

土 即乡土气浓、俗中见雅。从原料到成品，都是由农妇们精心劳作而成，是一种土生土长，便于家庭代代相传的民间工艺。

特 即针法独特、正反成图。以其正反成趣的独特技法，凸现望江文化的精深。就连文字也讲究玻璃文，两面能读，如“从竹竿竿笑，幽兰朵朵香”。

奇 即新颖别致、花中套花。花中有物，物中有花，含意深刻。同中有异，大到一个地域、一个村庄，小到一家一户、一个人，各有各的心智，各有各的擅长；异中有

挑花图案正反成趣、互为阴阳（2017 年）　　傅小毛　摄

“凤求凰”图案（2017 年）　傅小毛　摄

同，用严格、细致、规范的针法挑出正反成形、花中套花的图案。

古　即地方特色、古朴典雅。鸦滩古属“吴头楚尾”，楚文化是其底蕴，吴文化在此地也留下了深深的烙印，在漫长的历史演变中，逐步形成了具有特色的地方文化。望江挑花独特的针法、鲜明淡雅的色彩、清雅流畅的构图，蕴含着古朴典雅的吴楚文化渊源和审美意韵。

望江挑花属民间艺术，具有明显的地方特色，集中反映了望江民风民俗和历史文化，而这些正是其艺术价值的直接体现。新徽派版画艺术家赖少其称之为民间艺术瑰宝，倍加珍爱。

技法

基本技法　即主要技法、传统技法，包括“挑”“钻”“游”“织”。

挑有两种，正面十字构图，反面一字构图。分包针、顶针、单针 3 种。另有双面十字针，基本按游针的针法，反复四次成图，但每次回针必须藏半针，否则转不过弯来。

钻是在经纬线间，根据图案的需要采取藏针与露针密铺而成。每针需跨的纱数视图案需要而定。其效果正面是阳花，反面是阴花，色彩对比明显。

游是以双勾和游线的方式形成图案。每针所跨纱数一致，正反一样，图案同形，线条清晰。

织是先将各色的经线梳理好，固定于织机上。然后将竹梭中的纬线根据图案的需要挑织成两面互为阴阳的二方连续几何图案。还有徒手编织，无须任何工具，用不同的色线相互缠绕成花纹和花形。

辅助技法　辅助技法包括“绲”“敲”“包”“贴”4 种，是对挑花作品进行修饰、

主要技法图案（2017 年）傅小毛　摄

民间自制的织花工具（2017 年）　傅小毛　摄

烘托的技法。

绲主要用于服饰、汗巾和挑花制品绲边。它选择与底色布对比强烈的色布条，用纳针的方法，进行单绲边或双绲边，既实用又美观。

敲是用于作品敲边。如狗牙边、蝴蝶边、万字格边、长城边等，它多是二方连续几何图案，正反成图，起烘托、点缀的作用。

包即包花，也是数纱操作。它要用几种色线包成两面突出的花。形似绣花，但正反同行，多为鞋面花、百叶长围花和定情手帕花等，色彩鲜艳，有立体感。

贴是在挑花制品中，用另一种色布剪成云钩、人物和各种动物花草，用裰珠子的针法贴于挑花制品中，正面突出，反面形成珠子图案。多用于童装和妇女的服饰。

花篮图案（2018 年）　王仕福　摄

图案设计

构图元素　望江挑花构图元素取材于生产生活，主要是谷穗、车、船、宫灯、太极、八卦、如意图、元宝、金钱等与人们生产、生活有关的图案；日、月、星、云、山、水等天文气象自然图案；梅花、竹叶、牡丹、莲花、石榴、菊花、柏枝、栀子花、蝴蝶、蜜蜂、孔雀、喜鹊、鸳鸯及十二生肖等象征吉祥的动植物图案；各类二方连续和四方连续几何图案。

挑花作品《十二生肖》（2017 年）　　傅小毛　摄

挑花作品《荷》（2017 年）
傅小毛　摄

挑花作品《金鱼》（2017 年）
傅小毛　摄

挑花作品《三“羊”开泰》(2017 年)　傅小毛　摄

挑花作品《独占鳌头》(2017 年)　傅小毛　摄

表现手法　望江挑花构图主要是运用谐音、借喻、比拟、双关、象征等手法来表现喜庆吉祥的内容。如头巾上“凤穿牡丹”图案寓意爱情如春风复苏万物；风帽上“状元及第”“独占鳌头”“鲤鱼跳龙门”等图案象征进学补廪；敬褡上“九连灯”图案表示喜庆；围裙上“蝴蝶扑金瓜”图案抒发心灵深处的美好愿望；老人裙带上的“福寿双全”图案预祝晚年幸福；“喜鹊登梅”图案预示喜事临门、喜上眉梢；“五谷丰登”图案象征百业兴旺。还有“团圆如意”“凤凰送吉祥”等图案，形象生动、寓意深刻，反映了劳动人民对美好生活的追求和向往。

望江挑花的图案历来是以上辈传下辈的方式传承，没有参考书籍，没有文字记载，只有将各种实物的图案进行分析、研究，找出图案的相同点和不同点，才能从中领悟出其中的艺术奥秘。平面图案居多。图案要求在变化中求统一，统一中求变化；整体统一，局部变化，局部变化服从整体统一；对称与均衡，对比与调和；强调与突出等表现手法。

图案与配色　望江挑花的图案造型可分为具体的（现实的）与抽象的（概念的）两大类。具体的造型有人物、山水、花鸟、桌子、房屋等。抽象的造型有不代表任何物象的几何图形。

古代的望江挑花多是白底黑花或黑底白花。唐宋以后才出现彩色图案，但色彩受“红配绿看不足”的审美观的影响，多是红底绿花（“女儿红”或“女儿绿”）、绿底红花、青底（染青）黄花、蓝底（染蓝）橙花，少量的红底黑花、白底黄花图案。

挑花作品《八狮滚绣球》(2017 年)
傅小毛 摄

挑花作品《宝莲灯》(2017 年)
王仕福 摄

挑花作品《八喜娃》(2017 年) 傅小毛 摄

望江挑花要求色彩要显，也就是对比色要有明度，冷色与暖色必须配合好，不表现光的立体感。由于平面图居多，基本上是一花一色或一物一色。

新中国成立后，望江挑花开始有图案设计，20 世纪 80 年代后，开始用电脑设计图案，望江挑花的图案越来越精美。

电脑设计图案(2017 年) 伍建设 摄

挑花制品

望江挑花制品有纯挑花制品，即整件作品由挑花制成；混合挑花制品，即整件作品既有挑花，又有其他技法，混合制成，其他技法起烘托作用；点缀式挑花制品，即整件作品由其他技法制成，而挑花是作为点缀、装饰，起着画龙点睛的作用。

传统制品　女性头巾、围裙、腰带、衣裤镶饰、手帕、提包等。男子汗巾、腰带、钱袋、背包、领带、围巾等。儿童帽饰、衣饰、抱裙、书包、兜肚、围嘴等。家用桌围、帐檐、窗帘、门帘、床套、被面、台布、家电盖布、壁挂、沙发扶手、靠垫、佛带、屏风等。

围裙（2017年）　傅小毛　摄

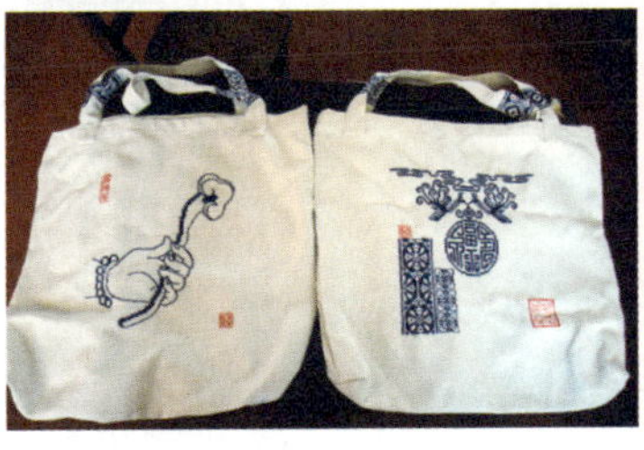

提包（2017年）　傅小毛　摄

领带（2017年）　傅小毛　摄

围巾（2017年）　傅小毛　摄

兜肚（2017年） 傅小毛 摄

围嘴（2017年） 傅小毛 摄

屏风（2018年） 傅小毛 摄

现代系列制品 礼品系列、框画系列、枕套系列、手袋系列、吊屏系列，及其他艺术品、装饰品。

灯饰（2017年） 傅小毛 摄

礼品系列（2017年） 傅小毛 摄

价值　影响

2006 年，望江挑花被列入安徽省非物质文化遗产保护名录，鸦滩镇被省文化厅授予“安徽民间文化艺术之乡”称号。2008 年，望江挑花被列入国家级非物质文化遗产保护名录，鸦滩镇被文化部授予“中国民间文化艺术之乡”称号。

望江挑花获省级非物质文化遗产牌匾
傅小毛　摄

艺术展示　1979 年，由安徽省群众艺术馆及有关专家、艺术家推介，鸦滩区第一次为人民大会堂安徽厅承制挑花工艺沙发靠垫和扶手 300 余套。1981 年，鸦滩区再次为人民大会堂安徽厅承制挑花工艺沙发靠垫和扶手 200 余套。2000 年，鸦滩镇第三次为人民大会堂安徽厅承制挑花工艺沙发靠垫和扶手 144 套、322 件。1983 年，

望江挑花获国家级非物质文化遗产牌匾
傅小毛　摄

人民大会堂安徽厅中布置的望江挑花制品
王仕福　摄

2008 年，中华人民共和国文化部授予鸦滩镇“中国民间文化艺术之乡”称号

国际旅游会议在北京召开，望江挑花制品作为全国工艺品展览展品，承制319件参展。1986年，鸦滩挑花工艺厂为北京亚运村承制挑花工艺品600余件。

1980年，应湖北省黄梅县邀请，望江挑花制品参加展销活动。1991年，鸦滩区工艺服装厂承制的挑花工艺品在中国黄山国际旅游节上，被安徽省旅游局评为“名特优新产品”。1992年，望江挑花制品参加中国旅游产品交易会和中国黄山工艺美术品博览会。1999年，望江挑花制品参加广州工艺美术博览会。2000年，望江挑花制品参加芜湖旅游工艺美术品博览会。

媒体关注 通过承制工艺品和参加各项展示活动，望江挑花引起了媒体的广泛关注。1988年3月29日,《人民日报》(海外版)登载了《望江民间挑花艺术》一文。1992年4月14日,《旅游导报》在头版头条发表文章《雷池挑花美如画》。1998年5月8日,《文化周报》发表署名文章介绍望江挑花。1999年7月14日,《香港商报》发表文章《古雷池风纯人拙藏大宝，挑花艺养在深闺人未识》。《安徽日报》以《为人民大会堂增辉》为题,《安庆

挑花制品展(一)(2018年) 王仕福 摄

挑花制品展(二)(2018年) 王仕福 摄

挑花制品展(三)(2018年) 王仕福 摄

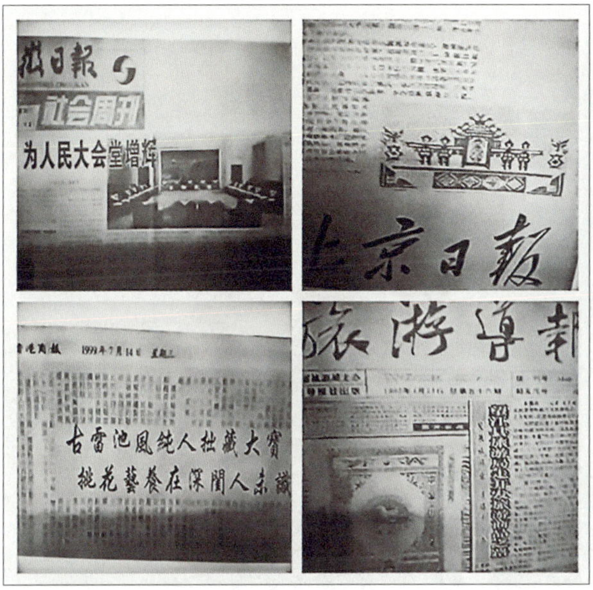

报道望江挑花的部分报纸剪辑（2018 年）
傅小毛　摄

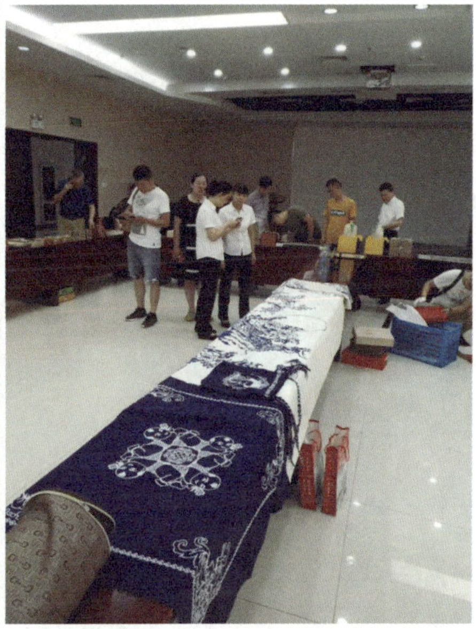

望江挑花参加安徽省旅游产品评审（2018 年）
王仕福　摄

日报》以《嫣然出篱冉冉开》为题，进行了长篇报道。《文汇报》《北京晚报》《上海工艺美术杂志》《装饰》《黄梅戏艺术》等报刊均从不同角度对望江挑花作过多次报道。

2001 年 8 月、2012 年 4 月，安徽电视台两次邀请鸦滩镇组成望江挑花鸦滩挑花女方阵参加《相约花戏楼》节目录制。

2010 年 1 月 31 日，土豆网播出《望江挑花的传说》专题片。2015 年 7 月 10 日 19 点，CCTV-7《农广天地》栏目播放《望江挑花》专题片。2015 年 8 月，土豆网播出《望江挑花》视频专题片。2015 年 9 月，安庆新闻综合台以《望江挑花 绣出农民新生活》为题介绍望江挑花。

王仕福（右）给挑花学员上课（2018 年）
余传水　摄

用黄梅戏演唱望江挑花（2018 年）　王仕福　摄

挑花女展示挑花作品（2017 年）　吴志贵　摄

挑花女交流挑花技艺（2018 年）　吴志贵　摄

调研专访　1982 年、2012 年，安徽省群众艺术馆专家张志等两次到鸦滩考察，深入群众，对望江挑花进行深刻细致的调研，并给予高度的评价。安徽省政府副省长花建慧、谢广祥分别于 2013 年 1 月、3 月到鸦滩镇调研望江挑花。土豆网分别于 2009 年、2014 年到鸦滩对望江挑花进行全面采访。2015 年，人民网对望江挑花省级非遗传承人、鸦滩文化站原站长帅根元进行了专访，同时一些报刊、电台、网络记者还到鸦滩对望江挑花中的纺纱等工序进行专访。

艺术拓展

20 世纪 80 年代后，望江挑花的艺术价值不断显现，并向工艺美术、文学艺术、舞台艺术、服饰、绘画、装潢等社会生活的各个方面拓展、渗透、延伸。

向舞台艺术渗透　1991 年，望江县文联原主席谢樵森以望江挑花为基本素材创作了黄梅戏电视剧《挑花女》，1992 年，又创作了大型现代戏《挑花姑娘》。进入 21 世纪以后，以望江挑花为素材、背景、道具的音乐舞蹈、黄梅戏创作更加活跃。

1990—2015年部分以望江挑花为素材的音乐舞蹈、黄梅戏创作情况表

表12

选送、演出（摄制）单位	时间	类别	名称	作者	获奖情况
安徽省委宣传部、安徽电视台摄制	1992年	黄梅戏电视剧	《挑花女》	编剧谢樵森、卜本信，导演吴文忠、陈佑国	获1992年度中宣部“五个一工程奖”、第八届全国戏曲电视剧二等奖、第十三届全国电视剧“飞天奖”三等奖、安徽省“五个一工程奖”
望江县	1992年	舞蹈	《挑花舞》	鲁敬之作曲，宣秀玲、时芳华编导	—
望江县黄梅戏剧团	2005年	舞蹈	《挑花舞》	姚红编舞	—
望江一小	2009年	音乐舞蹈	《挑花趣》	鲁敬之作词曲，何文美、吴春华、宋星编舞	安庆市2009年“六一”少儿文艺调演一等奖
望江县	2009年	音乐舞蹈	《挑花舞》	廖善友、鲁敬之作词，鲁敬之作曲	—
望江县文凯学校	2009年	音乐舞蹈	《挑花舞》	廖善友、鲁敬之作词，鲁敬之作曲，胡红霞、鲁敬之、鲁丹编导	参加安徽省第八届花鼓灯会，获三等奖
望江一小	2010年	音乐	《挑花趣》	鲁敬之	参加“魅力校园”第五届全国校园文艺会演暨第十届全国校园春节联欢晚会活动，获作曲金奖
皖江职业技术学校	2010年	音乐舞蹈	《挑花舞》	不详	安庆市非物质文化遗产项目展演优秀奖
望江县文凯学校	2014年	音乐舞蹈	《挑花舞》	不详	参加第二届“荷花少年”全国（中学）校园舞蹈展演，获“星光少年”奖
望江县黄梅戏剧团	2014年	音乐舞蹈	《挑花舞》	廖善友、鲁敬之作词，鲁敬之作曲	—
望江青年黄梅戏剧团	2015年	独幕黄梅戏	《挑花情》	帅根元、何金龙	第七届中国（安庆）黄梅戏艺术节望江县民营黄梅戏剧团小戏展演汇报演出二等奖

说明：根据望江挑花信息数据库资料整理

庐阳花布（2018 年）
傅小毛 摄

盒装吊屏（2018 年）
傅小毛 摄

凤戏牡丹（2018 年） 傅小毛 摄

与提花相结合 1985 年，安徽省群众艺术馆张志综合合肥（古称庐州）提花、望江（古称雷阳）挑花的艺术特点，设计出“庐阳花布”，由安徽印染厂生产。它以独特的民族特色和地方风格，进入中国美术馆展览，同时在王府井百货大楼展销。著名工艺美术家张汀题写了“庐阳花布”“庐阳玉绸”布名。

黄梅戏

清光绪年间（1875—1908），蔡仲贤在鸦滩成立采茶调流动班子——长春班。民国时期，他又在鸦滩办科班，培养黄梅戏新秀。20世纪40年代，乡班群起，蓬勃发展。在演唱过程中形成了“以唱传情”的声腔流派——“鸦滩路子”。

新中国成立后，黄梅戏迎来了发展的春天，成为鸦滩戏剧史上流传时间最长、影响范围最广、深入人心的剧种。

起源 发展

起源 清道光年间（1821—1850），蔡家大屋（今葛林村）有个徽剧班。蔡仲贤是班上最年轻的优秀演员，会通曲[①]，能扮演各种角色，既演文戏，又演武戏，既演主角，又演配角。他无论演什么角色，都富有一种特殊的魅力。他貌美、嗓甜，唱起来声情并茂，以情感人，功底深，做功好，吐字清，舞姿美，深深吸引了观众。

蔡仲贤家境贫寒，10岁开始学做砻[②]匠，只能晚上学戏练功。后遇灾荒，便只身到湖北广济、黄梅、蕲春一带打砻子糊口。当地人知道他会唱弹腔（即徽剧），采茶调艺人便邀他入伙。他发现采茶调优美动听，深受群众喜爱。不久就从黄梅县及其附近地区学会了采茶调，熟悉了采茶戏。

他将徽剧的艺术精华，诸如唱腔、程式动作及其各种功法，巧妙地揉合于采茶调之中，还从民间舞蹈、山歌、仙腔、劳动号子、和尚道士的唱腔，甚至婚丧大礼的哭

蔡氏黄梅戏老艺人（左）介绍蔡仲贤对早期黄梅戏形成发展的贡献（2018年） 傅小毛 摄

二十世纪二三十年代用于舞台照明的汽灯（2018年） 傅小毛 摄

① 通曲：方言，指一本戏中每个角色的唱词、唱腔、道白及音乐曲调。

② 砻：去稻壳的工具。

蔡氏宗谱记述蔡仲贤对黄梅戏形成发展传承的杰出贡献（2018 年） 傅小毛 摄

诉之声中吸取精华并加以提炼，丰富采茶戏声腔，增强其艺术感染力。如香茗山一带流传的采茶舞，包括“采茶”“盘茶”“倒采茶”“贩茶”等动作。这些舞蹈动作都被蔡仲贤有选择地吸收到采茶戏里。黄梅戏中的推车赶会也是由香茗山一带的推车舞改编而来的。鸦滩有个古老的剧种《平安戏》，其唱腔大多是仙腔的各种腔调，如黄梅戏《天仙配》中“槐荫开口把话题……”就是蔡仲贤用仙腔正板改编的。《小辞店》中蔡鸣凤还魂时的唱腔，也是从道士的唱腔中提炼出来的。

蔡仲贤不但能唱戏，还能根据观众的喜好来编戏。如民歌《大脚歌》中唱：

货郎把鼓摇哎，大脚往外跑哎；
心想鞋面布，扯了一尺九，
（格）外扯鞋口。
丈夫我的哥哎，莫嫌我大脚哎；
里里外外都是我，小脚莫奈何。

《大脚歌》原是一首民歌，蔡仲贤将其编成一个小戏，名为《恨大脚》。民国年间提倡剪发放脚，蔡仲贤又编了一个《恨小脚》的剧本，观众非常喜欢。采茶戏中传统本子

望江县黄梅戏剧团赠给蔡家大屋祖堂的匾额（2017 年） 徐平波 摄

戏《赶子图》，又名《双结义》或《采桑送茶》，戏里的陈恩母就是蔡仲贤根据香茗山脚下的真人真事改编的。蔡氏师徒在演唱采茶调的过程中，不断吸取民歌小调和徽调、高腔、平安调的优美曲调。

清光绪七年（1881），蔡仲贤在家乡成立采茶调流动班子——长春班，活跃于怀宁、太湖、宿松、潜山、黄梅一带。望江早期黄梅戏艺人董焕之、徐汉卿、徐雨文、金文芳等都在该班学艺演唱。1921 年，蔡仲贤在犁湾塘（今葛林村境内）办科班，致力于课徒授艺，培养黄梅戏新秀。

发展

黄梅戏形成以后，在鸦滩有两次大的发展。一是民国后期，二是新中国时期。

民国后期 黄梅戏在民国时期成形发展，经历了一个艰难曲折的过程。

封建社会，戏剧演员被认为是“九流戏花子”“有辱户族尊严”。蔡仲贤目睹族长关起祖堂大门，严整家规，对徽剧演员先打板子，后驱逐，迫使蔡氏大批梨园弟子于清光绪四年（1878）下户。他因父亲重病在床，免遭其祸。但他仍不畏艰险，冲破封建枷锁，组建长春班，办科班授徒，被早期黄梅戏“好佬”们称为开山鼻祖。董焕之从艺时，倍受族人轻视，而他毅然放弃裁缝手艺，搭乡班从事专业演出。他的唱腔富有情感，在望江的旦行中形成一个声腔流派，成为“鸦滩路子”的奠基人。

民国初期，黄梅戏受到官府的歧视、打压，甚至禁演。20 世纪 20—30 年代，越禁越紧。1934 年大旱，许多地方颗粒无收，雇主请不起台戏班子。其时黄梅戏已风靡周边县乡民间，茗南村张家楼下屋徽剧老艺人郝杏南与其子便请木雕艺人雕刻木偶人物，用托戏的形式演黄梅戏。托戏方便、灵活，一担挑的行头，支几根竹竿再围上布便成了舞台，不用穿衣、化妆，锣鼓一响即可演出。因此雇主请得起，唱的人也得实惠，很受欢迎，特别适合在人烟稀少的山区演出。随后，老艺人郝生南、郝树屏、郝应高、郝树庭、郝炳南也办起木偶戏箱子，在太湖、宿松、潜山山区演出。鸦滩周边的艺人纷纷仿效。自此，黄梅戏开始向托戏等艺术形式渗透。由于托戏演唱的大部分是黄梅调，官府也借此敲竹杠。郝杏南曾被关了 15 天，后被保出。1937 年正月，杨树屋嘴戏班第三次演出时，被官府当场抓人封禁。这些活跃在太湖、宿松、望江、怀宁地区的戏班只能上半夜演徽剧，下半夜演黄梅戏，而下半夜的观众比上半夜还多。

1940 年，望江县县长范用九给范氏祠堂送匾，召集艺人演戏庆贺，朱介凡、柯华庭等 6 名黄梅戏艺人便集资建“同意堂”，又称“六股堂”，使一直被官府称为“淫戏”而

舞台表演传统剧目所用的凤冠（2017 年）傅小毛 摄

舞台表演传统剧目所用的蟒袍（2017 年） 傅小毛 摄

禁演的黄梅戏得以在官方场所公开演出。1948 年，蔡仲贤的隔代传人杨润保去世，给徒弟龙昆玉留下一些行头，龙昆玉倾其积蓄组成龙昆玉戏班。其时鸦滩有陈绍堂戏班、何旭东班、郝正祥班，太湖有春台班、胡普伢戏班等。这些戏班经常在安庆周围各县和江南的东流、至德、贵池，乃至江西的彭泽、湖北英山等地演出。许多活跃在大江南北的班社中的著名演员，无不直接或间接出自蔡仲贤的门下，都挂着蔡仲贤的招牌，蔡仲贤被黄梅戏弟子公认为祖师爷。

黄梅戏可以公开上演后，黄梅戏班社如雨后春笋，人们对黄梅戏的喜爱已经到了痴迷的程度。一到农闲，几乎村村唱戏，人人看戏。有时戏班忙不过来就大班化小班，同时到几个村子演出。每年从正月初七后开始，一直唱到清明节后才渐渐停止。

新中国时期 新中国成立以后，黄梅戏有跨越式发展。

20 世纪 50 年代后，黄梅戏发展很快，60 年代，达到鼎盛时期，黄梅戏乡班群起，鸦滩同时在民间演出的戏班有 80 个。大自然村自办戏班，小自然村合伙成立戏班。有的小村庄父子同台、夫妻同台、母女同台、兄妹同台。演出以传统剧目三十六本、七十二折为主，有《乌金记》《罗帕记》《天仙配》《闹灯》《恨大脚》《打豆腐》《推车赶会》等。出现“村村锣鼓响，夜夜有戏看”的现象。戏迷们看了上场看下场，看了东村看西村。

20 世纪 60 年代末开始，戏班以集体组织为主，演员记工分，演出不计报酬，主要演现代戏，剧目有《红灯记》《沙家浜》《智取威虎山》《江姐》《杜鹃山》《白毛女》等，既是文艺演出，又是宣传活动、政治任务。公社、大队组织的戏班除接受邀请演出外，还在辖区内巡回演出。

“文化大革命”期间，为配合政治宣传，各大队和许多自然村都成立了宣传队，自编自演黄梅戏小剧目和歌舞，到各自然村巡回演出。演出不需搭台，观众围成一圈，锣鼓一敲，二胡一拉就唱起来，灵活方便。有时一个村庄一夜要演几场。村与村之间，你来我往，互相学习，共同提高。平时，人们在劳动休息期间，三五人往田埂地坝上一坐，敲扁担、鼓掌打节拍就唱起来，你一段，我一段，争先恐后。夏天中午在大树底下，晚上在打谷场上，人们不论职业，不论男女老少，二胡一拉、笛子一吹就唱起来。青年人更是白天唱，晚上唱，休息时唱，劳动时唱，推车挑担也唱，就连吹口哨也是黄梅戏的曲调。黄梅戏几乎成了人们不可或缺的精神食粮。改革开放以后，在电影、电视、现代舞冲击下，多数业余戏班自行解体。黄梅戏艺人行艺方式发生很大变化。

2000 年前后，许多黄梅戏艺人相邀组成 10 ～ 20 人的小戏班，到江西、湖北等地流动演出，通常在农历十月以后起班，第二年春耕前解散。鸦滩民俗中老人做寿、小孩周岁、学生升学以及做祖堂、祠堂和修族谱都要搭台唱戏，农村演出较多。2018 年，鸦滩镇有 4 个民营黄梅戏小剧团活跃在民间戏剧舞台上。

2010 年后，部分黄梅戏演员和戏迷组成夫妻组合、兄妹组合、父女组合等，在湖北、江西、浙江、福建等地的公园、广场、街头、村庄，用一把二胡或一支竹笛演奏，表演黄梅戏选段，吸引了很多观众。

2015 年，黄梅戏爱好者成立鸦滩戏迷俱乐部，置办音响、乐器等设备，夜晚活跃在乡村广场、街头和人员较集中的地方，演唱黄梅戏选段，自娱自乐，吸引了不少爱好者。在风靡城乡的广场舞中，有大量黄梅戏经典唱段被编成了广场舞。在鸦滩的大街小巷、庭院村头都能看到黄梅戏舞蹈，听到黄梅戏演唱。

戏迷们在广场边自娱自乐（2016 年） 江心舟 摄

戏迷们在街头演出（2017 年） 傅小毛 摄

戏迷们在家里自娱自乐（2018 年） 戴文星 摄

艺术特点

黄梅戏在发展过程中，受当地文化和班社内优秀演员的影响，形成许多流派。在望江主要有“河南路子”、“河北路子”（望江民间习惯上称武昌湖南岸为“河南”，称北岸为“河北”）、“鸦滩路子”。“鸦滩路子”的代表人物是董焕之、郝长才、陈绍堂、周东荣等。

曲调特点　“鸦滩路子”与“河南路子”相仿，其艺术特点同中有异，各有特色，各有擅长。“鸦滩路子”的艺术特点是：以唱传情，细腻感人。其曲调如唱如歌，如泣如诉，自成一体。由蔡仲贤传授，董焕之奠基。20 世纪 40 年代后，陈绍堂班是“鸦滩路子”的代表班社，主要成员有周东荣、方景明、陈留松等。新中国成立初期，“鸦滩路子”的风格仍有所继承和发展。

语言特点　“鸦滩路子”的语言特点是用当地方言，通俗易懂，便于传递情感。鸦滩位于太湖、望江、怀宁三县交界处，自古是连接南北、沟通东西的要冲。其方言受周围影响较大。鸦滩的戏班到周边市县演出，只要稍加学习便能掌握当地的语言。演出时

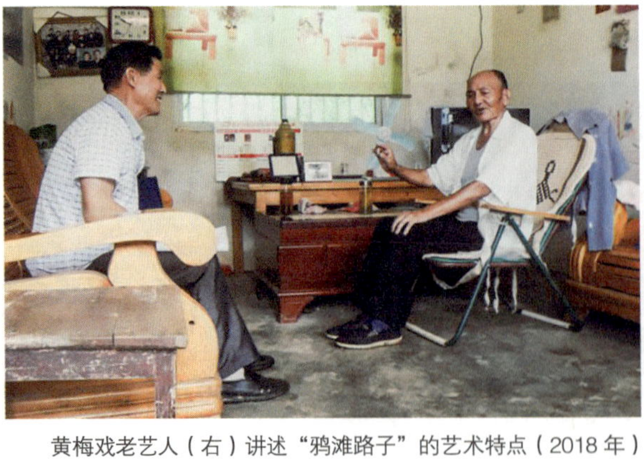

黄梅戏老艺人（右）讲述“鸦滩路子”的艺术特点（2018 年）
傅小毛　摄

老奶奶冒雨等看戏（2017 年）
傅小毛　摄

观众不但听得懂，而且感到很亲切。由于语言贴近群众、贴近生活，观众觉得“似曾相识”，易受感染。

薪火相传

开办黄梅戏培训班

犁湾塘科班 1921 年，蔡仲贤在犁湾塘（今葛林村境内）办科班，当地的孙伯宏、孙伯清、孙伯来、郝青莲、郝正祥、郝好伢、郝旺贵、郝列端、郝何一、郝礼端、胡三荣等 17 名青少年入班学艺。

民国初期，黄梅戏属禁演剧种，该届科班历时仅 50 多天便提前解散，由于蔡仲贤具有丰富的舞台实践经验，教学上一丝不苟，学徒们在短时间内就学会了《乾隆皇帝出京》《山伯访友》《卖花记》等几本大戏，达到了独立登台演出的水平。这些学徒后来都成为望江、太湖一带很有成就的黄梅戏名角。

最早的黄梅戏科班所在地——犁湾塘（2017 年） 傅小毛 摄

黄梅戏进校园（2013 年） 鲍国华 摄

86 岁黄梅戏民间艺人曹重阳（前）（2020 年） 傅小毛 摄

帅家下屋“娃娃班” 20 世纪 30 年代末，望马楼村帅家下屋利用村内原有的文武学堂，将村内青少年组织起来，除学唱抗日歌曲外，还教唱戏剧，从幼儿着手培养戏剧演员。1940 年正月，“娃娃班”登台演出《夜战马超》《骂殿》等剧目。演员中年龄最大的 16 岁，最小的 4 岁，由大人抱上台，一时传为佳话。后来他们都成为黄梅戏演员中的佼佼者。“文化大革命”期间，鸦滩兴起用黄梅戏曲调演唱样板戏热潮，当年“娃娃班”的学员都被请到各地当导演。

新中国时期培训班 1975 年，朝旸庵五七大学举办为期 8 个月的文艺培训班，培养黄梅戏演员 21 人。1978 年，鸦滩文化站举办 3 期戏曲培训班，培养业余黄梅戏骨干 90 多人，向专业团体输送 23 人。1981 年、1982 年，各举办一期黄梅戏培训班。

新中国成立以来，通过短期培训班、民间戏班学习，培养了大批黄梅戏演员。1955 年，还向安徽省岳西县、江西省彭泽县等剧团输送了一批年轻的黄梅戏演员，池州地区黄梅戏剧团主要演员帅来姣也是鸦滩培养的新秀。

2018 年部分鸦滩籍黄梅戏演职员在镇外从业情况表

表 13

姓名	所在行政村	所在剧团	职务	专业
董海琴	鸦滩村	望江县黄梅戏剧团	演员	正旦
吴进良	码头村	湖北省地方剧院	副院长	小生
何春旺	码头村	再芬黄梅戏剧团	二级鼓师	司鼓
曹祝来	望马楼村	湖北省地方剧院	二级演员	小生
曹玲娟	望马楼村	湖北省地方剧院	二级演员	花旦
帅焰霞	望马楼村	厦门歌舞团	演员	歌唱
何金龙	望马楼村	福建凤凰黄梅戏剧院	二级演员	编导

续表 13

姓名	所在行政村	所在剧团	职务	专业
帅来娇	望马楼村	贵池地区剧团	演员	花旦
帅杏根	望马楼村	贵池剧团	舞美	灯光
曹明霞	望河村	怀宁县剧团	演员	小旦
曹安群	望河村	贵池黄梅戏剧团	演员	生角
蔡正强	葛林村	望江县黄梅戏剧团	演员	小丑
甘　露	麦元村	望江县黄梅戏剧团	演员	花旦
陈　立	古炉村	望江县黄梅戏剧团	团长	乐队
魏丽华	码头村	池州市贵池区黄梅戏剧团	二级演员	花旦、青衣
宋玉羊	葛林村	望江县黄梅戏剧团	副团长	音响

研究传统唱腔　1986 年，为抢救、整理、研究黄梅戏艺术，鸦滩文化站老站长帅根元与其他老艺人一起录制了黄梅戏 36 本、72 折中望江的传统唱腔，对研究黄梅戏唱腔的发展、变化有极其重要的价值。

代表性戏班

长春班　清光绪七年（1881），蔡仲贤在家乡正式成立采茶戏流动班子长春班，活跃于怀宁、太湖、宿松、潜山、黄梅等地。望江县早期黄梅戏艺人董焕之、徐汉卿、徐雨文、金文芳都在该班学艺演唱。清光绪十年，长春班在太湖新仓演出时，14 岁的胡普伢看完戏后找到戏班，要求拜蔡仲贤为师，进班学艺，成为黄梅戏艺苑中第一个女艺人。太湖县的韦春台也在该班学艺，学成后回太湖建起了太湖县第一个黄梅戏班春台班。1918 年，杨润保重建长春班，檀盛云、柯竹贤、金文芳等黄梅戏“好佬”应聘进班，胡玉庭、龙昆玉亦于此时进班学艺。长春班行当齐全，阵容整齐，以演“苦戏”著称。

甯家大屋戏班　成立于 20 世纪 30 年代，该班的特点是自编自导自演。题材取自古典小说的章回片段，如《薛仁贵征东》《杨家将》《粉妆楼》等。剧本只有一个故事梗概，演出时靠演员临场发挥。要求演员有丰富的舞台经验、灵活的应变能力和默契的配合，因此，有“十唱九不同”之说。演员们继承了“鸦滩路子”以唱传情的声腔特点，吸引了广大的观众。1945 年冬，戏班在怀宁县老雷埠演出时，演了数场之后，戏迷们仍不过瘾，

戏迷俱乐部的小乐队（2017 年）
傅小毛　摄

杨树屋嘴戏班的衣箱（2017 年）　　傅小毛　摄

不肯戏班结束表演。1955 年，在聂家桥演《薛仁贵征东》，连演了四天四夜，观众还要求追根求源，但编剧来不及，只好谎称某演员的母亲病重才得以离开。

20 世纪 80 年代，农闲时，戏班到江西景德镇地区演出，常常有观众“抢衣箱”[①] 争先恐后邀请戏班演出的佳话。

杨树屋嘴戏班　1935 年成立，成员 14 人，1936 年农历正月初次演出即获成功，从此经历了六散六建的艰难历程。1937 年农历正月，戏班第三次演出时，官府当场抓人封禁，戏班被迫解散。后分别于 1938 年、1948 年再次组建，均因故而散。1961 年，第四次成立戏班，成员 36 人。1962 年农历正月，戏班在墨林下演《莲花庵》，演员们词谱熟练、唱腔精准、声韵婉转、吐字清楚、动作规范、眼随手到、情真意切，其时陈银娥继承了“鸦滩路子”以唱传情的声腔特点，她主演的邵氏使许多观众流下了眼泪。一次在怀宁县李店演出，下午演《秦香莲》，晚上演《双合镜》，受到观众好评，当晚有 3 个村庄“抢衣箱”。20 世纪 60 年代末至 70 年代，戏班演现代戏并配合现代歌舞，宣传“文化大革命”。80 年代，戏班恢复演古装戏，新增《春草闯堂》《胭脂》《女驸马》等 20 多个剧目，演出水平也得到了提升。1983 年农历正月，在怀宁县李店剧院连演五夜，场场爆满，名噪一时。

① “抢衣箱”：衣箱是指存放演员衣帽及道具的箱子。在几个村子同时邀请同一个戏班演出时，有的村子为争取先演，将戏班的衣箱行头挑回去，叫“抢衣箱”。

戏迷俱乐部在排练（2017 年） 傅小毛 摄

陈绍堂班 陈绍堂（1885—1971），望马楼村杨楼港人。1938 年出面组建陈绍堂班。该班以鸦滩为中心，经常到太湖徐桥镇、野鸡河、潜山、宿松等地演出，其曲调为适应当地群众习惯而自成一体，是“鸦滩路子”代表性戏班。

望江县青年黄梅戏剧团 1996 年在原杨树戏班基础上建立，是鸦滩较早的民营专业剧团。演职员 16 人，能演古装戏大戏 36 本、小戏 72 折，现实题材大戏 20 本、小戏 10 折。在望江县和江西、湖北、福建等地演出，主要特点是注重地域文化，继承经典传统唱腔和舞台程式，贴近观众、贴近生活，所到之处，很受欢迎。2015 年 9 月 30 日，在第七届中国（安庆）黄梅戏艺术节望江县民营黄梅戏剧团小戏展演汇报演出中，该团演出的原创独幕黄梅戏《挑花情》获二等奖。

其他黄梅戏戏班 新中国成立前组建的黄梅戏戏班有蔡家大屋、犁湾塘、郝正祥班、郝家大屋、张家楼下 4 个托戏班（演黄梅戏），吴家下屋、徐家店、张家老屋、杨柳港、何通畈、何旭东班、帅家下屋（演京剧、黄梅戏）、老虎林、周老屋、曹八屋。

新中国成立后组建的黄梅戏戏班有茗南乡、高峰大队、塘底下、青阳畈、刘家中屋、孙家前屋、陈家新屋、畈上屋、泉塘寺胡屋、郝家小屋、胡家下屋、孙家老屋、孙家西畈、太子岭、车包塘、詹屋、廖屋、容屋、甘家大屋、杨家下屋、金家畈屋、金家山下、绣虎老屋、叶屋、郝家新屋、唐宇畈、钱屋、戴家下屋、何家下屋、郝家梓屋、袁家老屋、袁家新屋、王家大弯、熊屋与王家塘坝（合办）、陶家冲与胡屋（合办）、陈月楼屋、太平桥、金屋、郑家老屋、傅家上屋、何东畈、吴家大屋、吴家小屋与鸦滩老街（合办）、郭家龙、曹家嘴、隐昌老屋、曹家墙下、孙家埠、何中屋、张家龙、徐上炉、前进大队、萧家嘴、廷禄老屋、界牌石、林家嘴、戴家罾。

山清水秀（2017 年） 傅小毛 摄

民间文化

鸦滩文化底蕴深厚，民间艺术百花齐放，民间歌谣脍炙人口，舞蹈曲艺特色鲜明，民间工艺精湛，文化活动亮点纷呈，文艺创作繁荣。改革开放以后，鸦滩镇文化机构健全，文人荟萃，儒风犹盛，文学组织活跃，精品佳作不断涌现。

舞蹈

旱船 又称“旱龙船”。因船首雕有龙头，船尾插着雉鸡毛，又名“龙凤舟”，是模拟水中行船的民间舞蹈。

旱船是用细竹竿绑成船型的架子，用红色、黄色的绸布裹好，船帮用绿色绸布围起。乘船者称为“船娘子”，立于旱船中。表演时，一名“艄公”划桨引船；一名小丑右手拿一把破蒲扇，左手拿一只桨，鼻子抹上白粉，来回扇动蒲扇，引发观众的笑声；其余人敲锣打鼓，伴奏有锣鼓、胡琴、笛子等。同时，有挑花篮、打连厢的表演者穿插演唱，伴奏人员在每一段结束的最后一句附和伴唱，锣鼓声仍不停止。

旱船多在乡村边敲锣鼓边说唱地演出，春节期间，活动从农历正月初一开始到农历二月初二（龙抬头）结束。

挑花篮 民间舞蹈，常与狮子灯、划旱船相配合，也可以单独演出。鸦滩在明清时

划旱船与挑花篮（2013 年） 江心舟 摄

连厢舞表演（2018 年） 傅小毛 摄

期就有此习俗。

花篮由篾扎成骨架，用色彩鲜艳的纸糊好后，再用彩笔绘上图画，在花篮内放上纸扎的花朵，用四根红绸系在竹子扁担上即可用来表演。

挑花篮一般由 7 名中青年妇女组成，象征七仙女下凡。表演者身着彩服，头戴彩巾（过去戴挑花头巾），浓妆艳抹，挑着花篮不停地穿插、移位，变换队形，舞步轻盈，边舞边唱，并用二胡、笛子、锣鼓等民乐伴奏。唱腔有明显的地方色彩和民歌风味。唱词有传统的、流行的、新填的。

连厢舞 俗称“打连厢”。“连厢”亦称“莲湘”，是用一长约 1 米的竹竿，在竿上按 6 厘米左右的间隔挖开若干个长约 4 厘米的方形孔，孔内用铁丝穿上数枚铜钱，再将竹竿涂上红色，两头各系一束彩色丝绦。表演时，一经抖动或磕碰，连厢就会发出悦耳的声响。

连厢舞是在连厢有节奏的磕碰声中进行表演的民间舞蹈。表演者不分男女，不论人数，各执连厢，在自身的掌上、胳臂、肩部和腿部有节奏地敲打，发出整齐的“哗、哗”声。同时，不断变换表演队形，形成不同的造型。表演人数不限，舞蹈整齐划一，节奏感强，动作活泼，且歌且舞，演唱的大多是当地的民歌小调。

相传元末朱元璋与陈友谅大战鄱阳湖时，大批难民北上，沿门乞讨，在打狗棍上系几枚铜钱，碰撞棍子发出声音，以引人注意，后来在鸦滩等地逐渐演变为连厢舞。21 世纪后，连厢舞配上音乐，与广场舞一样风靡城乡。

走马灯 由五匹白马、一匹红马组成，白马中一人演女丑。马是用竹子扎成头、尾，表演者系上裙子，夹在马头、马尾中间，走动起来头尾摇动，如活马一般。表演时先列横队，随锣鼓节奏，按各自步伐跑起来，像绽开的莲花。红马是领队，演唱时唱最后一句逗乐，女丑搭白助兴。麦元村项家墩、项家湾在龙灯会表演的走马灯与众不同，特色明显，相传源自项橐，其表演技巧秘不外传。

推车灯 也叫推车赶会。扎一车形灯，一位姑娘站在车中走动，以假裙假脚置于车头，成坐车状，前面一丑角手拿一芭蕉扇，来回与姑娘调笑、打趣、对歌，后面一男子扮车夫，俯身向前，做推车状，很有风趣。

曲艺

道情 用渔鼓、筒板伴奏。表演者左臂斜抱竹筒，右手击筒底，常与筒板合用，以唱为主，以说为辅。有坐唱、站唱、单口、对口等表演形式。唱词又称道歌，与鼓词类似，曲白相间。演唱内容以言情戏文为主，有较多的劝世行善、因果报应的主题。常演的曲目有《湘子化斋》《方卿借银》《目莲救母》等，流传较广。中华人民共和国成立后，相声、数来宝、快板书开始传入鸦滩，道情渐少。

鼓书 又名打鼓书，是一种说唱兼有的曲艺艺术。演唱者一手敲鼓，一手用牙板打板伴奏，配合唱腔、道白，唱一段说一段，还伴有动作、表情。鼓书的内容多取材于当地民间喜闻乐见的历史演义、武侠、公案之类小说。新中国成立后，内容多以抗日战争、解放战争的英雄人物为题材的故事和小说。“文化大革命”期间，艺人们上半夜说革命故事，如《烈火金刚》《铁道游击队》《敌后武工队》等，下半夜说武侠故事，如

打鼓书表演（2018 年） 徐平波 摄

《杨家将》《三侠五义》《薛仁贵征东》《包公案》等。

说书人小鼓一敲便可演唱，方便灵活。乡村农闲时候有请艺人说鼓书的习惯。中华人民共和国成立后，办丧时多请民间艺人通宵说鼓书。多数艺人是根据故事情节自编唱词道白，看书行艺，少数不识字的艺人通过师傅口传，学会后行艺。2000年以后渐少。

器乐曲

流水调 鸦滩民间流行最广的器乐曲。以鼓、锣、小锣、钹、小钹 5 种打击乐器演奏，用途广，需要用锣鼓时都可用此调，容易学，男女老少均可演奏。曲调为：丈其冬其丈其冬其……丈，丈丈以丈以打丈打丈。

十番锣鼓 民间流行的器乐曲。有鼓、锣、小锣、钹、小钹 5 种打击乐器，另配唢呐、竹笛，演奏 10 种不同的旋律，节奏明快，声响热烈，可反复演奏。十番锣鼓多在清明祭祖、新春灯会等场合演奏。各姓氏、村庄之间的曲调大同小异，同姓氏的不同村庄之间的曲调也略有变化。

演奏十番锣鼓（2018 年） 傅小毛 摄

龙灯会

俗称出龙灯，相传源于盛唐，延至当今。20 世纪 80 年代后，由夜明灯改成日彩灯。在舞技方面也日臻精巧。龙灯会有花灯，规模较大，适合人口多的大村庄；打龙灯，适合有武术基础的村庄。

花灯

由主灯、老龙、硬龙、软龙、狮、兽、散灯组成，并配有锣鼓、唢呐等乐器。

主灯 俗名牌灯。形如神龛，内燃蜡烛，供奉财、禧、福、禄、寿星等。一般情况下，一条龙一个牌灯。执掌牌灯的是有影响、有地位的中老年人。

老龙 在鸦滩，老龙的形象有三种。一种是龙头、龙尾是硬龙形象，中间是用稻草做成辫，出灯时龙头、龙尾点蜡烛，中间插香火；一种是前半截是硬龙形象，后半截是软龙形象；一种是硬龙形象，只是头、尾与中间不连在一起，在舞的时候三节走在一起。

硬龙 一节一节用龙板（或称龙骨）连接起来，也称板龙。一般有 12 节，闰年 13

新春龙灯会（2018 年） 孙水生 摄

节。硬龙舞起来主要是在场地外圈相向地跑圈子，兼有控制场地、维护秩序的作用，也进行抢球表演。

软龙 一般是 7 ～ 11 节，常见为 9 节，每节之间用麻索作为“龙筋”连接起来，外面用白布作“龙皮”（现在出彩灯，市场有专门出售的彩色龙皮），再贴上“龙鳞”。旧俗中，用过的“龙皮”是吉祥物，“圆灯”时撕下来，送给独生子女。

狮子 花灯的狮子有两种。一种是狮子灯，与牌灯、龙灯属于一个类型。用篾扎成狮子头和屁股，中间是篾环，用绳索连接，再糊上纸，贴上“狮子毛”。每个龙灯队必有一对狮子。另一种是兽中的狮子，头和屁股用硬架子连在一起，其作用与散火相同。

散灯 俗称散火。内容丰富，种类繁多，主要有九兽、上中下八仙、二十四孝、天兵天将。形象有闻太师、张天师、李三娘推磨、桃园三结义、孔明祭东风、贵妃醉酒、昭君和番、唐僧师徒取经、观音送子、天女散花、嫦娥奔月、文王访贤等，慈灯、果盒灯、冲灯等；还有云、鱼、鸡、飞机、花盆等，又称小火。

乐队 主要是打击乐，有鼓、大锣、小锣、大钹、小钹、筛金、大鼓，另配有唢呐、笛子等，流行的乐曲是十番锣鼓。现在有的龙灯队还配鼓、号等西洋乐器。

表演 吃过早饭以后，由领队用小号或口哨发出集合号令，参与者即穿着整齐，在祖堂烧香祭拜后，由牌灯上前，龙、狮在后；散灯以八仙领头，九兽随后，在鞭炮锣鼓声中浩浩荡荡地逶迤而行。每到一村，必绕村一圈，游祖堂和住户，然后在操场舞灯，这是最热闹的时刻。操场中间是软龙舞四门、戏珠等表演，周围是硬龙、狮子跑圈，锣鼓喧天，鞭炮齐鸣，人声鼎沸，将龙灯会推向高潮。

打龙灯

又名狮子灯。适合中等规模村庄表演，一般只出 3 ～ 5 条龙，一对麻狮子，加一些小火，主要是狮子和武术队表演。

麻狮子 打龙灯的狮子叫麻狮子，是用篾扎成狮子头，再用麻做成狮子皮和狮子毛。两名舞狮者各穿一条用麻做成狮子毛的裤子，扮成狮子的四条腿，再将狮子皮披在身上，前面一个人两眼通过狮子口望着前方，后面的人跟着走。舞狮的动作主要有翻滚、起掌、伸腰、跳跃、登高等，有的地方还用方桌垒成塔形高台，供狮子登高、跳跃、滚角、直立；还有人狮共舞、人狮对打，如大刀打狮子、双刀打狮子等。

武术表演 表演项目有兵器，如单刀、双刀、大刀、剑戟、枪（长矛）、耙头、连夹棍、齐眉棍、九节鞭、钢叉等；拳术，如猴拳、太极拳、少林拳、岳家拳、杨家拳、长拳、四门拳等；杂技，如甩流星、抛叉等。表演形式有单打、双打、多人混合打。一招一式快捷有力，喝彩之声此起彼伏。

其他表演 有些大村庄还有表演队，包括划旱船、挑花篮、打连厢及各式各样的小唱。

旧俗 龙灯会有许多禁忌现在还流行，如“灯不往灯”“只进不退”，即龙灯走错了路，也只能拐弯或绕道。龙灯出了村庄，在路上行走时只打“催龙鼓”，即“咚咚嗙”，圆灯的时候要请道士作法事。

龙舟赛

龙舟赛俗称划龙船。《荆楚岁时记》说：“五月五竞渡，俗为屈原投汨罗日，人恐伤其身，故命舟楫以拯之，至今竞渡，是其遗俗。”鸦滩地处武昌湖梢，人们在端午节用划龙船的方式来纪念屈原，自古就有此习俗。蔡老爷庙前的武昌湖梢是龙舟竞渡的中心。

龙船 船身长、船体窄、两头尖翘、吃水浅、轻巧灵便的船只。在鸦滩多是由渔船装饰而成，也可通过“偷”（实际上是借）来筹备。民俗认为船被“偷”去做龙船是件吉利的事，尤其是新船被“偷”去做龙船是开张大吉的喜事，因此即使船主发现“偷”船之事（有的提前向船主暗示或明说了）也佯装不知。有时甚至出现今夜你“偷”我村的，明天我“偷”你村的，“偷”来“偷”去，斗智斗勇，互相取乐、逗趣。

龙舟队 一般由一个村庄或一个姓氏组成一支龙舟队。大村庄有时也同时组成几个龙舟队，望河村曹家八房屋曾组成 4 个龙舟队，一个自然村单独组织龙舟竞赛。每只船上配 8 ~ 10 名选手、1 名舵手（艄公）、1 名鼓手。桨手选择身强力壮、手脚伶俐的青年小伙子。划头桨的叫“头桡”；划二桨的叫“分水”，使力最大，人们认为能划二浆是很荣耀的事。掌舵的是有航船经验的中老年艄公，还有一名鼓手站立船头。龙舟队的成员比赛前须经过艰苦的训练，以达到协调一致、用力均匀、配合默契。

望江挑花制品《划龙船》（2017 年） 傅小毛 摄

比赛 端午节是赛龙舟的日子，一般有 4 支以的龙舟队参加。赛时各龙舟队将船精心打扮，安上精雕细刻的龙头、龙尾。水手们穿着整齐，头裹彩巾，举行“祭龙头”仪式后，分两边排开，同向并排坐在船舷两旁，各执一支短桨。号令枪一发，比赛开始，几条或十几条齐头排开的龙舟同时竞发。刚开始，各船齐头并进，你追我赶，赛程过半后便有落后的，临近终点，往往只剩下几艘龙船较劲，水上、岸上一片欢腾。冲刺的龙船把节日气氛推向了高潮。

民间工艺

鸦滩的雕刻工艺精湛，历史悠久，人才辈出，名闻遐迩。主要有两种，即木雕、石雕。

木雕 鸦滩的木雕主要有圆雕、浮雕两大类。广泛用于装饰祠堂、庙宇、祖堂、民居的斗、梁、枋、柱及杉棂等，装饰室内的床、柜、梳妆台、镜架、桌、椅、茶几、画几等木制家具、用具。

木雕师傅是从木工中分离出来的。手艺稍微好一点的木匠都会一般的木雕，也有专

木工师傅都会一般的雕刻（2017 年）　傅小毛　摄

檀香木雕作品《佛》（2017 年）　傅小毛　摄

业的木雕师傅。域内祠堂、庙宇众多，装饰得富丽堂皇，不同风格的木雕艺术汇集，促进木雕艺术的繁荣和发展。木雕的代表人物有胡翠庭等。

古炉村金家新屋金今红于 1994 年赴浙江东阳学习木雕工艺，师承东阳著名的木雕工艺美术大师黄小明，专攻竹木根雕创作，对传统手工雕刻颇有研究。代表作品有《渔翁》《八骏》等，多次参加省、市级竹木根雕创作工艺品比赛，获浙江省工艺美术优秀作品奖和宁波市根雕工艺品最佳创作奖。曾被邀请到中国台湾、香港地区和日本等地参加根雕刻艺术工艺品展览会。

葛林村胡家下屋胡亮庭、胡情红，南山村张家嘴张毛头，望河村的甯自强在木雕领域也很有成就。

石雕

鸦滩的石雕主要用于祠堂、庙宇、祖堂的装饰和墓碑。常用的石材有花岗石、大理石、青石等。鸦滩祠堂众多，石雕精美。主要有石狮、石鼓、基座等。

石狮　祠堂门口都有石狮，体态造型不一，有站、蹲、卧等。石狮雕刻手法以圆雕、浮雕、镂雕为主。封建社会祠堂门口狮子的大小、安放的位置是由该祠堂所供奉人的功名、官阶大小而定。鸦滩凤栖山王氏有三位进士，王瑞是“正色立朝”的御史，因此王氏宗祠的狮子有 2 米高，离祠堂门有 4 米多远。

石鼓、基座　石鼓有安放在祠堂大门前的大石鼓、安放在门两边的门鼓和一般装饰的石鼓。基座主要作用是承放立柱、石鼓，一般都雕有花鸟虫鱼作为装饰。

鸦滩从古到今都有安墓碑的习俗。制作墓碑的石料以大理石居多。一般采用沉雕。

清代石雕狮子（2017 年）
傅小毛 摄

曹中明扎走马灯（2017 年） 傅小毛 摄

石料经平面加工抛光后，描摹图案、文字，然后依图刻上线条，以线条粗细深浅程度体现立体感。碑体上所刻文字，楷、行、草、篆、隶、魏碑体都有，以隶、楷居多，并伴刻纹饰。碑座、碑盖多雕刻纹饰、鸟兽、花草、吉祥物。

纸扎

纸扎是以竹块、篾条、木棍为骨架，用纸绳（民间称为“纸捻子”）固定，用狗皮纸、彩色的纸帛糊裱，并略施彩绘的民间工艺。鸦滩的纸扎物件种类主要有神品、冥品和文娱用品等。

神品 鸦滩自古有出龙灯的习俗，每到下半年，纸扎艺人为制作龙灯、狮兽、祥禽和彩灯日夜工作。名闻怀宁、太湖、望江三县的曹中明是纸扎艺人的典型代表。

曹中明，1928 年生于枫岭村曹家湾，12 岁到戴家畈拜纸扎高手曹状桃为师学艺。出师后，又跟随师傅学习磨炼十余年才单独立业。他扎的龙灯、飞禽走兽，无不栩栩如生。特别是走马灯，别具一格，灯里面火一亮，气冲着灯的外围迅速旋转。他扎的龙灯既高大又威武，活灵活现，表现非常敏捷灵活，曾在安庆市、怀宁县、太湖县的龙灯比赛中获一等奖。他给望马楼村曹下墙屋扎的龙灯，几位台胞探亲时还用摄像机拍下，带回台湾让亲人们欣赏。

冥品 多用于丧事民俗活动。艺人们有的在家制作，有的在集镇上开店制作，以中老年人居多。2018 年年底，麦元、码头、鸦滩、古炉街上有 11 家经营纸扎冥品的店铺。

风土民情

鸦滩古为“楚头吴尾”，民间多沿袭楚俗，间杂吴风。居民历来“率性真直、轻商重农”，民风淳朴。中华人民共和国成立后，人民生活在居住、饮食、服饰等方面都有较大的变化，仍保持着俭朴、勤劳、敦厚的传统美德。一些陈风陋俗已逐步被淘汰，形成健康文明的新风。

鸦滩西部方言与太湖县相近，东部方言与县内高士镇相仿，与城关话在音值上略有差异，但同属皖西赣语系，不影响交流。

鸦滩的土特产品有曾作为贡品的麦鱼、名闻遐迩的“小粒红”花生、香茗山茶，传统食品有“米烂”“板糖”等。改革开放以后，随着经济发展，食品种类多样化，人们生活水平空前提高。

生活习俗

饮食习俗 新中国成立前后，鸦滩人的主食以大米为主，辅以大小麦、山芋、蚕豌豆、玉米、荞麦、高粱、绿豆。大部分人家一天至少要吃一餐稀饭，晚餐为少许剩饭或杂粮。沿河村庄冬季吃两餐，夏季吃麦米饭，小麦做拖尾子粑，秋后吃山芋，力求吃饱。农家自制副食品有米籽糖粑、山芋角、三合粉。农家蔬菜品种少，饮品也仅有茶、酒、糖水，比较单一。本地水果极少，只有毛桃、米枣、糠巴梨。

20 世纪 80 年代后，农村粮食充裕，开始讲究吃好。自种蔬菜品种逐步增加，大棚种植使蔬菜市场四季供销两旺。本地大量种植柑橘、李子、板栗等，外地运进的香蕉、杧果、菠萝等水果应有尽有。

进入 21 世纪，生活追求精细、营养、健康。各种食品进入农家，档次越来越高。

当代农家（2017 年） 傅小毛 摄

服饰、发型

服装 清末，男穿土布对襟褂，女穿满襟褂，均穿抄腰裤或系带裤。男装以黑、青、蓝、紫色为主；女装多红、绿等色，间有白底蓝花或蓝底白花布（印花土布）。富有人家穿长袍马褂，冬穿毛皮袄，夏穿丝绸服装；贫苦人家，鹑衣百结，甚至衣不蔽体。1980 年以后，多使用化纤、毛呢布料，男的以穿中山装、西服为时髦，女的以穿蝙蝠衫、健美裤为俊俏。2000 年后，服装式样多变，花样翻新，多以时装为主。

鞋帽 民国初年，男系老布巾，夏天戴麦草马口帽，冬天戴马虎帽，穿布鞋或草鞋。雨具有斗笠、蓑衣、油纸伞和油鞋、木屐。女系游花首巾，或银鱼丝首巾，穿绣花鞋、胶鞋，老年人裹黑包头。1980 年以后，流行毛线帽、太阳帽，拖鞋、高跟鞋等。进入 21 世纪后，鞋帽品种不断更新换代，讲究品牌与美观。

发型 清末，男梳长辫，女梳高发鬏。民国初年剪辫，男蓄平头、满头、分妆头或和尚头；妇女改高鬏为巴巴鬏，小姑娘扎长辫。20 世纪 70 年代至 80 年代，开始流行烫发，少数女孩蓄披肩发或剪“学生头”。90 年代后，流行染发。2000 年以后，少数男孩也开始蓄发、染发赶时髦。

首饰 儿童戴八卦钱、长命锁、响铃镯、项圈，一般为银质，富有之家多为金质。20 世纪 80 年代，男女都时兴戴手表。90 年代后，金戒指、金项链、金耳环开始风行。进入 21 世纪，女性从戴金银首饰到讲究戴玉石玛瑙首饰。

居住

房屋 旧时，鸦滩民居以集居为主，一般为“挑厢搁水、四巷通头”的土坯小瓦房，低矮、潮湿、阴暗、挤窄、不通风。人均占有面积在 8 ～ 10 平方米。到 20 世纪 70 年代末，变化不大。80 年代开始通电，大部分农户将土坯房换成青砖大方脚，小巷道改成小街道，墙上开窗。90 年代，部分农户建砖混结构楼房，门前留院子。同时安电灯、电话，购置电视机、电风扇。进入 21 世纪，按照整体规划，整体搬迁，建成整齐的楼房，街道宽阔整洁，水泥路面，两边有下水道、绿化带，村庄前面建广场，中间建花坛；或在老屋基上改造，拆除不符合规划的老、小房屋，让开道路，楼房重新装修；或改建新村。

陈设 新中国成立前，堂屋摆画几、方桌、靠背椅，壁上挂中堂，富有人家在画几上摆古玩和祭器，贫苦人家摆一张桌子、几条长凳。内房讲究暗，房内有苏式大花床或耙程床、梳妆台、叠橱。困难的人家有连柜，既可当铺睡又可装粮食或衣絮。厨房搭平

居民小院（2017 年） 傅小毛 摄

头锅台，烧茶是用马罐、茶壶、汆子。新中国成立初，家家堂屋贴毛主席像和“听毛主席话，跟共产党走”的对联。“文化大革命”期间，堂屋增设“宝书台”，内室有架子床或工人床、两面橱等。进入 21 世纪后，堂屋挂中堂、对联，摆茶几、沙发；内室有高低床、书橱、沙发、彩电、冰箱、空调等，地面铺设地板砖或木地板；厨房安装抽油烟机，瓷砖锅台，有液化气灶、微波炉，通自来水。一般农户都内设卫生间，并有浴室，置热水器、洗衣机。

寻常百姓家（2017 年）
傅小毛 摄

出行 民国时期，出外旅游水上坐木船，长途坐帆船，陆上靠步行。老年人和中年以上妇女靠独轮车，前面用人拉，后面用人推。一般官绅坐轿或软篼，少数武官骑马。解放后，交通逐渐发展，50 年代末，水上有小轮船，陆上有少量自行车、货车、加篷代客车、大拖拉机、小吉普。60 年代，水上开始有机帆船、大轮，陆上有客车。70 年代末，自行车较普遍。80 年代，有三轮车、摩托车。90 年代，开始有面包车、摩托车、小轿车。进入 21 世纪，短途可自驾摩托车、电瓶车、小轿车，长途乘中巴、大客、高铁、飞机等。

民间信仰 鸦滩人崇拜自然，部分信仰有迷信色彩。旧时，多数人家都供奉“天地君亲师”牌位，每个祖堂都将此牌位置于祖堂上重中央，逢年过节烧香祷告。遇有争执难解之事要对天发誓；受到冤屈，祈天解救；庄稼收成好坏、生意赚钱亏本，都归自天意；举行大礼，如婚礼、还年[①]等都要先拜天地。一般村边道旁都建有土地庙、山神庙，庙里都供奉着土地公、土地婆，乡民每逢朔、望或节日都要到庙里烧香。为防止人畜侵害庄稼、毁坏山林，都将禁令挂于庙前。如遇瘟疫流行，还到庙前扎禁钉牌，因此“土地老爷”也叫“禁老爷”。

鸦滩人认为龙王是治水的尊神，旧历书、年图上都推有本年几龙治水，河边、湖边都建有龙王庙。古时，天不下雨，农村老百姓到龙王庙烧香求雨，或到河边、湖边烧香求雨，或在水码头设祭求雨。乡民认为雷电是雷公电母在发威，要惩罚坏人。如有人触雷电，就说这人良心变坏了，做了亏心事，遭到天庭的惩罚。许多家长都教育孩子要孝顺，不能犯上，免遭雷打头。

当山洪暴发时，人们认为是“起蛟”。传说蛟是一种像龙的爬行动物，经过长时间修炼变成蛟（龙的一种），会趁暴风雨从土里冲出，游入大海飞上天庭，叫“起蛟”。

自古人们习惯上把地震叫作“鳌鱼换肩”，称龙卷风为老龙受罚挂尾，称为“龙挂尾”。

禁忌 鸦滩人每月初一、十五，忌到别人家讨账、借东西，忌说不吉利的话；除夕夜吃席饭外人不参加，不能打碎碗碟等物；除夕夜每间房内灯火不能熄灭。忌下午探望

---

① 还年：民间农历腊月三十日（月小为二十九日）举行的祭拜天地祖先仪式。傍晚，在堂轩香案上陈列酒茶、猪首、鲤鱼、公鸡及其他副食品，点红烛，烧香纸，跪拜天地、祖宗，礼拜结束，鞭炮齐鸣。过去都是一个村庄或一个姓氏、一个房头集体进行，现在也有的村庄是一家一户进行。

病人，抬病人忌头朝前；长辈去世一月内，小辈忌穿花衣、花鞋，孝子49天内不理发，3年内不结婚，三年春节不贴红纸书写的对联。到别人家做客吃饭，筷子不能架在碗上，狗肉不能在锅台上煮。正月初三以前家里不能扫地，不煮生东西。

生产过程中，挑粪时不能泼掉粪，如果泼掉粪，要化百家米做粑，化七姓水洗澡；挑油时，忌泼掉油。

岁时节俗

春节 正月初一，俗称“大年初一”。子时开门叫“开大门”。长辈率子孙根据历书推定的时辰方位，带着烟酒点心、鞭炮礼花按“房头”（也有的按村庄）集中烧香放炮，喝酒吃点心，互相庆贺，叫作“出天方”。天亮以后，父辈带着子女开始拜年，先拜堂轩祖宗，再拜本房或邻居长辈，然后拎着糖糕，按亲戚辈分的大小顺序相互拜年。进入21世纪后，电话、手机短信、微信拜年成为拜年的新时尚。

上七日 正月初七，据传是人类的生日，古代称为“人日”，也有的村庄（鸦滩村董家大屋）在这一天过“小年”。傍晚时放鞭炮，叫“驱毛狗”，意在驱逐黄鼠狼、狐狸等野兽，以保鸡、鸭、鹅等家禽兴旺。

望江挑花制品《正月十五闹元宵》（2017年）

傅小毛 摄

元宵 正月十五日，将过年剩下的食品全部吃完，有“元宵元宵，鱼肉粑消，如若不消，馊成一包糟”之说。这天晚上，要吃汤圆，也叫吃元宵。有龙灯的村庄必须把龙灯玩一场以后，到河边烧掉，叫“圆灯”。

花朝 二月初二。封建社会，乡村大多将这一天作为童养媳圆房（结婚）之日，曾传有“童养媳，你莫焦，不是腊八，就是花朝”之说。此习俗现已无存。

上巳 三月初三，又叫“鬼节”。用小蒜加碎肉混合为馅做米粉粑，叫作“打鬼粑”。人们白天到野外踏青，晚上回家吃粑。旧时这天，老农到田间听蛙声以判断收成丰歉。

清明 清明前十天，鸦滩人就开始上坟祭祖，前一个清明之后葬的坟必须提前在春社日之前祭，旧俗有“新坟不过社”之说。清明公祭以房头或姓氏集中进行，要抬方箱、杀猪、驮清明旗、打十番锣鼓进祠堂。首先祭一世祖和公祖，再办宴席，叫“喝清明酒”。解放后，此俗渐止，改革开放之初有所恢复，进入21世纪又渐少。清明私祭则各户或“五服”之内亲房单独举行，带鱼、肉、豆腐、饭、汤粑、茶、酒及香纸、鞭炮到祖坟前奠祭。清明节前一天为“寒食节”，禁烟火，不扫墓。新中国成立后，机关学

王氏宗祠（2017年） 傅小毛 摄

清明节为烈士扫墓（2016 年） 李平 摄

端阳节插艾（2017 年） 傅小毛 摄

校等团体组织干部、职工、学生到孙敬纯等烈士墓前敬献花圈，缅怀革命先烈。

端阳 农历五月初五，又叫“端午节”。清晨，家家大门两旁和其他门头插上青艾、菖蒲。有的大门上贴用表芯纸写的避邪诗。旧时，学生在这天要给先生送礼。现在女婿、外孙要给岳父母、外公、外婆送“端午礼”，礼品为酒、肉、蛋糕、绿豆糕、糖、饮料等。小孩穿新衣，佩香袋、八卦、布猴子；幼儿系老虎围嘴，穿虎头鞋。早上吃鸡蛋糕、绿豆糕、角酥、五香蛋、粽子、发粑。中午吃大蒜头，喝雄黄酒，把雄黄酒涂在小孩身上。在河里举行划龙船、抢彩头等活动。

中元 农历七月十五日，俗称“七月半”。下午，家家带着“福礼”、香纸、冥票、鞭炮上坟烧香祭祖。有的还要在十字路口画上留口圆圈，在里面烧香，以祭奠远祖。

中秋 农历八月十五日，又称“团圆节”，是家人团聚的日子。旧时，学生在节前要给先生送礼，现在

戏迷俱乐部到敬老院演出（2017 年） 徐平波 摄

女婿、外孙要给岳父母、外祖父母送“中秋礼”。鸦滩人在中秋节要吃糯米汤圆，意为团圆。晚上，全家人聚在院子里吃月饼、板栗、苹果，喝茶，赏月。

重阳　农历九月初九，此日有登高的习俗，多吃糯米饭加黑芝麻做成的“黑糍粑”，叫“穿虎皮袄”，意为秋天将尽，寒冷将至。有“过了重阳无时节，不是风来就是雪”的俗谚。1989年起，鸦滩每年都要举办各种话会，机关学校人员还携带礼品到敬老院和孤寡老人家进行慰问，并帮助解决实际困难。

接祖宗　农历腊月二十四日，各姓（鸦滩何姓于二十五日早晨）都要举行“接祖宗”的仪式。上午将祖堂收拾整齐，供奉好祖宗牌位，傍晚托上“福礼”、茶酒、香纸，放鞭炮。

除夕　农历腊月最后一天晚上叫“年三十夜”“除夕”，是一年中最隆重的节日。下午，家家户户上坟祭祖，然后贴门神、对联。傍晚，各户所有房间灯火通明。“还年”以后吃席饭，菜肴非常丰盛。开饭时，按长幼秩序入席，再放鞭炮开席。晚辈首先向长辈敬酒，长辈给晚辈发红包，叫“压岁钱”，之后各辈互敬、老少互敬，气氛温馨和谐。一般鱼留着不吃，叫“年年有余”；鸡爪叫“拿钱爪”，给青年人吃，寓意会挣钱。席间不喝汤，饭也没有米汤，寓意一年好运，做生意能赚钱，不“泼汤”。吃过席饭后，人们到堂屋烤火，互相祝福。现代年轻人时兴打麻将、打扑克。亥时刚过，待堂轩开过大门后，各户燃放鞭炮、礼花，迎接新年。晚辈马上向祖父母（含亲房）、伯叔父母拜年。家主一般通宵不睡，叫“守岁”。

送祖宗　正月初四（有的村庄于正月初三）傍晚（有的村庄在清早），男人们托着“福礼”到祖堂去烧香，放鞭炮“送祖宗”。旧俗，“送祖宗”前不煮饭，吃剩饭，叫作“有吃有余”。

民间祭祀的主要场所——堂轩（2017年）　　傅小毛　摄

民间礼俗

礼语 鸦滩人与人交往时注重礼节。称呼人礼貌亲切。邻里乡亲，晚辈称男性长辈为“老爹爹”，称女性长辈为“老奶奶”；平辈之间，男性称兄道弟，女性以姐妹相称；长辈称男性晚辈为“老弟”“毛（小男孩）”，称女性晚辈为“妹”。非亲戚之间交往讲究“一回生，二回熟”，一般按身份、职业来确定称谓，如称文化人为“先生”，称商人为“老板”，称工人为“师傅”，称干部和军人为“同志”，称农民为“大哥”等。现时称中、青年男性为“帅哥”，称女性为“美女”。称他人亲属一般加“尊”“令”“老”“贵”等敬辞，如“尊嫂”“令弟”“老先生”“贵夫人”等。向别人称自己亲属时一般加“家”“舍”“小”“贱”等谦辞，如“家父”“舍妹”“小儿”“贱内”等。

鸦滩人讲究“过堂为客”，见面问好，一般说“吃了吗”“到哪里去”“从哪里来”“进来坐一会”“喝碗茶”。客人来时，递烟、倒茶、炒瓜子，并留客吃饭。就餐时，请长辈或年纪大的人居首席（东边上座），其余推围就座。喝酒时，以客人为中心，敬酒不停。客人走时，主人送客出门外，连说“多有怠慢，吃饭没菜，酒没喝好，莫嫌弃，下次再来”等客气话。

婚嫁

封建时代，听从父母之命、媒妁之言，包办婚姻较多。民国时期，有纳妾、童养媳、等郎媳、买卖婚姻、抢亲、冲喜、守寡、招夫养子、招亲换亲等形式。新中国成立后，颁布婚姻法，提倡婚姻自由，革除陋习，婚嫁程序简化。改革开放以后，婚嫁程序又开始增多，互相攀比、索取彩礼之风有所抬头。

订婚 男女双方同意后，媒人陪男方家人到女方家送礼，叫“认亲”，也叫“小事礼”。认亲后，双方关系已定，男方请女方“过门”，公开来往。迎亲前，男方家向女方家送一份厚礼，叫“订婚礼”或“大礼”，主要是肉、糖、糕、衣物等，20 世纪 90

年代后加“三金”（金戒指、金耳环、金项链）和衣物、数万元不等的礼金、数千元不等的垫箩礼。女方家要回送花生、红枣、红壳鸡蛋等接物[①]及男子鞋袜、衣帽等，适量回赠糖糕、礼金。女方家还要将庚帖连同回赠礼物交媒人带回男方家，男方可以择日迎亲。

出嫁　姑娘出嫁，娘家要置办嫁妆，嫁妆薄厚不等，薄者有箱柜、盆桶、衣被，厚者加有金银珠宝。出嫁前，女方亲友要送姑娘一些衣物或布料，陪姑娘坐坐，交代一些做媳妇的规矩。出嫁当天早晨，男方要用轿、推车迎娶新娘，现代用轿车迎娶新娘，女方家要办酒宴招待亲朋好友及男方接亲的客人。吃过早饭，请子女双全的长辈替出嫁姑娘穿衣，亲娘哭嫁，女方家人将嫁妆搬到门外，有的还要送一段路，由兄弟把姑娘驮出门上轿或上车，放鞭炮欢送。

迎新娘　接新娘的车轿到新郎家后，新郎家放鞭炮，先后迎接新娘、贵客，此时新郎与家人回避。新娘车轿到祖堂门口时，新娘下车轿，由牵娘牵至祖堂，焚香放炮，祭拜天地祖先。再由牵娘搀扶新娘进门入洞房。新娘洗脸后，毛巾交给新郎擦脸，再让全家人擦脸，叫“洗和气脸”，表示一团和气。然后一家人见面，新娘坐上床桯，厅堂宴请宾客。午宴后，娘家客人到新房与新娘告别，送郎舅交钥匙，新郎、新娘送客。入夜闹新房，不分老少尽情嬉戏。三天后，新郎、新娘回娘家，叫“回门”。

生育

20世纪70年代实行计划生育后，重视优生优育、母婴保健。旧时重男轻女、多子多福的观念不断淡化，一些陋习逐渐消失。

报喜、洗三朝　头胎孩子生下后，无论男女，都要备办礼物到岳父母家报喜，叫“望喜”。现在生二胎也报喜。孩子生下第三天，大人和小孩都要用艾水洗澡，叫“洗三朝”。亲戚要祝贺，送肉、面、糖、补品、小孩衣物，有的还给“见面钱”。当天，本房或本屋要送“三朝面”，即每家一碗糖面，现在都用方便面代替。同时，办“三朝酒”招待客人。

做家婆、送月子礼　孩子出生第二天，岳母家首先送孩子的衣服、被条及摇床，送清炖老母鸡，给见面钱叫“做家婆”（即做外婆），外加糖、面、鸡蛋、补品、肉等礼品，叫送月子礼。外孙家回赠礼品，给外公、外婆一套衣服等，叫“回箩”。

做满月、做周岁　孩子满一个月，妈妈要抱着孩子到娘家吃“满月饭”；家里要办“满

---

① 接物：方言。指在婚育喜事中，受礼的一方回赠给送礼的一方的礼品。

祭梁（2017 年） 徐平波 摄

月酒”宴请宾客；中午把孩子抱到堂轩烧香祭祖，叫“做满月”；有些地方还做“满月粑”。孩子周岁，亲友要送礼祝贺，礼物有衣料、玩具、钱等。孩子还要在祖堂内“抓周”，即在桌子上摆放笔、本子、书籍、算盘、糖果、玩具等让孩了抓，预测孩子将来职业。2000 年以后，此习俗渐淡，代之以拍摄“满月照”“百日照”“周岁照”等照片、视频以示纪念。

做屋上梁 建新房要择吉日良辰迁基、起首（首次开工），选吉日上梁。上梁时，梁上要披红挂彩，瓦木匠要“祝梁”“叫彩”；要散发粑，寓意发家；要放鞭炮，撒糖果让大家抢，抢的人越多越好。上梁当天必办盛宴，亲戚朋友要贺喜、送礼。如建祠堂、祖堂，则上梁仪式更隆重，梁上要画太极、画龙，上梁时，要先暖梁、迎梁、祭梁，再按时辰上梁，造主要“接宝”（即发粑），宴席也更丰盛。

丧葬

鸦滩人认为“亡者为尊”，治丧大多沿袭古礼，现代略有简化。

摊门板 人死后，解下帐子，搭起门板，将死者摊在其上，面蒙草纸，在门板前点“头灯”，摆一碗饭，叫“头灯饭”，饭上点香，供上一只公鸡，叫“引路鸡”。亲人在旁烧纸钱，子女日夜守护。

入材 即“入棺”。入棺前 在堂轩门口铺好“下床草”，将旧鞋、香纸、轿马（报马）放在上面焚烧，亲人戴孝跪拜。然后，孝子把死者外衣披在身上，到吃水塘烧香取水，给死者净身、洗脸后再穿衣。穿着完毕，用晒筐遮顶抬到堂轩，孝子抱死者头，用沉布将死者沉入棺中，仰面平放。四周委以石灰包，再以两端系铜钱的红线自棺头正中牵至棺脚正中线，正对死者鼻梁，谓之“分经”。“分经”后，覆以“盖面巾”，随即盖棺。四角点四盏香油灯，棺下倒置斛子上点一盏灯，谓“五方灯”。摆“头灯饭”“引路鸡”“点头灯”“安灵牌”，死者亲属穿孝服或戴拖袱在两旁守候。死者入棺后开始“关灯”。“五方灯”燃半日一夜，“十方灯”燃一天一夜。现在都做“羊角斋”。意外死亡的要“架炼”，在外地死亡的要“引灵上堂”。2014 年 6 月 1 日起，政府实行火化政策，死者入棺程序省去，改用骨灰盒。

受奠 入棺后，堂上设置灵位，摆设香案接受亲友的追悼，孝子披麻戴孝，在棺侧守灵。凡有吊客登堂拜奠，孝子必跪伏棺左右答礼，吹鼓手奏哀乐迎送。账房给吊客撕白拖袱（或白帽子）以表悼念。

出殡 俗称出丧。出殡时，鞭炮开路，八人抬棺，孝子或亲人在两旁用肩扛手托，抬起棺后，堂轩移开桌子，推倒长凳，摔碎头饭碗（头灯碗），棺前由专人散买路钱，经过亲友门前，遇有设置香案路祭的，孝子要下跪答礼，出殡至选定场地停棺，要将带给死者上代的纸钱袋一并火化，叫“烧箦”（有的地方把棺材抬到堂轩大门外用两条长凳停住，道士做法事），“烧箦”时要烧轿马、灵屋，孝男、孝女全部跪拜。等“箦”烧尽，随即将棺材抬到厝地或埋葬地。

葬坟 把停放三年以后的棺骨埋入土中，称“枯葬”，当时葬的叫“血葬”，堆成坟包叫葬坟。葬坟前先看地择日，选定吉时开土下肂[①]，下肂前先“暖库”，即将送葬人吃过的暖库面、汤粑、萝卜酒入圹中，烧黄草、芝麻秆加纸钱“暖库”。下肂后填土垒坟，竖碑作永久纪念。

复三、祭扫 不论厝柩、葬坟，第三天要去祭奠，叫“复三”。葬坟后，每晚要送“烟包”至坟前，连续三晚，烟包是用死者铺床草编成草辫，按死者年龄，一岁编一个结，由孝子送、烧。人死后，每七天要烧一次香，有的还要请道士做法事，叫“荫七”。“五七”由孝女主祭。一百天、一周年，家人要上坟烧香，乡俗有“男望周年，女望百日”之说。之后随时节祭扫。

火葬 新中国成立后，机关干部、教师等公职人员死后多不用棺葬，送火葬场火化，骨灰取回开追悼会。2014 年 6 月 1 日起，殡葬改革，实行全民火葬。

寿庆 人们每到生辰，都要吃面条、鸡蛋，叫“过生日”。小孩 3 岁、10 岁和成人 20 岁、50 岁有举行庆贺，接受贺礼，宴请亲朋的，但不普遍。年过花甲的老人，逢整十岁数做寿（也有提前一年或滞后一年的），亲友送寿礼，礼品一般是寿糕、寿面、寿

---

① 下肂：方言。将棺木或骨灰盒放入事先挖好的土圹中的过程。

衣，有的加寿联、寿匾、寿幛，也送礼金的。一般“做九不做十”，即做虚龄实诞。

宴请

鸦滩自古至今尚礼、好客，凡婚嫁、丧葬、生育、做寿、建房、升学、参军，都要备办酒席宴请亲朋好友。酒席名称以筵席目的、内容命名，如“新婚喜宴”“谢师喜宴”“华居落成庆典”“家父八十寿辰庆典”“家母耄耋寿诞庆典”等。随着时代进步、社会发展，旧的习俗逐步被淘汰、简化。但在宴请宾客时，还是十分隆重，也很讲究礼俗。

送帖 请客之前，先下请帖，派执事人分别登门“说讯”。如果首席人不赴宴，必在请帖自己名字下签注“敬谢”，如赴宴则签上“敬陪末席”。其余陪客只需签注“敬陪”或“知晓”。在婚嫁中，如请娘家人，必先开名单，再下“全柬”，即亲房每家一人，每人一份，再加“合屋”或“合族”一份，以免“失礼”。旧时必用毛笔竖式书写，外加封套，现代普遍为印刷、装饰精美的请柬，按格式填写。

席次 鸦滩宴请惯用方桌，也叫“八仙桌”。每桌十人，左右各两人，上下各三人。以大门方向为标准，进门右上前方，坐堂右上方为首席，也叫东角一席；一席对面为二席，一席下首为三席，三席对面为四席，上边三席从右至左为五、六、七席，下边三席从左至右为八、九、十席，十席为末席，为主人或受主人委托执酒壶者的座位。圆桌则以进门上方正中间为主席，然后左右依次往下排，主席对面为执酒壶者。在同一房间或餐厅内，进门右上方为第一桌，坐辈分最高或最重要的亲戚；左上方为第二桌，安排仅次于第一桌的客人；第三桌、第四桌客人，可以随便一点；再下为第五桌、第六桌，多为晚辈就座。

敬酒 客人全部入席坐定以后，开始鸣炮放礼花，上第一道菜，表示已开席，执酒壶者按席次向客人斟酒，然后先敬首席客人酒，说：“先敬您一杯，请。”客人马上起身端杯说：“坐僭了。”主客敬酒后，陪客者也依次敬酒，然后主客再相互敬酒。结婚酒席上，新郎、新娘由家长领着，用托盘托着酒壶，按桌次分别敬酒。旧时，一席、二席的客人要给红包回礼。丧事酒，孝子要按桌次先后跪拜敬酒。20 世纪 80 年代以后，升学酒也由家长领着录取的学生敬酒。此俗各自然村不完全相同。

圆席 酒席进入酒酣菜齐时，主人执酒壶到各席陪酒，并说：“承蒙诸位光临，没有菜，对不起。”客人全部站起来说：“大家来个满堂红。”门外开始放鞭炮，叫“圆席”，也叫“收席”。有些村庄，一般干鱼最后上，表示菜已全部上齐，即将“收席”。于是先放碗者双手执筷说："请慢吃慢喝。"然后离席。其他人随后也纷纷离席。

生产风俗

农业

开秧门 每年第一次拔秧叫"开秧门"。古时必须请拔秧者喝"催秧酒"，然后到秧田边放鞭炮。此俗已不存。

插田时，一日三餐必办鱼肉酒，外加早茶、中茶，早期是鸡蛋，后改吃粑。现代吃水果、鸡蛋糕、饼干，喝饮料，酒饭更丰盛。

糊仓 插田最后一天插秧田，快结束时，插秧者首先向东家身上糊泥巴，然后互相糊泥巴，叫"糊仓"，意即已把稻关在仓里。糊仓是一种祈求丰收的习俗，现基本消失。

拔秧（2017 年） 傅小毛 摄

插田（2017 年）　傅小毛　摄

稻田直播（2017 年）　傅小毛　摄

吃辛　每年农历五月、六月间，稻棵抽穗，丰收在望时，选择“辛”日[①]，买鱼买肉大吃一餐，叫“吃辛”。这天，农民抽回稻穗，插在供饭上，陈列“福礼”（福食），上香拜谢天地祖先。此习俗现已消失。

装府粪　旧时安庆府（城）内以灶灰为主的垃圾，城里有人将其收集成堆，置于江边渡口。人们把这些垃圾叫作“府粪”，把装运这种垃圾叫“装府粪”。鸦滩的农民从安庆用船把这些垃圾运至码头桥旁的码头，再用小推车运往各地作肥料。新中国成立后，此俗消失。

渔业　鸦滩沿湖地区旧时渔业习俗有：“贴河”，渔户租包河湖水面，给租金。“下季脚”，即鱼贩向渔户交定金订购销售鲜鱼。“抢网”，各家渔网集中放在一起，先烧香，然后各自抢出渔网下湖，叫“抢网”，以最先下湖为吉利。“做鱼福”，渔户请道士做“平安”祭拜河神。现河湖水面已为国有，此习俗消失，改为签订承包水面养鱼、养虾、养蟹等合同。

工商业

开张　新店开张要选择良辰吉日，张灯结彩，放鞭炮、礼花，待吉时一到即挂上招牌。亲友到店恭贺，店家办酒宴招待。现代是举行剪彩仪式。被邀请单位要送匾额，开业单位要赠送纪念品，举办宴会或庆祝活动。

---

① “辛”日：在古代干支纪日法中，逢辛的日子叫作“辛”日。

打铁（2017 年） 傅小毛 摄

记者采访纺纱（2012 年） 鲍国华 摄

织布（2017 年） 徐平波 摄

土布（2017 年） 傅小毛 摄

学艺 工商业的学徒皆为三年出师，三年之中“有吃无工”。手工业学徒还要办拜师酒，写投师纸，强调“风寒雨湿，师傅概不过问”。学砖瓦工还要在投师纸上添加“登高落地，自行负责”。现代用合同代替投师纸。

纺纱织布 旧时，鸦滩农村男女老少都善于纺线，大部分农家都有织布机。所织之布有“穿布”“卖布”“孝布”之分。土布规格一般每匹长约 10 米，宽约 0.5 米，俗称“老布”。做外衣、棉衣时可染成青色、蓝色、黑色，做被套、被面时可染成印花布。还用黑白或蓝白线织成“色子（骰子）点”“骨牌”“银鱼丝”长条或“宽格”布。现在农家纺纱织布已不多见。

方言

鸦滩镇方言比较复杂，没有一个完整的体系。既与县内长岭、高士（俗称河南、河北）话相仿，又与怀宁、太湖话相近，且口音较重，属望江独特的后山话。

发音特点 一是声母中翘舌音少，多将翘舌音读成了平舌音，例如 chāi 读成 cāi，shī 读成 sī，shān 读成 sān，zhī 读成 zī 等。

二是韵母中后鼻韵母难读，大部分后鼻音都读成了前鼻音。例如 xīng 读成 xīn，shēng 读成 shēn，yīng 读成 yīn 等。

三是平声读成上声、去声。例如 cāi 读成 cǎi，zhī 读成 zhǐ，pī 读成 pí 等。

四是声母之间、韵母之间、声韵之间错读。例如 jiā 读成 gā，jiǎng 读成 gǎng，xià 读成 há，zhǔ 读成 jǔ，chī 读成 qí，lái 读成 lēi，qù 读成 qí，zǔ 读成 zǒu，zuǐ 读成 jǐ 或 zěi 等。

五是有无法用汉语拼音拼读的音节。

使用习惯 新中国成立后，外出务工经商人员增多，许多方言读音改变，中青年人大多说普通话，仅老年人讲方言。把、被错用，例如稻把牛吃脱着；酒、水、茶把我喝脱着。

鸦滩方言与普通话对照表

表 14

类别	方言	普通话或方言释义
称谓	公公	曾祖父
	婆婆	曾祖母
	大大、父哇	父亲
	妈妈、姨、嫒	母亲
	伯伯	伯父
	代伯、代大	大伯父

续表 14

类别	方言	普通话或方言释义
称谓	二伯、二大	二伯父
称谓	的大、嫩大	小叔父
称谓	嫲嫲、代妈	伯母、大伯母
称谓	婶婶、的娘、的妈	叔母
称谓	姑大、姑娘	姑母
称谓	姑爷	姑父
称谓	老公、当家的、男人	丈夫
称谓	老婆、堂客、烧锅的、内的	妻子
称谓	外父、老丈人	岳父
称谓	外母、丈母娘	岳母
称谓	家公	外公
称谓	家婆	外婆
称谓	母舅、舅大	舅父
称谓	舅妈	舅母
称谓	我几个	我们
称谓	嗯，嗯几个	你、你们
称谓	佢，佢几个	他、她、他们、她们
称谓	郎中	医生
称谓	告花子	叫花子
称谓	裁缝	制作服装的工人
称谓	戏子	各种剧团的演员
称谓	变法的	魔术师或杂技团
时间	旧年、头年	去年
时间	前年	过去的前二年
时间	献前年	过去的前三年
时间	门年、定年	明年，未来第一年
时间	后年	未来第二年
时间	外后年	未来第三年
时间	昨日	昨天
时间	前日	前天
时间	献前日	大前天
时间	今朝	今天
时间	门朝	明天
时间	后日	后天
时间	外后日	大后天
时间	裉在	现在、当时
时间	日滴	白天
时间	黑早	清晨

续表 14

类别	方言	普通话或方言释义
时间	麻麻亮	天刚亮
	上昼	上午
	中时	中午
	下昼	下午
	撒黑	傍晚
	乌麻滴	傍晚很黑
	夜滴	夜里
	慢滴	等一下，等一会儿
	一哈子	一会儿
	拆下霍	像闪电一样，时间非常短
	暗着	晚了
	江看	刚才
	三更头	半夜
	五更头	天快亮的时候
	带一生	今生
	委一生	来生
方位	哈头	下面、下边
	正当中	正中间
	反手边	左手边（都指左边）
	顺手边	右手边（都指右边）
	顺边	正面（多指布料、衣服、纸张的表面）
	反边	反面（多与上面所指物品相反的一面）
	带滴	这里
	伟滴	那里
	路沿坎	路旁边
	脆带边	在这边
	脆伟边	在那边
	喂老远	那边很远的地方
	喂老斗底	那最底下
	嗯老高头	那很高的地方
	山旮龙	山冲
	屋场沿哈	村庄旁边
	辽远八远	很远很远
自然现象	日头	太阳
	今朝代哑日头	今天阳光很强
	天狗吃月	月食
	天狗吃日	日食
	日头团家	日晕

续表 14

类别	方言	普通话或方言释义
自然现象	月亮团家	月晕
	一在代风	一阵大风
	一在代哑雨	一阵很大的雨
	鹅毛月	初三、初四的月亮
	过天星	流星
	扫帚星	彗星
	火烧天	指傍晚深度的红霞
	鲤鱼斑	鳞云
	代雷、轰嗵雷	非常大的雷
	破壳雷	带有撕裂声音的雷
	掣霍	打闪、闪电
	落雹子	下冰雹
	下雾露、下露水	下雾
	泽湿	很湿
	湿拉拉、湿浓浓、湿溜溜	形容地面或物体很湿
	流凌	冰挂
	冻滴板牙呤	什么东西都冻硬了
	开阳	解冻
	叫晴天	大晴天
	乌哈哈	将要下雨时的天气，乌云密布
	乌风黑暴	大雨前的天气状况
	哈霜	下霜
	落流沙	雾霾、沙尘暴
	交干	很干
	硗裂裂	干的程度很高
	晒硗着	晒的非常干
	干杠着	干得很厉害
物品类	态门	大门
	耳门	边门
	路槛	门槛
	槛子	窗户
	扣环	锁门的环扣
	炉镫	用来套扣环挂锁，锁门的
	洋瓦	明瓦
	灶哈	厨房
	催子	烧开水用的细长形薄铁筒
	端子	打水用的
	洋锅	旧时较大的装菜蒸菜的碗

续表 14

类别	方言	普通话或方言释义
物品类	絮被幄	棉被
	被幄单	床单
	手巾	毛巾
	月锄	圆形、较大的锄头
	捍草凳	锄草时坐的高脚凳
	捍草锄	旱地锄草用的锄，较小、柄长
	土工筲	竹编的挑土用的工具
	禾戽	旧时打稻时供多人共用的木制方形脱粒工具
	腔枝	晒筐（竹篾编成较大的、晒粮食杂物的圆形筐）
	磨腔	磨粉时放在磨凳下接粉用的圆形筐
	格筛	筛去细糠用的筛子
	箩筛	筛粉用的筛子
	连昌	连枷
	背褡	背心（有单的、夹的、棉的、皮的等）
	手捏子	手帕
	顶指	顶针
	絮袄	棉袄
	夹袄	双层上衣
	絮裤	棉裤
	夹裤	双层裤子
	暖鞋	棉鞋
	热褂	衬衫
	裤兜	短内裤
	蹦烟筒	旱烟袋
动植物类	丫猫	野猫
	丫鸡	野鸡、山鸡
	丫兔	野兔
	王畜灵	黄鼠狼
	豺狗	豺狼
	鸦鹊	喜鹊
	老鸹	乌鸦
	鹁勾	鹁鸪
	牯牛	公牛
	沙牛	母牛
	哞	小牛犊
	猪娘	老母猪
	养猪	小猪崽
	肉猪	肥猪

续表 14

类别	方言	普通话或方言释义
动植物类	丫猪	野猪
	伢猪、脚猪	种猪
	犍狗	公狗
	草狗	母狗
	郎猫、牯猫	公猫
	思猫、草猫	母猫
	鸡公	公鸡
	鸡猫	母鸡
	鸭公	公鸭
	鸭猫	母鸭
	檐老鼠	蝙蝠
	雁	大雁
	丫鸭	野鸭
	鲲子	青鱼
	白鲲	草鱼
	胖头	鳙鱼
	锯鱼	鳜鱼
	团鱼	鳖、甲鱼
	海子	螃蟹、毛蟹、河蟹的总称
	王生	黄鳝
	咔锚	青蛙
	癞蛤蟆	蟾蜍
	门子	蚊子
	乌蚤	跳蚤
	虫蝇	蜻蜓
	寒信	蚯蚓
	八鸠	八哥
	六谷	玉米
	芦秸	高粱
	代麦	大麦
	王豆	黄豆
	莽瓜	丝瓜
	香瓜	南瓜
	代蒜	大蒜
	大椒	辣椒
	月亮菜	扁豆
	马子苋	马齿苋
	王花	黄花、金针

续表 14

类别	方言	普通话或方言释义
动植物类	王瓜	黄瓜
	高瓜	茭白
	鸡罗包	芡实
	枞树	松树
	枞毛	松叶
	燕子红	映山红、杜鹃

说明：表中方言词汇皆用本字，无本字的用同音字代替

俗语

俚语

嗯一喂个雷，佢一喂个气，还某喂个好。（你搞过来，他搞过去，还没有搞好）

带滴喂滴到处都是滴。（这里那里到处都是，没收拾）

带滴一下，嗯滴一下。（这里一下，那里一下）

带滴不是，嗯滴也不是。（这里不是，那里也不是，好歹都不如意）

地哈到处一糊着。（地下到处都是，很脏）

漆巴辣黑滴。（很黑很黑，形容天气、人的皮肤或其他物品）

一个牛尾巴，遮不住牛屁股。（自己管不好自己）

一条牛一路草，条条牛能吃饱。（每个人都有生存的空间）

吃要吃好滴，做要做巧滴。（好吃懒做）

软巴辣秋滴。（没有精神）

不好过呵。（身体不舒服）

拍拍屁股一溜烟。（不管后果）

忙滴二一添作五。（忙得很）

烧火等不到热。（急性子、无耐心）

日不做夜摸索。（早不出门，黑不收工，喜欢拖）

跑滴五烟不见六烟。（跑得很远，找不到）

红脸大大，黑脸妈妈。（有钱时大手大脚，没有计划）

钻头不管屁股。（形容只顾自己，不顾别人；只顾当前，不管以后）

钻天打地窿。（善找门路，也形容好吃，不管哪里都能找到）

走三家，不如坐一家。（做生意不要着急）

没有千年不漏的粪桶。（喻做了坏事总会被人知道）

好亲戚能怠慢三回。（亲戚朋友之间不能过分讲究）

歇后语

老母猪过河——拖泥带水

饮（米）汤盆里洗澡——乱糊乱搞

老豆腐垫脚——无用

一劈两开柴——干净利索

激水下急戗——紧急制动

头戴马子桶——上下都不懂

官折糯米三升——一并处理

谚语

农事、气象谚语

春打五九末，粮食往下缩，春打六九头，担稻买耕牛。

蚕豆不要粪，八月土里困。

麦见黄土菜见天，芝麻豆子掩半边。

干冬湿春，冬雷春凛。

夏天的南风，落雨的家公。

狮子口吐烟，天气有变（香茗山）。

狮子口吐烟，不雨也风颠（香茗山）。

过了七月半，看牛孩子躲天坳。

东杠（彩虹，下同）晴，西杠雨，北杠刀枪乱，南杠涨大水。

养牛无诀窍，水足草料饱。

盐水草上浇，越冬不掉膘。

夏天水包牛，冬天牛包水。

学习、养身、交友、处世谚语

种田不离田头，念书不离案头。

子孙不读书，好似养肥猪。

跟好学好，跟叫花子学讨。

穷不丢书，富不丢猪。

宁交双脚跳，不交眯眯笑。

做人守本分，井瓁莫推人。

有事骂人三份罪，无事骂人罪难当。

只有狗咬人一口，没有人咬狗一口。

持家、婚嫁谚语

男要勤来女要勤，三餐茶饭不求人。

吃不穷，穿不穷，算计（计划）不通一世穷。

外有挣钱手，家有破笆斗，纵有也没有。

结婚不要早，只要配的好。

公鸡打架头对头，夫妻吵嘴不记仇。

会做媳妇两边遮，不会做媳妇闹婆家。

烧锅不要样，当中扒个宕。

推车（指推独轮车）不用学，屁股两边簸（摆的意思）。

打一杵，过一肩。（扛木料一类长形物体时，用杵顶一下，让肩膀休息一会再走。比喻遇到困难时一步一步来）

笋子吃一截剥一截。（比喻循序渐进地做事）

土特产与美食

麦鱼 呈长圆形、个小，长 3 ~ 4 厘米，肚皮淡黄，背部有淡褐色花纹。生长环境独特，季节性强，产量少。产于太平桥至下神墩的沙河水域。制作方法考究。将鲜鱼放入烧热的铁锅内，微火焙燉稍许，见黄、闻香，即起锅晾晒。晒干后，大小均匀，色黄、气香、肉嫩、味鲜。封建社会地方官曾在河边设点收购，作为珍品进贡朝廷。

三九菇 野生三九菇是一种野生菌类，生长于有松树的山上灌木草丛中。每年春末夏初、秋末冬初两次生长，以农历三月和九月最多，故名。菇呈暗肉色，伞形，味道鲜美，口感好，营养价值高。香茗山、南山生长较多。

“小粒红”花生 传统种植的蔓生型单季花生，粒小、皮红、壳薄。经采用传统方式焙制后，具有香脆、鲜甜、不油腻等特点。“小粒红”花生含不饱和脂肪酸等有益物质。“小粒红”花生于 2001 年 10 月获得国家商标局批准的“香茗山”牌、“小粒红”牌注册商标和国家物品编码中心批准的 5 种规格条形码。产品多投放超市销售。2001 年 8

三九菇（2017 年） 傅小毛 摄

“小粒红”花生（2017 年）
傅小毛 摄

磨豆丝浆（2014 年） 鲍国华 摄

刚出锅的豆丝饼（2017 年） 徐平波 摄

月 31 日，香茗山食品有限责任公司成立，是集“小粒红”花生收购、加工、销售于一体的综合性农业产业化龙头企业。

豆丝 用传统方法制成，即将米、绿豆或黄豆浸湿磨浆，在锅内烘烤成圆圆的薄饼。食用时，将薄饼切成长条状，配上青菜或肉丝、姜、蒜等佐料炒制，其味道鲜美，远近闻名。2000 年前后兴盛一时，仅鸦滩街就有十几家炒豆丝的小店。豆丝还可以晒干后用礼品盒包装，作为馈赠佳品。

米烂 又名积粉，用米做成，比粉丝粗，味美可口。其做法是先将米洗净磨成浆，再蒸成熟米粉条子，放进底板有孔的铁桶里挤压成一根根细粉条，放在竹晒筐上晒干即成。20 世纪 60 年代至 90 年代，连塘城村袁家新屋、袁家老屋的米烂成为抢手货，在周边县畅销一时。

发粑 用米粉做成。将大米洗净磨成粉或浆，放上粑曲（一种自制的发酵原料）和匀，做成粑状，待发酵后放在锅上蒸熟。发粑色白、泡松、绵软、味道好。每逢作屋上梁、老少生日、新娘回门等喜庆之事，亲戚之间互相赠送发粑，祝福兴旺发达。

熬板糖 将米煮成饭，放上磨碎的干麦芽粉和石膏粉在锅里拌匀，盖上锅盖密封好。锅底下留暗火，保持锅内温度，待过七八个小时，米饭和米汁出现甜味，取出放入“糖炸包”里，用小木榨榨干。榨出来的浆倒入锅里，用火煎熬数小时，便成了“糖稀”。待糖稀的浓度很高，鼓起小泡泡连成大泡泡时，糖便熬成功了。等糖温度下降后取出，在木桩上反复拉拔，使其从暗红色变成白色，即成板糖。再做成一个一个圆饼（饼冷却后可以敲碎，糖块中间有气孔为最好），放入有面粉的糖桶里，放一层糖，撒一层面粉。吃时，从糖桶里取出一块板糖，用锤敲下小块食用。20 世纪 60—70 年代，鸦滩几乎家家都熬板糖，除自食外，还可出售。

熬糖、打豆腐的小木榨（2017 年） 傅小毛 摄

米子糖粑 将板糖敲碎，或将买来的白糖、红糖倒入刷了油的锅内用文火化开，待糖在锅中鼓起小泡泡时，再将事先炒熟的米倒入热糖中不停地搅拌，等到炒熟的米都黏上了糖，可捏成形时，再铲入干净的木盆里，用锅铲推平，盖上一块挤尽水的湿布或薄膜纸，用脚在上面踩，将盆里的米子糖踩得结实平整，再倒在案板上，用刀切成条状，再切成一小块一小块的，就制成了米子糖粑。芝麻糖、花生糖的做法也是如此。20 世纪 80 年代以前，春节时，家家都要做米子糖粑。

名人与名镇

鸦滩山清水秀，地灵人杰，英贤辈出，名人众多。

鸦滩古属“楚头吴尾”，是沟通南北、连接东西的要冲，既是兵家必争之地，也是道教、佛教的修行之所，更是文人墨客采风抒情之处。历史上的许多名人都与鸦滩结下了不解之缘。

人物传

毕银（生卒年不详） 一作毕寅，字玉崖，连塘城村人。毕公高后裔，昆仲九人之长，明时授大河卫指挥使，赐封为枢密院宰相，其八弟授羽林卫指挥使。

毕银生而英武，有文才武略，器量大度，善于用人，深受当地百姓尊重与拥戴。为保护当地百姓生命财产安全，他聚众数万人，在沙河畈西隅香茗山之东麓修建营寨——连塘城，并在小香茗山东边第三座山峰牛马嘴上建大寨烟墩，在寨东北约 5 里（2.5 千米）处建望马楼，在寨东南 7 里（3.5 千米）处码头河北修建关马城，另辟放马川，屯兵养马，训练乡勇，保障一方安全。

元至正二十一年（1361），毕银归附朱元璋。在鄱阳湖战役中，曾亲笔书信，派人给朱元璋军资助粮草，并亲自督导军卒疏浚河道，适时输送军需，为朱元璋战胜陈友谅立了大功。朱元璋建立明朝后，授毕银为英武卫指挥使，赐金龙衣一袭，追封其祖、父三世。明洪武十年（1377），授大河卫指挥使，奉旨镇守辽东。卒时皇上派遣大臣到场谕祭，赐封为枢密院宰相，并封其子曰“文”，以世袭其官职。未几，其子亦卒，皇上再派遣大臣为其谕祭，并归其丧。

王瑞（生卒年不详） 字良璧，连塘城村人。明成化年间（1465—1487）著名谏官。成化五年（1469）中进士后，授吏科给事中。他正色立朝，直言敢谏。成化八年，他在文华殿上向皇帝面奏朝中“内宠滋甚”，辞气耿直，皇帝恼怒，同僚都为他战栗，而他却毫无惧色，从容陈述内宠的危害。

成化十五年，王瑞上疏建议各地官员上朝进表汇报地方利弊，皇帝采纳了。当地方官员上朝汇报时，皇帝又“恶其纷扰”，甚至痛打汇报官员。湖广、江西等处按察使以地方受灾盗起为由，请求免他们进京朝觐。王瑞立即上疏指出，“今民饥盗起，皆各官不职所致，正当罪以示警”，“何至故违旧制，使朝觐大典渐至废弛？”皇帝看了奏疏，命吏部驳回了湖广、江西按察使的请求。

明成化九年（1473）御赐王瑞的匾额（仿制） 傅小毛 摄

成化十七年，王瑞升为都给事中。他又呈一篇《揭帖核实疏》，强调对官员的政绩考查，不能轻信呈文所附的“揭帖”材料。建议皇帝对揭帖材料加以考察核实，对所报失实者严加惩处，或罢官，或治罪。是年，京城一些营利之徒弄来许多稀奇古怪的玩物贩卖，官人纷纷争购。王瑞奏劾，应当严禁。皇帝于是下令把套卖奇货的人都绳之以法。

在明代，买卖官职的风气盛行。成化十九年冬，王瑞带领同僚上朝奏谏，历数官场弊端。王瑞在官吏奏疏中感叹说：“自古以来，有如是之政令否也？逾滥至此，有识寒心！”皇帝见疏后颇受感动，越三日，贬李孜省、凌中等 4 人职，罢黄谦、钱通等 9 人官。

明代太监专权，设立东厂，专事监视官员和镇压百姓。成化二十年，太监尚铭被罢斥，逐出了东厂，臣民大悦。但他的党羽李荣、萧敬仍留用，众官都不敢言，独王瑞上疏奏劾，他在疏中列举李荣、萧敬与尚铭、汪直的私党关系，揭露他们在地方上横行作恶、敲诈勒索的罪行，申述留用坏人的危害。皇帝未采纳奏疏，不久就把王瑞调离京都，出任湖广布政司右参议。王瑞任谏官 15 年，所呈奏疏均有关朝廷大政，怒斥权奸。在湖广任职 3 年，也颇有政绩，后因病辞归，卒于家中。

金继望（1611—1661） 字又吕，号玉衡，古炉村人，出生于农家。幼时读书天资聪颖，智力过人，能一目十行、日记千言。乡里戚属皆谓大器可成。19 岁即辞母离乡，负笈皖城，求名师指教，访挚友切磋，相互砥砺。历经数年，学问精进，下笔千言，可立挥而就，应试即登黉序，越一年考补廪生。

清顺治六年（1649）拔贡，即授河南宜阳县令。时宜阳遭战火摧残之后，百姓流离，田地荒芜，庐舍破败，断壁残垣，遍地哀鸿，满目凄凉。金继望到任后立即召集流离之民，劝其开垦旧荒，复耕兴种，修建庐舍，民得以安居；视政之暇，与诸生讲学论文，议政利弊，以了解民情；与缙绅先达，博访勤咨，广求善治之策。历经三年，励精图治，兴利除弊，民得以乐业。宜阳全境转废墟为乐土，变愚鲁为秀良。宜阳人为其建立生祠以报、以纪。

顺治十年，金继望擢升陕西延安同知，顺治十三年授山东兖州府黄河同知，治理河道。修筑石香炉、梁家楼、新月诸堤，平息水患；又捐俸三百金，赈济饥民，修建县学，使民无水患之忧、舟有安澜之庆。督府旌扬其能其功，特调九江知府。九江屡遭兵燹，满目疮痍。甫莅任，即召流民返乡，复垦耕种，修缮所居，兴修水利，兴办学校，使民可耕可读，乐业安居。顺治十八年卒于任所。

王应佩（1676—1732） 字韵玱，连塘城村人，王瑞七世孙。清康熙四十八年（1709）进士，授内阁中书。嗣后为河南通许县令和兰阳邑事。为官深体民艰，多善政。康熙五十八年至六十年，河南连年灾荒，哀鸿遍野，应佩的三首悯灾诗《即事》具体而沉痛地刻画出灾民苟延残喘的惨状，其中有句："男儿担破釜，橐底无糇粮。携妇复抱子，乞食官道旁。此邦岁屡歉，谁与分水浆？日计数百口，老羸饿且僵。"王应佩千方百计拯救灾民。他的三首《即事》诗被曾任望江知县的师范（白族人）编入诗集《雷音》里。

王应佩后历任扶沟、尉氏、洧川等县令，以政绩卓异升大理寺左评事。越年升宗人府主事。旋考授浙江道监察御史。入台湾，大力推行礼法，伸张正义，惩办奸邪。清雍正十年（1732），病逝于京。大学士桐城张公、溧阳史公致挽联："十载循良勤治绩，一言名教在彝伦。"

何藻（1694—1748） 字斯芹，号望峰，香茗村何上屋人。何藻9岁入蒙馆，14岁更师入经馆续读，19岁赴县城参加童生考试时，染上了赌博陋习，学业荒废。后见赌博场中的不良习惯而力戒之，数十年不曾染指。21岁拜沈镐为师，开始认真读书。经过三年勤奋苦读，学问进步神速。正当学业处于蒸蒸日上之际，父亲抱病卧床，生命垂危，随即与弟一道归家，侍奉双亲。

不久父亲去世，料理完丧事后，他复归馆攻读。可此时已失去管束，何藻虽27岁，尚不能自律，混迹坊间以消磨时光。两年之后，他才自感愧疚，立志读书。29岁时，转而想从家事着手，权且与母亲相依为伴，耕田种地管业稼穑，经营贸易。结果读书无进，田产无增，房舍依旧，一事无成。雍正三年（1725），其弟灼已入县文庠，他又开始萌发读书上进的兴趣，决定赴秋闱一试，结果落榜。

从此，他下定决心，痛改前非，专一攻读。终于雍正四年补廪膳生。雍正十三年，他邀约沈子同窗攻读。秋试，试卷获得推荐，特别受到中丞赵夫子的赏识，提入皖城敬敷书院肄业正言馆就读。在皖读书的6个月里，他常常上床不解衣带。乡试时，五场考试的答卷草稿均带回交给沈子观看。沈子看后，预测可以中榜。待到发榜之日，果然高中乾隆元年（1736）丙辰恩科举人。乾隆二年丁巳科明通榜又进士及第。

袁葆芳（1856—1942） 字叙麟，号玉浮，茗南村袁家新屋人。袁葆芳出生于官宦世家，少负异才，博览群书，因受家学熏陶，国学造诣颇深，系廪贡生，候选教职，诰封中宪大夫，不求仕进，立志行医。年长，先后有许世英、于右任邀他出仕，均被谢绝。对医学经典勤学苦钻，临床经验深得其父真传，造诣殊深。而立之年，医名远扬。凡经他诊脉，药到病除。曾任国民党太湖县执行委员会书记的喻厚民之子喻明华，8岁大病，饮食不进，哑不能言，请望江太湖交界的两县名医会诊，四五天仍不见效。喻家到安庆将袁葆芳接来。袁葆芳先看病孩眼、鼻、口、舌、气色，再行切脉。后在原单上加一味药，改一下剂量。下午煎服，初更时分，孩子开声说话："要吃。"众人异口同声说："真神医也！"

袁葆芳不但医术精，医德也极高。1935年，山前、洲头等地瘟疫（俗称"发人瘟"）流行，死者众多。袁葆芳出诊外地数月，回家后，立即赶到疫区，凡经他治者立愈，后来人们传抄其方，一药便好。

袁葆芳行医60年，以仁爱为本，不贪钱财。曾有洋铁段一病人，到处医治无效，请他医治后痊愈。病人亲自带礼物和10块大洋上门酬谢，袁葆芳再三推辞。70岁寿辰时，望邑政府赠他"德劭年高"匾额。著作有《玉浮脉诀》《玉浮验方》等。

蔡仲贤（1865—1942） 字国清，生于葛林村蔡家大屋，殁于至德县马坑乡后河蔡坑。

蔡仲贤自幼受父辈戏艺熏陶，喜爱唱戏和山歌、小调，但因家境贫寒，10岁便去学砻匠。他白天做手艺，晚上随父学戏练功。一次戏班在分亩岭演《许士林祭塔》，快开幕时，扮许士林的演员突然患痞疾，蔡仲贤自荐登台，出色地完成了演出。从此他正式加入徽班学艺。年将弱冠便学会了《一捧雪》《二进宫》《三结义》等10本入门戏。掌握唱、念、做、打等舞台基本功。后因世难年荒，他只身流浪到广济、黄梅一带靠打砻子糊口。他白天打砻子，晚上唱几段徽调。日久，当地唱采茶戏的艺人便相邀入伙合演。蔡仲贤在演唱过程中有意识地将徽调部分唱腔、程式动作和功法巧妙地融入采茶调中。

清光绪七年（1881），蔡仲贤在家乡正式成立黄梅调流动班子——长春班，活跃于怀宁、太湖、望江、宿松、潜山及湖北黄梅一带。蔡仲贤貌美、声甜、功深，唱腔朴实无华，感情真挚，能够把握人物内心世界，准确塑造人物形象。他不断吸取民间小调、徽调、高腔、平安调等曲调中的精华，逐渐形成具有浓郁乡土色彩和生活气息的地方小戏——黄梅调。

到了清末民国初，黄梅戏班遍布香茗山南北。班主和主要演员都出自蔡仲贤的门下，打着蔡仲贤的招牌，一时出现“只见蔡仲贤的班子，不见蔡仲贤登台”的现象。

1921 年，蔡仲贤在今葛林村梨湾塘办科班，培养出许多黄梅戏新秀。其时，蔡仲贤的后辈杨润保重新组织起长春班，檀盛云、龙腊九、蔡南楼等黄梅戏俊秀咸集一堂，胡玉庭、龙昆玉等也慕名前去拜杨润保为师，蔡仲贤成为黄梅戏弟子敬仰的师祖。

袁祖光（1867—1930） 字骥孙，号晓村，又号瞿园，茗南村袁家新屋人，6 岁时受业于胞叔袁葆芳。他自幼天资过人，据说一本《三字经》三天就读完了，通读“四书”、《龙文鞭影》和《唐诗三百首》等，且能背能写，援笔成文，并能赋诗。7 岁时即作诗《雨夜对松》：“家园一老松，枝叶并蓬松，夜半来风雨，知他欲化龙。”12 岁作诗《元宵节夜赏梅花》：“梅含梅气节，月有月精神，除却梅和月，清高一个人。”甚至梦中亦有佳作《梦中咏小孤矶》：“姑住孤山姑一仙，问姑一住几千年？无多芳草无多树，半是云霞半是烟。几座楼台迎夜月，一尊砥柱耸江天。”咏到此时，忽然醒来，未能成篇。

他 14 岁时即为廪生，与黄半痴为友，互有诗作唱和。

清光绪年间（1875—1908），取得癸巳恩科副贡，甲午科举人，辛丑、壬寅恩正并科进士，任吏部文选司主事，晋封通奉大夫，升员外郎，直隶州知州，以知府三品衔湖北候补道尹。

光绪三十一年（1905），袁祖光被派往日本考察政治，偕友人许世英加入同盟会，并积极参与革命活动，由一个清廷的考察大员跻身于革命队伍。辛亥革命胜利后，他回国，常住天津。1917 年当选为众院议员。袁世凯回河南项城前夕，曾派人到天津找袁祖光。当时，在河南当县长的吕调元听到这个消息，连夜赶到天津，向袁祖光询问：“是否应召？”他当即表示“袁居心叵测，我决不与他勾结”。后任豫、鄂、皖三省帑捐局局长等职，1930 年逝世。著作有《瞿园诗文集》《瞿园楚游草》《绿天香雪诗话》《摘星词杂十二种》《古今齐谐》等 50 卷，在日本著有《东游诗草》，并辑《端木诗》4 卷。袁祖光还是一个剧作家，曾创作《一线天》《卖詹郎》《望夫石》《仙感》《长人赚》《藤花梦》《金华梦》《暗藏莺》等黄梅戏、京剧剧本 16 部。

汪寿桥（1873—1915） 字嵩甫，号柏庵，又号先成，茗南村人。少时读书颖悟，过目成诵。工诗善对，有神童之称。

清光绪十九年（1893）入泮，二十二年补廪。徐锡麟入皖创办巡警学堂时，汪寿桥弃文从武，考入该校。因其旧学精深、文思敏捷，得徐锡麟器重。光绪三十三年农历五月二十六日，汪寿桥参与徐锡麟枪杀安徽巡抚恩铭的义举，在徐锡麟的指挥下，起草《光复军告示》，带领巡警学生抢占安庆军械局，不幸被清军包围，经数小时激战，终因寡不敌众，起义失败，汪寿桥等被俘。徐锡麟挺身而出，承担全部责任："寸磔我身都可以，切勿连累他人。"促使当局释放学生。汪寿桥等获释，毕业后考取巡检，分发山东，执法严明。不久，他应陕西省省长吕调元召请，任陕西省禁烟总局局长。1915 年 11 月殁于任，葬于陕西陇县。

李少华（1881—1961） 名战，茗南村青阳畈人。出生书香门第，天资聪慧，爱好古典文学。年近弱冠时，附近村庄小儿麻疹流行，遂师从袁葆芳学习中医，决心以治病救人为己任。李少华学业有成后，于 1909 年先到码头桥，后在青阳畈，先后开设恒渐堂、李少华中医诊所，挂牌行医。

1938 年，当地钩虫病流行，西药极少且价格昂贵。李少华创造性地制成"李氏治疸丸"（每斤丸药成本为三升大米），对钩虫患者一律免费治疗，财源枯竭时即变卖祖业。1946 年，徐家花屋青年农民徐全根患病无钱医治，日益严重，后由人扶至诊所求医，李少华不仅细心诊治，而且药费全免。7 天后，徐全根康复回家。杨家湾农民郝正堂，家穷人病，寒冬穿一件夹衣请李少华治病，李少华免费将他治好，还送他一件棉袄和一斗大米。李少华对外地穷人亦如此。怀宁县照墙屋李毛伢、宿松县一石姓老人、太湖县徐桥镇黄育村的病人等都得到过免费治疗。

李少华给富人治病所得酬劳也时常用于购买药品，施药给求医的穷苦病人。

1952 年，李少华带头响应政府号召，将李少华中医诊所的财产全部折价入股，联合中医胡肖瑗、吴宜生等成立望江县青阳中医联合诊所（麦元乡医院前身），成为安庆地区第一家农村集体医疗机构，受到政府通报表彰。1954 年特大洪水期间，望江县新坝乡灾民多转移聚居麦元乡各村，李少华虽年过古稀，仍日夜为灾民防病治病。1957 年，李少华被选为县人大代表。

著作有《李少华医案》《李少华临床手稿》等。

董焕之（1884—1920） 一作焕滋，名德植，鸦滩村董家大屋人。幼年时边学裁缝，边学唱黄梅戏，后在蔡仲贤指点下，很快熟悉黄梅戏旦角表演，遂弃缝纫业，搭乡班从事专业演唱。董焕之扮相好，嗓音甜，表演细腻感人，尤善于扮演受迫害、极悲苦的中青年女性。他精湛的表演，在望江黄梅戏旦行中影响很大，形成望江黄梅戏“以唱传情”的声腔流派，奠定了“鸦滩路子”的基础，丰富了黄梅戏表演艺术。

汪穆堂（1887—1966） 号剑镕，茗南村刘西林人。汪穆堂出身于书香门第，从小受诗书礼教的熏陶，刻苦于学，老成练达，学有本源。他既不涉官场，也不与乡绅为伍，60年如一日，尽瘁教育事业。

清光绪二十七年（1901），他随祖父读书，其时祖父在太湖宋家大屋教私塾，因主修《汪氏族谱》中途辞馆。为不让学生辍学，汪穆堂应家长要求接馆授徒，深得家长信任。

清末废科举，兴学校，汪穆堂与同乡孙熙丞负笈安庆府中深造，常在校刊署名剑镕发表文章，并有多篇收入《范文选读》一书，毕业考试与孙熙丞名列第一名、第二名。清末举人太湖余家鹿茅山外号叫余老六，深知汪穆堂精通《左传》，延其至家课孙。汪穆堂深得老举人器重，结为忘年交。之后，他又在鹿山等小学任教。1938年，他应聘任太湖县铁龙乡中心小学教导主任。不久，该校迁至徐家桥杨泗庙。此镇为太湖、宿松、望江交界之地，由于他名望很高，学生云集，附课[①]者众多，求经问难者接踵于门。1946年，太湖中学聘汪穆堂教文史，因中学教师需大学毕业，未果。其时省教育厅厅长汪少伦到太湖视察，慕名拜访，听他讲课，评价很高，回厅后立即批示：“该员国学造诣颇深，相当于大学水平，可胜此任。”从此，汪穆堂先后在太湖中学、太湖师范任教。

新中国成立后，汪穆堂回到望江，决定为家乡教育奉献余年。1951年，在茗山小学任教导主任。1953年，汪穆堂被选为望江县人大代表、县人民委员会委员。著有《兔园文集》。

孙敬纯（1905—1930） 中共望江县地方组织创建人。出生于茗南村沙堰沟的一个农民家庭。11岁开始读私塾，15岁入太湖晋熙小学。

1926年9月，桂系某部团长陈雷在太湖县更换旗帜，宣布参加北伐，孙敬纯积极参

---

① 附课：即当时社会上失学、失业或已工作的青年写文章送老师修改。

孙敬纯（2017 年）
傅小毛 摄

孙敬纯烈士证明书（2017 年） 傅小毛 摄

与支持陈雷的起义活动。1928 年 3 月，孙敬纯经甘信元介绍，在太湖加入中国共产党，旋即回乡发展孙大朵、孙邦瑞等人入党，建立望江县第一个党小组——尚花棚党小组，积极开展革命活动。9 月，党小组扩建为党支部，孙敬纯任书记。1930 年 3 月中旬，中共安庆中心县委根据革命需要，决定成立太湖县委员会，孙敬纯当选为县委委员。望江成立特支，直接受太湖县委领导。不久，特支又扩建为特区委，孙敬纯担任书记。3 月下旬，中共太湖县委书记甘信元在尚花棚召开县委扩大会议，决定在太湖、宿松、望江边区举行农民武装暴动。

4 月 12 日上午，孙纯敬、孙大朵、孙邦瑞等党内骨干分子率领 200 多名贫苦农民，带着稻箩、口袋，以买粮为名包围了金鸡山大地主李干祯家，打开粮仓和衣箱，把粮食、衣物分给农民。李干祯不服，被镇压。此次农民武装暴动点燃了太湖、宿松、望江边区土地革命的火把。

4 月 18 日，这支队伍在甘信元、孙敬纯的带领下，抄了太湖大石岭土豪韦大衍家，并将其镇压。暴动胜利后，中共太湖县委立即组织成立中国工农红军太望赤卫队，孙敬纯任分队长。5 月中旬，在中共太湖县委领导下，孙敬纯率领赤卫队队员围抄太湖县刘山铺五羊畈大地主李伯超家。当赤卫队队员胜利返师路过金鸡岭时，遭到太湖商团和自卫队的伏击，赤卫队队员孙大朵、杨水连、杨印名等被捕，后在太湖县城英勇就义。太湖、宿松、望江三县地主武装联合“清剿”赤卫队，孙敬纯被通缉和搜捕，但他不惧形势的险恶，继续开展革命活动。8 月 30 日，孙敬纯和叶仁山在大石岭遭到望江县县长马吉悦率领的自卫队和便衣队的“围剿”，终因弹尽援绝被捕。9 月 7 日，孙敬纯在望江县城北门外英勇就义。

望江县人民政府于 1990 年 9 月 7 日在茗南村沙堰沟司姑包建孙敬纯烈士之墓，中共望江县委党史办公室为其撰写了碑记。

胡翠庭（1906—1959） 乳名五九（其出生时，其父已 59 岁，因而得此名），葛林村胡家下屋人。幼年家贫，父亲早逝，为谋生计，14 岁到怀宁拜彭五喜学艺，学艺 3 个月即要求出师。师傅命他仿制一幅胡芳培官厅的推窗花板以试其艺。胡翠庭勾图游刃，一雕而就，师傅大为惊喜。1928 年，他偕弟亮庭到江南行艺。到至德县城，适值姚文元进士建造官厅，已雇 200 多名木雕工，正在紧张地施工。胡翠庭看了，觉得手艺都很一般。胡氏兄弟受雇后，“九狮拉带”这一难度较大的工艺，兄弟俩仅用 1 个月就完成了。艺术形象是：一只大狮屈膝而卧，八只小狮环绕在它周围，上下共拉一条飘带嬉戏，姿态各异，形神兼备。九狮颈下各有一条绦子系着一铜铃，微风一吹，九铃同时叮当作响。大狮口中置一小香炉，点燃檀香，九狮同时口吐青烟。此后，胡翠庭便行艺于武汉至上海一带的码头，不少亭台楼阁留有他的手迹。他一生精心追求技艺，制作的木偶戏头像无不栩栩如生。人赞：“刻木牵线作老翁，鸡皮鹤发与真同。”他常对徒弟说：“技艺要不断创新，不能因循守旧，老是‘开眼菩萨眯眼佛’；要以活人为模样，要在神字上下功夫；要以眼传神，表现人物的喜怒哀乐；人物的头部、躯干、四肢也要有一定的比例。”他有一句雕人要诀：“站七、坐五、蹲三半。”即站着的全身相，头长是身长的 1/7，余类推，这样才能得体。胡翠庭于 1959 年病故。弟弟胡亮庭得其真传，为怀宁县农贸市场雕制八角亭及其四龙四狮。

胡肖瑗（1915—1988） 名释情，号国光，葛林村胡家下屋人。出身于书香门第，从小受家学熏陶，对中医颇有兴趣，白天在私塾读四书五经，晚上在父亲身边读医书。18 岁时，因父亲去世经济困难而辍学，在父亲所授中医知识基础上自学成材，独立行医，先在家行医，后在鸦滩街开“回春堂”药店，继承祖业。他深谙脉理，医德好，医风正，看病一丝不苟，“回春堂”很快就取信于人，前来求医买药者络绎不绝。胡肖瑗对每个病例随时记录，积累经验，不断提高医术，五十年如一日，遗存《国光病案纪录》41 本。

1952 年，胡肖瑗与中医李少华带头响应国家号召，成立望江县青阳中医联合诊所。1954 年，原古炉乡水灾后疫情暴发，县卫生科调胡肖瑗父子等到古炉开设诊所，扑灭疫情。经过精心防治，仅一个月疫情就得到控制。之后，胡肖瑗父子留在该地，创建二甲医疗站（原古炉医院前身），填补了该乡无医无药的空白。

1956 年，胡肖瑗调县血防站工作。当时血吸虫病还没有特效药医治，胡肖瑗偕医师潘汉清研制出“三矾丸”，经临床验证，对晚期血吸虫病引起的肝腹水疗效极佳，得到政府通报嘉奖。

1980 年，胡肖瑗供职于武昌乡医院。1984 年，当选武昌乡人大代表。1987 年退休。1988 年去世。胡肖瑗去世前一天还口授药方治好一名疑难病人。

戴银堂（1916—1958） 鸦滩村戴屋人，中共党员，在农业合作化运动中，受到省委、省政府的肯定与褒奖。

1952 年秋，他积极响应党中央“组织起来，增加生产”的号召，按“互助互利”原则，办起了由 9 户贫苦农民组成的戴银堂临时互助组，解决了其中 3 户耕牛劳力缺乏的问题，在周边产生了良好的影响。1953 年春，互助组扩大到 20 户。秋季学习长岭范永祥经验，联合方家嘴、何通畈、吴大屋 3 个互助组，及董大屋、张屋、花屋等自愿参加的农民，办起了花园初级农业生产合作社，被推选为社长。1954 年年底到 1955 年年初，他带领花园社民工，在江堤堵口复堤中，出色地完成了任务，合作社也得到进一步巩固和发展。1955 年，被评为安徽省第二届农业劳动模范，赴合肥出席了代表大会，受到省委原书记曾希圣的接见。1956 年春，他先后联合何家嘴、曹家嘴、隐昌老屋、郭家龙、傅家上屋、陈月楼屋、太平桥、方家小屋等社，办成花园高级农业生产合作社。1956 年，他被评为安徽省第三届农业劳动模范和社会主义建设积极分子，两赴合肥出席代表大会。1957 年，再次被评为安徽省第四届农业劳动模范。1958 年 9 月，实现人民公社化以后，他成为码头人民公社花园大队党支部书记，1958 年参加岳西炼铁，因长期操劳过度，于 12 月病故。

曹士英（1916—1974） 望马楼村曹家嘴人。幼习诗书，天资聪颖，酷爱医学。终于学业有成，设立诊所，治病救人。1949 年春，解放军南下，由于国民党长期的反动宣传，不明真相的群众到处躲藏。曹士英在祖堂门口摆桌子、备茶水、放鞭炮迎接解放军，并帮助筹粮筹物，寻找躲藏的村民。1952 年，曹士英加入卫生工作者协会，1954 年在马山联合诊所工作，1956 年调往鸦滩医院，1958 年在古炉医院任中医。

曹士英博取中医各家之长，深谙脉理，精通辨证施治。在解决疑难杂症时，善抓主要矛盾，诊断准，用药少，尤其妇、儿科有独到之处。

1974 年，曹士英因病去世，留有临床心得《小儿推拿要诀》。

孙关应（1917—1942） 字遵凰，号冠英。茗南村沙堰沟人。家贫如洗，但聪明伶俐，胆识过人。1934 年，随父邦瑞迁居江西彭泽王泥垄落户。1941 年，参加新四军。

入伍后，为挺进团副团长林维先通讯员，后在团部从事军需工作。他常以农民装扮星夜奔走，完成解款任务。有时候根据部队需要，偕一两名助手，上门找地主和乡、保长要钱要粮。一次，孙关应与丁忠恩在八保洲生擒彭泽县日伪维持会会长余春甫和一名副官何其晓，晓以民族大义，争取他们的配合，给日本侵略军以重大打击。后孙关应调任挺进团侦察排排长，随团进驻宿（松）望（江）湖区，随后部队改编为湖区独立团。孙关应经常腰插双枪，左右开弓，弹无虚发，敌莫敢近；且动作敏捷，行踪无定，有神枪手“孙猴子”之美誉。一时敌人闻风丧胆。地方为非作歹之徒亦有所敛迹。一方百姓则扬眉吐气，津津乐道。1942 年农历十一月十四日拂晓，国民党军队突然以数倍于独立团的兵力“围剿”湖区，独立团英勇奋战七昼夜，团长刘忠超牺牲。孙关应代理团长指挥战斗，终因弹尽援绝，不幸牺牲。

孙关应烈士墓（2017 年） 傅小毛 摄

何明吉（1918—1960） 又名何桃荣，香茗村蔡家小屋人。中共党员，望江县第一届人民委员会委员，二等甲级残废军人，行政 17 级，先后担任过乡长、乡指导员、区长、县农工部部长、县委副书记、县委书记等职。

何明吉出生于贫困农民家庭，1943 年 7 月被国民党抓去当兵。1945 年投奔新四军，编入第二师，参加大小战斗 15 次。因作战英勇，荣立一等功 1 次、二等功 2 次。1946 年 7 月，在天长县抢渡大河时胸部中弹，左手臂受伤被锯断，后被送到山东六陵县荣校疗养学习。1948 年加入中国共产党。1949 年转入地方工作，在鸦滩区先后担任褒法乡乡长、指导员，鸦滩区组织委员、副书记、书记等职。1954 年在抗洪抢险中，他几次晕倒在抗洪第一线。1954 年 10 月，任县农工部部长，后任县委副书记。1957 年到省委党校学习，1960 年调任含山县委书记，同年 10 月病逝于工作岗位上。

陈焰黄（1919—1990） 中共党员，码头村杨树嘴人，出生于贫苦农民家庭。

陈焰黄十几岁时，因家乡灾患连年，随父兄赴江南，在建德一带打长工，做短工，以谋生计。当时，江南是新四军主要活动区域。1943 年，他参加了新四军皖南游击队。

参军11年，历任战士、班长、排长、连长。参加过淮海战役、渡江战役、解放大江南等大小战役、战斗，曾多次负伤，多次立功受奖。

1954年年初，调到怀宁县公安大队任排长，12月批准转业。回家以后，先后在杨树村、灯塔高级农业合作社、灯塔大队、杨树大队任党支部委员兼民兵营营长等职。他工作认真负责，坚定不移地走社会主义合作化道路，对共产风、浮夸风坚决抵制。1959年10月一天，其兄从食堂打粥回家时，在横塘坝不慎将粥泼在地上，一家人硬是饿了一餐，他也不让食堂额外加一点。

“文化大革命”时期，他多次被请到中小学去作报告，他用共产党领导新四军、解放军进行抗日战争、解放战争的艰难困苦、辉煌战绩教育同学们要热爱共产党，热爱社会主义，珍惜来之不易的胜利成果和幸福生活。

孙皖樵（1925—2015） 名嵩，别号再耕园主人，茗南村沙堰沟人，中学教师。曾当选望江县各界人民代表大会教育界代表，宿松县第四届、第五届、第六届人民代表大会代表。中华诗词学会、中国楹联学会、安徽省楹联学会会员，主编《香茗山》。

孙皖樵出身于书香门第，7岁“破蒙”，11岁先后师从清末秀才刘炳元，名闻望江、太湖的塾师汪穆堂读“经馆”，新中国成立后入安庆二中学习。年轻时代的孙皖樵酷爱楹联艺术。他将“业精于勤荒于嬉，行成于思毁于随”作为自己的座右铭，用“以勤补拙”的方法，下“笨鸟先飞”的功夫。他曾撰治学联：“读书诚似衔泥燕；治学当如酿蜜蜂。”此联是他勤奋学习的真实写照。

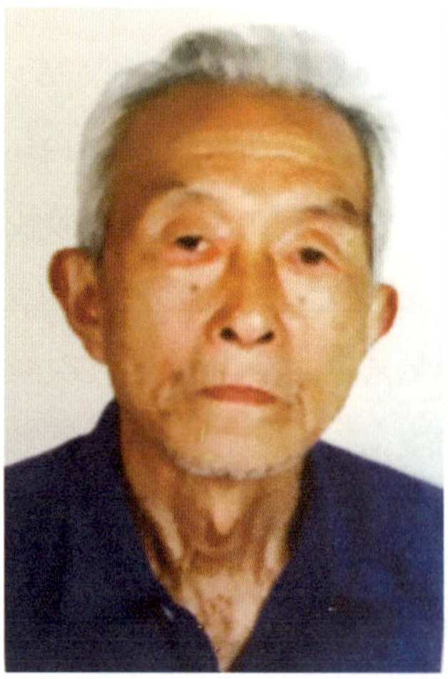

孙皖樵（2011年）
孙水生 摄

孙皖樵主编的《香茗山》书影（2017年）
傅小毛 摄

退休后，孙皖樵全身心地投入对联的研究和创作，先后在省内外书报、杂志上发表楹联作品、楹联创作论文 600 余件（篇），在全国各省市征联大赛中获奖 40 余次。许多作品颇具功力，如题重修滕王阁（二副）：

高阁耸重霄，缅怀江上才人，千古文章留胜迹；

洪都原杰地，倾倒馆中仙子，满天风月壮诗情。

两千年故郡，地接衡庐，虽经几许沧桑，犹是钟灵毓秀；高阁重兴，超却仙翁旧馆。携手快登临，遥吟俯畅，逸兴遄飞，寄语墨客骚人，莫辜负金秋岁月；

一万里长江，天开图画。每读三王文赋，依然锦句生香；洪都远眺，自可极浦遐山。凭栏添感慨，舸舰峥嵘，闾阎栉比，喜看英雄城市，更胜过昔日风光。

这两幅联写景抒情，各尽其妙，已入选滕王阁竹刻楹联堂，制成竹刻楹联永久陈列。

孙皖樵不但撰联多、联艺精，且有许多佳话美谈。1989 年，他在《对联杂志》发表《龙年伊始话龙联》一文，在文后悬联求偶："自古三江有龙名：黑龙江、白龙江（长江）、黄龙江（黄河），壮美如龙，气壮中华龙世界。"在一年多时间里，先后收到了来自全国 25 个省、区 150 多人的应对联，有许多上乘之作被《对联・民间对联故事》（1989 年第四期）采用，誉为"联坛佳话"。

曹根满（1926—2004） 古炉村曹家大屋人。幼年帮人放牛，做长工。解放初，任双河村民兵营营长。1951 年 4 月加入中国共产党，后任双河村党支部副书记、书记。1958 年精简干部，他主动请辞。1964 年开始担任公社水利员。

1958 年"大炼钢铁"，县设师部，全县实行军事化建制。9 月 25 日，师部号令一下，曹根满背起行李、工具、食品，带着民工翻山越岭 150 余千米，步行到岳西河头炼铁基地。炼铁的条件十分艰苦，曹根满除去师部或支队开会外，其余时间都与民工一样在山上烧炭，在水里淘沙，在拉风箱。一天，一炭窑窑壳突然破裂，凹陷一个盆大的洞口，火苗冲出丈余高。他用铁盆装一盆水去盖洞口，刚盖好洞口，双脚却踩破窑壳，当他使出全身力气拔出双腿，滚下窑时，双腿都被烧伤。民工们把他抬到总指挥部医院，他已人事不省，经过医生全力抢救才脱离危险。12 天后，他双腿裹着绷带又到工地参加劳动。他因这种顽强拼搏精神被民工们誉为"钢铁模范"。

1960 年 10 月初，他带领民工到漳湖去开河。严冬的江边寒风刺骨，冰水似刀，鞋陷进泥里拔不出来，冰冷的水进入鞋里，脚都冻僵了。晚上住工棚，睡地铺，通宵不暖。曹根满与民工一起，天刚亮，吃过早饭就下湖，天黑才回工棚，中午饭在工地上吃，雨雪天人们就穿着蓑衣，戴着斗笠站在工地上吃“冰碴饭”。一天上午，他累倒在工地上，民工们把他扶上坝。他喝点水，休息一会儿，又去干活。经过60多天的艰苦努力，完成了任务。

1971年，花凉渠道总干渠扩建，刘湾岭段长1.1千米，鸦滩区民工负责该段施工。曹根满带领古炉公社的民工到刘湾岭后，就地搭棚，支起锅灶，吃住都在工地上，成立爆破队、运输队和巡逻队，实行24小时两班制。时值数九隆冬，寒风凛冽，雪花飞舞，民工们经常撕下自己的棉衣去擦干炮眼内的积水。一次雨雪天，曹根满趴在地上用嘴吸炮眼里的积水时爬不起来，民工们把他扶起来才知道他大腿内侧生了一个拳头大的肉瘤。

曹根满还带队完成了古炉开沟、挑坝、防汛、抗旱任务。

萧桂宝（1927—1987） 望河村萧家嘴人。4岁丧父，家庭贫穷，解放前帮人看牛、做长工、打鱼。1949年参加工作，历任农会主席，乡团委书记，公社党委委员、副书记、书记，鸦滩区副区长等职。

20世纪50年代末至60年代初，他在原新桥公社工作，经常在基层跑，却很少吃中饭，有时别人问他吃饭没有，他总是说吃过了，舍不得吃群众一粒粮。一次，他在陈桥饿晕倒了，慢慢地撑起来又走。他自己每月十几元的工资，大部分给了贫困户、五保户。周家前屋有一名10岁男孩，父母先后病故，孤苦伶仃。他把男孩接到乡里，供其吃穿、上学，照顾孩子生活，直至送到部队当兵。

1987年，萧桂宝逝世的消息传到他曾经工作过的地方，许多老人都泣不成声，用各种方式寄托哀思。

陈鉴（1927—2013） 古炉村林家店人。新中国成立初，陈鉴从事教育工作，先后任小学教师、校长，后调望江参加整风、甄别工作，继而进入政法部门。1981年年底，他因病从望江县人民检察院副检察长岗位上退休，回到古炉村林家店居住。1982年，古炉乡政府聘其担任法律顾问。1993年10月，担任古炉乡关工委常务副主任。2005年区划调整后，担任鸦滩镇关工委名誉主任。

退休后，他一心扑在关心下一代工作上。针对农村青少年法律知识缺乏、法制意识淡薄的实际，着重抓法制教育、普法工作。先后根据《中华人民共和国宪法》《中华人民共和国妇女权益保障法》《中华人民共和国未成年人保护法》等20多部法律法规，编写出版法制专刊、专栏50多期，撰稿100多篇，20多万字；撰写法制宣传广播稿1150

陈鉴（2011 年）
傅小毛　摄

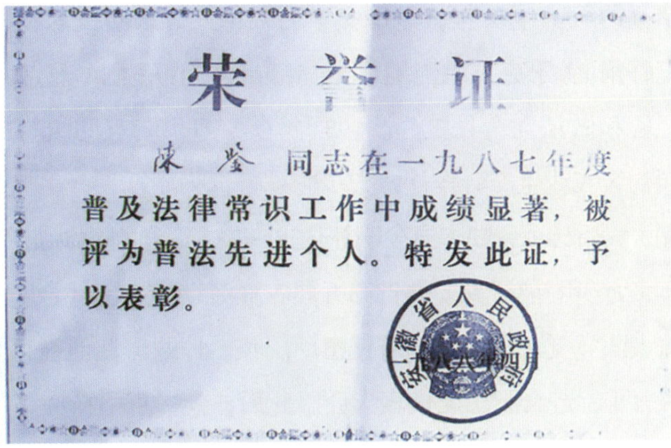

荣誉证

陈鉴 同志在一九八七年度普及法律常识工作中成绩显著，被评为普法先进个人。特发此证，予以表彰。

安徽省人民政府
一九八八年四月

安徽省人民政府颁发给陈鉴的奖状（2017 年）　傅小毛　摄

余篇，45 万余字，其中《青年学生十要十不可》一文入选《安徽省农村普法经验交流材料选编》；做录音讲座 30 余场次，累计听众 74400 余人次；接受法律咨询 2000 多人次；代写法律文书 230 份；调解各类纠纷 268 起；协助办结陈案 9 起，避免械斗流血事件 20 余起；劝阻复兴村私自买卖土地案，说服并借钱 400 元给汪某某，使其放弃迷信，送生病的儿子到安庆住院治疗而痊愈；劝止青年曹某终止重婚行为；制止某村女青年的包办婚姻，挽救了该女青年的生命；帮助一对夫妇破镜重圆等。

他在开展法制教育的同时，抓紧中、小学生的爱国主义与英雄主义精神、社会主义道德品质与共产主义远大理想等方面的教育。先后以《祖国我为你喝彩》《祖国我的母亲》《向雷锋同志学习》等为题，撰写演讲稿 100 多篇，约 200 万字，讲课 418 场次，受教育 20 多万人次。校风校纪明显好转，好人好事层出不穷。

《安徽日报》《人民日报》等全国十几家报刊先后对陈鉴的事迹进行了全面详细的报道。1988 年 4 月，安徽省人民政府授予他“普法先进个人”称号；6 月，省人事局、省老龄委授予他“老有所为先进个人”称号。1998 年，他被评为望江县十大文明标兵。2004 年，被评为安徽省关心下一代先进个人。2011 年，被评为安庆市关心下一代先进个人。退休后，他 4 次出席县党代会，连续 31 次被评为乡、镇、县政法部门优秀共产党员。陈鉴共获得光荣匾牌 26 块、荣誉证书 26 本、奖状 32 张。

方少明（1928—1992）　中共党员，鸦滩村方家嘴人。出生于贫苦农民家庭，以农业、渔业生产维持一家老少艰难的生计。

1951 年秋，他积极响应中共中央“组织起来，增加生产”的号召，办起长河乡第一个互助组。1952年，他带头学习棉花分行条播技术和按时观察治虫的方法，当年平均亩产籽棉81千克，比当地单干户每亩多产籽棉46千克，受到县政府通令嘉奖，并将他的经验和做法向全县推广。1953年秋，方少明互助组与戴银堂互助组等联合起来，成立花园初级农业生产合作社，方少明被推选为副社长，主抓企业发展。1954年，水灾致房屋倒塌，灾后砖瓦紧缺，方少明抓住这一机会，创办鸦滩窑厂，一连几年，产品供不应求。1958年，方少明被评为安徽省第五届农业劳动模范，赴合肥参加代表大会。后来，他当选为鸦滩大队党支部副书记，兼任窑厂厂长。1959年，他被评为安徽省工业交通社会主义建设积极分子，赴合肥出席代表大会。此后，他一直坚持在基层工作，1992年因病去世。

徐海连（1929—1989）　南山村为龙屋人。读过一年私塾，学过一年朝奉（当铺店员），帮人放牛五年。1953年参加工作，1954年加入中国共产党。先后担任望江县供销总社人事股长，公社党委副书记、书记，区委委员等职。

1972年汛期，栏杆湖圩堤和高排沟告急时，他三日三夜没有合眼。第四天中午，险段溃破，堵口时，他被洪水冲出几丈远。上岸后，他继续带领民工经过五昼夜的艰苦拼搏，堵住溃口，使栏杆湖终于安全度汛。

1973年，徐海连任翠岭公社党委书记，积极响应国家号召，将翠岭公社的荒山秃岭分配任务到队，责任到人，公社和社直机关干部承包公社住地西南两座大山。一个冬春，他在山上挖了878个栽树的坑，全公社植树144803株。后又办起了500余亩的青庄林场，受到省、市、县嘉奖。1978年天大旱，已成活的杉树眼看就要被旱死，他晚上召开广播大会，动员全公社干群抗旱保树苗。第二天一早，他就带头挑水上山。在他的带领下，全公社上千亩荒山树苗得以保全。

1977年，徐海连的大儿子在部队病逝，翠岭公社干部群众带礼品去看望他。事后，他把那些礼品叫房弟挑到翠岭公社一一退还。

陈麻梅（1939—2013）　女，中共党员，码头村杨树屋嘴人。1953年，何济堂创办互助组时，她年仅14岁，就在互助组内带领青年妇女组织识字班学习文化知识，组成宣传队宣传党的政策，积极动员单干户加入互助组，使何济堂互助组迅速扩大，于秋季加入杨树初级农业合作社。同年，

陈麻梅获得安徽省社会主义建设积极分子奖章　傅小毛　摄

她加入中国共产主义青年团，被选为杨树初级农业合作社妇女主任。1954年，在救灾工作中，她带头参加生产自救，带领妇女与男社员一起，抢种秋荞麦、小麦、大麦、蚕豆、豌豆，以度饥荒。1956年，灯塔高级农业生产合作社成立以后，她被选为合作社妇女主任，并被评为安徽省社会主义建设积极分子，同花园高级农业生产合作社戴银堂一道赴合肥出席安徽省社会主义建设积极分子大会。1957年，陈麻梅加入了中国共产党。

此后，她一直担任灯塔高级农业生产合作社、灯塔大队、杨树大队的妇联主任。

名人与鸦滩

梅福隐居香茗山 西汉永始元年（前16），西汉南昌县尉梅福（今安徽寿县人，少学于长安，初为郡文学，后补南昌县尉）上书朝廷，指陈政事，讽刺王凤，被朝廷斥为“边部小吏，妄议朝政”，险遭杀身之祸，因之挂冠而去。

西汉元始五年（5），梅福弃妻子到香茗山隐居，在二茗北面陡壁悬崖的山洞修道炼丹，传以为仙。后人见梅福于会稽，改姓名为“吴市门卒”。袁祖光诗《茗山寻梅子真炼丹处》中“不作吴门卒，何处访赤松”即指此。

罗隐与望江挑花 唐末文学家罗隐，曾读书著述于香茗山莲花书院，往来于褒隐寺，走访乡里，研讨民间文学、工艺、地理、乐律，与群众密切相处。其时，香茗山东麓的何氏塘大门口有一石坝石底的水塘，水从石缝中涌出，透明清澈。罗隐于塘边搭一茅舍居住（后人们将此塘改名为罗师塘），继而在四周开垦，种上桃树、李树、杏树、茶树，东为桃园，南为李园，西为茶园，北为杏园。罗隐在此建一木楼，取名望花楼。自撰一联置于门前：

四周柳暗花明，北国楼台观花絮；

三面崇山峻岭，东江水域听涛声。

在此期间，他发现民间千姿百态的挑花制品，引起了重视。便精心设计图案，研究挑花工艺，改进技术，引导妇女从制作敬神祀品扩大到制作生活装饰品，拓展了望江挑花的发展空间。

朱元璋、刘伯温在香茗山筑寨 元末，朱元璋带军师刘伯温，大将徐达、常遇春、胡大海、花云、康茂才、沐英西下，到香茗山筑大茗山寨、狭英寨等，并在小茗山东南麓的两山之间筑战马场，作为屯兵狭英寨时的关（养）马之处。

解缙香茗山续联会友 约在明洪武末，明初进士、大学士解缙被谪贬时曾到香茗山，一方面游览江南名胜，一方面与老朋友聚会。其时解缙有一位朋友在香茗山隐居，也是被谪贬的京官，与解缙是刎颈之交。当得知解缙在小孤山游览后即到香茗山，自是高兴，想在他来访时跟他开一个玩笑，做个文字游戏。于是在大门上贴了一副对联：

闲人免进　盗者休来

两行字下，留有位置，以备添续，并特意把笔墨放在大门旁边的小桌上。

解缙来到门前，抬头一看，见门上贴了一副对联，联下还留有空位，笔墨就在门边，他很快就明白了，这是朋友要他续对。沉思片刻，便提起笔，在每句下面添了三个字，然后笑着对屋里喊道："老朋友，快开门，让我进屋吧！"

那朋友知道难不住解缙，便开门迎接。一看那副对联已变成：

闲人免进贤人进　盗者休来道者来

史可法驻军香茗山 明末，史可法带兵到香茗山，在狭英寨驻守抗清。后督师扬州，于清顺治二年（1645）城陷殉国，人们念史可法忠烈，遂将寨内原有的广具庵扩建大殿三进，改名为寨林庵。择木雕史阁部像，常年祭祀。

相传明福建侯官县人，万历进士曹学佺（1574—1646）撰《野史纪略》得罪魏忠贤党，被劾削职，家居20余年后，闻史可法驻军香茗山，遂慕名投奔。到香茗山时，史可法已殉国，曹学佺便留在香茗山潜心修道。

石达开屯兵鸦滩 清咸丰三年（1853），太平天国翼王石达开率太平军回师西征，占领望江全境，将狭英寨作为香茗山五城寨中的主寨，屯兵驻守达10年之久。太平军在鸦滩期间爱憎分明。石达开体恤贫苦农民，在茗南村洪家宕东南田畈中西风庙内设体人局。当时没收地主、土豪劣绅的财物钱粮，先集中在体人局内，再分发给贫苦农民。

茗南村黄土冈西南边有一口荒塘。当时捉拿的地主及清军的探子（其中有老百姓

太平军体人局遗址（2017 年） 傅小毛 摄

活人塘（2017 年） 傅小毛 摄

和商人）都押在塘后梢的荒坦[①]上，听候处置。若有老百姓具保者，经过训诫可开脱回家，即释放于此塘。无人具保的，分罪恶轻重处置，罪大恶极者杀无赦。故后人将此塘称为“活人塘”。

鸦滩镇革命烈士情况表

表 15

姓名	性别	入伍年份	牺牲前职别	牺牲年份	家庭住址	牺牲地点
孙大朵	男	1930	太望赤卫队战士	1930	茗南村	太湖
孙敬纯	男	1928	中共望江特区委书记	1930	茗南村	望江
程戊桂	男	1933	红军游击队队长	1934	连塘城	彭泽
陈介凡	男	1934	红军文书	1935	码头村	至德
何进文	男	1938	新四军战士	1941	码头村	彭泽
孙关应	男	1941	新四军独立团排长	1942	茗南村	宿松
帅爱莲	男	1948	解放军战士	1948	连塘城	济南
程义初	男	1949	志愿军战士	1951	葛林村	朝鲜
王瑞林	男	1949	志愿军战士	1952	葛林村	朝鲜
袁大女	男	1947	志愿军副班长	1953	连塘城	朝鲜
郝照明	男	1953	志愿军战士	1953	鸦滩村	朝鲜
郝东海	男	1971	解放军战士	1974	花河村	西藏

① 荒坦：方言。较小的平坦荒地。

1949—1959 年鸦滩镇部分出席市级以上劳动模范、先进个人代表大会情况表

表 16

单位	姓名	性别	时间	出席会议
连城乡竹山村	郝树盛	男	1950	全国工农兵劳动模范代表大会
码头乡	郝树盛	男	1953	安徽省首届农业劳动模范代表大会
码头乡	杨杏桃	女	1953	安徽省首届农业劳动模范代表大会
码头乡花园社	戴银堂	男	1955	安徽省第二届农业劳动模范代表大会
码头乡灯塔社	陈发祥	男	1956	安徽省第三届农业劳动模范代表大会
码头乡花园社	戴银堂	男	1956	安徽省第三届农业劳动模范代表大会
码头乡灯塔社	陈麻梅	女	1956	安徽省社会主义建设积极分子大会
城关镇小校长	孙振兴	男	1956	安徽省社会主义建设积极分子大会
古炉乡增发社	曹伯银	男	1956	安庆地区农业合作社先进分子大会
码头乡花园社	戴银堂	男	1957	安徽省第四届农业劳动模范代表大会
码头乡花园社	方少明	男	1958	安徽省第五届农业劳动模范代表大会
鸦滩竹器厂	何仲平	男	1959	安徽省工业交通社会主义建设积极分子大会
鸦滩窑厂	方少明	男	1959	安徽省工业交通社会主义建设积极分子大会

1958—2018 年鸦滩镇部分市级以上劳动模范、先进个人情况表

表 17

姓名	性别	时间	获奖项目	所在单位
江翠连	女	1958	安徽省拥军优属先进个人	古炉乡铁岭社
杨　涛	男	1960	安徽省优秀教育工作者	麦元中心学校
孙玉衡	男	1974	安徽省教育战线先进个人	麦元中学
袁素娥	女	1976	安徽省“三八红旗手”	茗南村
陈学渊	男	1980	安庆地区优秀教师	古炉中心学校
黄结根	男	1980	安庆地区优秀教师	麦元中心学校
帅才宝	男	1980	安庆地区教育战线模范教师	鸦滩中心学校
陈　鑫	男	1980	安庆地区先进教育工作者	鸦滩中学
何学兵	男	1980	安庆地区优秀教师	鸦滩中心学校
金淦堂	男	1982	全国优秀班主任	鸦滩高中
何丙根	男	1984	安庆市优秀教师	鸦滩中心学校
金淦堂	男	1985	安庆市先进教育工作者	鸦滩高中
陈　菁	男	1987	共青团安徽省委“七五建功二级奖章”	香茗村
陈　鉴	男	1988	安徽省普法先进个人	古炉村退休干部
曹根水	男	1988	安庆市优秀教师	古炉中心学校
汪培根	男	1989	安庆市优秀教师	麦元中心学校
金　琪	男	1989	安徽省优秀教育工作者	鸦滩高中
袁少彪	男	1989	安庆市优秀教师	鸦滩中心学校
孙根银	男	1991	安徽省金融系统先进个人	麦元信用社
方春胜	男	1991	农业部推广青贮饲料优异成绩奖	麦元兽医站

续表 17

姓名	性别	时间	获奖项目	所在单位
袁鉴彪	男	1991	安庆市劳动模范	连塘城村
焦早东	男	1991	安庆市扫盲先进工作者	古炉中心学校
杨　涛	男	1992	安庆市优秀德育工作者	麦元中心学校
金　琪	男	1993	安徽省模范教师	鸦滩高中
董小结	男	1993	安庆市优秀教师	古炉中心学校
汪培根	男	1993	安庆市模范教师	麦元中心学校
方春胜	男	1994	安庆市兽禽科技进步奖	麦元兽医站
孙根银	男	1995	安徽省职工生活先进个人	麦元信用社
戴松旺	男	1995	安徽省扫盲教育先进工作者	鸦滩中心学校
何登华	男	1995	全省农村统计改革考核优秀乡（镇）统计员	镇政府机关
姜闰球	男	1996	全国人口抽样调查先进个人	镇政府机关
何妹伢	女	1996	安徽省第二届识字女状元	连塘城村
何登华	男	1997	全国第一次农业普查工作先进个人	镇政府机关
姜闰球	男	1997	安徽省第一次全国农业普查先进个人	镇政府机关
徐炳炉	男	1998	安徽省“十大杰出农民”	古炉村
吴元应	男	1999	安徽省财政厅农业税征管先进个人	镇政府机关
袁文学	男	2001	安徽省第五次全国人口普查先进个人	镇政府机关
黄结根	男	2001	安徽省“两基”先进个人	麦元中心学校
黄结根	男	2001	安徽省体育工作先进个人	麦元中心学校
帅圣宏	男	2001	安徽省第五次全国人口普查先进个人	镇政府机关
曹荣花	女	2002	安庆市劳动模范	望河村
胡珍来	男	2003	安徽省农村中小学幼儿园优秀教师	麦元中学
甘结财	男	2003	安庆市劳动模范	花河村
甘启斌	男	2006	全国农村青年创业致富带头人	联河米业
帅圣宏	男	2006	安徽省第一次全国经济普查先进个人	镇政府机关
曹荣花	女	2007	安徽省劳动模范	古炉敬老院
檀长红	女	2007	安徽省优秀教师	鸦滩中心学校
陈松应	男	2007	安庆市劳动模范	望马楼村
帅圣宏	男	2008	安徽省第二次全国农业普查先进个人	镇政府机关
杨　军	男	2008	全省优秀人民警察	鸦滩镇派出所
甘结友	男	2009	安徽省优秀教师	麦元中心学校
何大明	男	2009	安徽省优秀教师	鸦滩中学
甘启斌	男	2010	全省优秀龙头企业家	联河米业
甘启斌	男	2010	安徽省节能先进个人	联河米业
陈长水	男	2010	安徽省农民创业带头人	码头村
陈长水	男	2010	安徽省首届农村青年创业奖	码头村

续表 17

姓名	性别	时间	获奖项目	所在单位
徐的毛	男	2011	安徽省优秀乡村教师	麦元中学
甘启斌	男	2011	第十八届国家级二等企业管理现代化创新成果奖	联河米业
陈长水	男	2011	全国种粮售粮大户	码头村
陈长水	男	2011	全国劳动模范	码头村
袁犬应	男	2012	安徽省学前教育先进个人	麦元中心学校
甘启斌	男	2012	2011 年度安徽省卓越绩效管理先进个人奖	联河米业
甘启斌	男	2013	全省粮食产业化“优秀企业家”	联河米业
甘启斌	男	2013	安徽省劳动模范	联河米业
龙　庆	男	2013	安徽省身份证管理先进个人	鸦滩镇派出所
孙明春	男	2014	安徽省师德教育先进个人	麦元中心学校
陈国庆	女	2014	安徽省优秀教师	古炉中心学校
袁　源	男	2014	安庆市劳动模范	百果园合作社
戴杨洋	男	2015	安徽省学雷锋主题活动优秀指导老师	鸦滩中心学校
甘启斌	男	2015	安徽省科学教育奖	联河米业
陈金弘	南	2018	全国劳动模范（电力系统）	码头村
汪小庆	男	2018	中国青少年机器人竞赛全国中小学电脑制作活动江苏赛区优秀教练员	茗南村

鸦滩镇历代进士、举人一览表

表 18

类别	姓名	年代
文进士	王　瑞	明成化五年（1469）一甲 16 名
	王　材	明弘治十五年（1502）三甲 39 名
	王应佩	清康熙四十八年（1709）二甲 39 名
	何　藻	清乾隆二年（1737）丁巳科
	袁祖光	清光绪二十八年（1902）壬寅恩正并科
文举人	何　灼	清乾隆三年戊午科
	孙由镃	清光绪二十年
武进士	何　琪	清乾隆六十年（1795）乙卯科进士第 1 名
	汪夑阳	清光绪十八年壬辰科
武举人	帅　政	清嘉庆五年（1800）庚申恩科
	帅　令	清嘉庆五年庚申恩科

说明：资料来源于 1995 年出版的《望江县志》、《何氏宗谱》

艺文杂记

香茗山钟灵毓秀，风景如画，吸引着历代文化名人，他们先后在香茗山采药炼丹、读书著述、挥毫泼墨、交朋会友，促进了鸦滩文化的发展。

鸦滩有丰厚的文化积淀、丰富的遗产珍藏，许多脍炙人口的诗篇、内容丰富的民间故事长久流传。

诗选

香茗山

〔明〕解缙[①]

山岩殷窦簇朱砂，香茗丛生蓓蕾芽。
采药道人何处去？洞云深锁碧桃花。

登茗山咏

〔明〕翁溥[②]

骑马看云花满溪，茗山东北皖山西。
一双喜鹊马前跃，无数好峰云外齐。
野老牵牛坐青草，村童抛石打黄鹂。
长松细水涓涓净，都入河阳画里题。

连塘城

〔明〕汪士衡[③]

委土蓬蒿阔，人传古战场。
远峰疑立马，瘿木似丛疮。
灶减黄粱熟，营歌白苧亡。

① 解缙（1369—1415），明洪武年间（1368—1398）进士，官至右春坊大学士，主持纂修《永乐大典》。

② 翁溥，浙江诸暨人。明嘉靖年间（1522—1566）进士，太湖知县，官至南京刑部尚书。

③ 汪士衡，明人，曾任黄岗令。

五丁收八阵，转忆旧南阳。

游茗山路经某君留宿

〔明〕鲁笔[①]

登临因过尔，留客意何长。
未到青峰顶，先来绿野堂。
风摇千树月，酒散一天霜。
助我高吟兴，披衣懒上床。

夏日循行赤城暇憩

〔清〕陈柿祚[②]

为吏敢云暑，驱车到赤城。
野农挥汗耨，华宇傍云横。
松柏颜皆古，诗书代有声。
老僧不解热，布衲坐泉清。

怀梅子真

〔清〕李世洽[③]

知几高蹈几人传，汉室南昌尉最贤。
书欲辨奸烛莽早，迹甘埋照导萌先。
好寻旧里山中药，却羡吴门市上仙。
邑有流风多不识，应归华表亦凄然。

---

① 鲁笔（1621—1704），望江人，明季儒生，不应科举，工诗。
② 陈柿祚，清康熙年间（1662—1722）望江县县令。
③ 李世洽，直隶束鹿（今河北辛集市）人，清进士，顺治年间（1644—1661）太湖知县。

小茗溪桥

〔清〕陈五典[①]

千峰斜插望迢遥，一派烟波接绛霄。
桥圮白云空架石，泉流碧涧暗吹箫。
寒光分影鸢疑坠，溅水当空雨自飘。
何必钱塘江上月，置身高阁听秋潮。

过香茗山麓见野老

〔清〕姚琅[②]

苍松翠竹数家村，鸭浴池塘犬护门。
耕凿未知官府事，也迎太守唤儿孙。

茗山寻梅子真炼丹处

〔清〕袁祖光[③]

不作吴门卒，何处访赤松。
直言能刺凤，见尾岂神龙。
匏业浮当世，莲花爱此峰。
丹成携鹤去，终古洞云封。

莲花书院

孙皖樵[④]

青灯夜读傍泉林，古迹今朝不可论。
只有莲花峰上月，曾闻太白读书声。

---

① 陈五典，太湖人，清初以贡任湖南麻阳知县，后擢四川泸州知州。
② 姚琅，浙江石门人，清拔贡。曾任安庆知府。
③ 袁祖光，清进士。梅子真即梅福。
④ 孙皖樵，已故著名诗人，楹联作家。

洞佛庙题壁

朱继明[①]

茗山何幸放光华，输与游人逸兴赊。

客子佯狂挥短句，敢夸王播可笼纱。

联选

题王氏宗祠联

（一）

檀萃[②]

累叶乌台饫谏草；

两朝黄甲擅英明。

春节前义务写春联（2017 年）　　郝西海　摄

---

① 朱继明，著名诗人。

② 檀萃（1725—1801），清进士，望江县人。著名学者、诗人。

王氏宗祠楹联（清进士方苞、檀萃撰）（2018 年）
傅小毛 摄

（二）

方苞[①]

兄进士弟进士叔侄皆进士一姓踵兴伟矣文章开世业；
祖中丞孙中丞明清递中丞两朝旨立皇哉御史创家声。

褒隐寺大殿联

檀玑[②]

神惠普无私，看山乡水国千家，共渡慈航登彼岸；
人才生有自，指古寺浮图七级，长标文字出重霄。

---

① 方苞（1668—1749），清进士，桐城人。清“桐城派三祖”之一。

② 檀玑（1851—1922），清进士，望江人。官至翰林院侍讲学士。

忠烈祠联

汪穆堂

立志以求荣，总要有功社稷；

披肝而拒敌，不为无谓牺牲。

石头菩萨

孙宾南

石佛自天生，苔藓为衣云作帐；

灵胎从地出，穹苍作庙月为灯。

褒隐寺戏台联

孙由镒①

傍怀太左右前后而居，故垒萧萧，尽洗甲兵藏不用；

谱汉唐上下古今之曲，余音袅袅，瘦损腰圆竟未工。

咏香茗山

孙皖樵

大块假文章：东雄天柱，西峙匡庐，南望长江，北临太岳。有奇石，有朱砂；有子真丹灶，有果老道场；且有寨、庙、洞、泉、亭、塔。攀登二茗高峰，游客来兹堪纵目。

宏观多雅韵：春斗银枪，秋悬金果，冬飞柳絮，夏奏蝉琴。会朝阳，会夕照；会狮口吐烟，会赤城晴雾；更会风、霜、雷、雨、云、霞。领略四时佳景，诗人到此自开怀。

---

① 孙由镒（1852—1921），清光绪十七年（1891）举岁贡，二十年登举人，二十一年四月赴京会试，为“公车上书”签名人之一。

墓志铭

倪模墓志铭[①]

钱之癖，非和峤。

书之淫，与皇甫侔。

贯穿今古穷源流，山经海志皆搜求。

学海博涉内行修，一时贤士从之游。

力敦任恤戒薄偷，涵育后代储薪槱。

斯人一逝归山丘，典型衰谢谁复留！

我为铭之藏墓幽，令名奕奕垂千秋。

孙敬纯烈士墓碑记

孙敬纯系望江县沙堰沟人，公元1905年6月4日生。1928年加入中国共产党，为中共望江县地方组织的创始人和负责人。1930年4月12日，孙敬纯领导望江农民，联合太湖、宿松边区农民，在望江县金鸡山开始武装暴动，后发展为三县边区游击战争，严厉打击了地主阶级统治，同年9月7日，孙敬纯在望江县城英勇起义。

1960年5月，望江县人民委员会追认孙敬纯为革命烈士，1990年9月7日，“孙敬纯烈士之墓”建成。

---

① 倪模墓坐落于鸦滩村吴家大屋西北，面积30平方米，《倪氏宗谱》载：“墓内有尚书姚文田撰的墓志铭，墓前有尚书王引之撰的墓表。”

倪模（1750—1825），雷池人，清乾嘉年间著名收藏家、校勘家。清乾隆四十四年（1779）中举，考充景山官学教习，期满以知县任用，拒不就。嘉庆四年（1799）中进士，仍弃官不仕。后因老师力劝，就任安徽凤阳府学教授。任满即归，筑室于大雷岸，从事著述。

传说故事

鸦滩和码头的传说 鸦滩镇有个码头村，码头很久以前叫马头。相传，太白金星奉玉皇大帝之命到凡界察看，如果有快成妖成精祸害人间的活山活地，必须立即禀报天庭，及时处置。

一日，太白金星驾着五彩祥云到武昌湖西端的上空，看到湖的南岸边有两座小山如两只对峙的雄狮。两山之间有个圆圆的小山包，山花烂漫，好似一个大彩球，那阵式恰好是“双狮戏彩球”。太白金星跳下云头，落在两座山的南面（后来人们把他落脚的地方叫作太白岭），唤出本方土地神，询问此地最近可有什么动静。土地神回禀道：最近此地似乎隐隐约约能听到狮吼声。太白金星掐指一算，这两座山秋天就长成熟，会变成两只残害生灵的狮精。太白金星马上驾起祥云返回天庭，奏报玉帝。

玉帝闻听，立刻下旨，命太白金星把两座未长成形的狮山搬往东海造田。太白金星再次来到太白岭，唤出本方土地神，说明缘由，土地神附在太白金星耳边说了几句便隐身而去。

武昌湖北岸，有一曹姓大户，兄弟八人，老小外号曹八老，力大无穷，自称是李元霸再世。一天夜里，曹八老梦见一白发银须老者来到床前，说是传达玉帝旨意，要他将两座小山搬走，工具就在门外。曹八老正准备问明原委，只见老者随一阵青烟腾空而去。第二天一早，曹八老在门口发现两棵通天竹、一根万年藤，心想天命不可违。他忙将通天竹削成一根扁担，编了一对大筲箕，用万年藤做绳索。一切准备妥当之后，曹八老搬起两个未成形的狮山的头部放在两只大筲箕里，挑上肩就走。可没走几步，只听炸雷般的一声巨响，扁担断了。一匹天马正巧路过，断扁担的一头不偏不倚击中天马的头颈。因力量太大，天马来不及哀鸣，头就被砸断掉了下来，落在今天的码头地界，变成了马头岭。马血飞溅到湖梢两岸，染红了两边的土地和湖水。湖梢两岸土壤是红色的，鸦滩河边的山被称为红山；虽然湖水清澈，但鸦滩河下游叫赤湖。

断扁担的另一头飞落在武昌湖北岸的湖滩上，震得沙石四起，打死了许多在此栖息的乌鸦，后来人们将此地称作老鸹滩。

两只大筲箕，一只落在离鸦滩不远的湖滩上，变成神墩；另一只落在码头岭对面的河中，反扣在地，变成筲箕山。

被曹八老搬掉狮头的两座山，日后萎缩变形，其他小山包反而变大了，成为今天鸦滩河南面的象山、蛇山、龟山、凤山。原来两座狮山之间的湖汊叫作“狮子湖”。曹八老家自始也人丁兴旺。

六郎石的传说 朱元璋当年移师南下，兵屯香茗山。一天，大将徐达、常遇春、胡大海、花云、康茂才、沐英巡山到果老道场，见下面士兵来往不绝，六人来至山腰，各搬一块石头而坐。不多时，军师刘伯温来了，众人起身相迎。刘伯温说：“诸位将军，此处可安静！”众人听军师说到“安静”二字，齐声答道：“此处不错，可战可守。”军师听了他们的答话，好像对他问话有疑，随即解释说：“我不是说别的，我见六位在此，恰好此处有六个大石给你们坐。”胡大海抢着说：“石头是我们搬来的。”军师说：“此石有幸，遇将军们，也能聚在一块。我赠给它们一个名字，叫‘六郎石’可好！”众曰：“好！”大家笑开了，笑声未落，朱元璋来了。大家迎接。朱元璋说：“寻军师和将军们！”刘伯温问：“有何急事？”朱元璋说：“望是‘吉事’就好！昨得一梦，行到一个山肩，突遇六只大狼，拦住去路，急呼将军来救，六位齐到，把六只狼降伏了。奇怪，六只狼变成了六个大石，你们看是吉是凶？”军师说：“吉兆，吉兆！”他把六位将军搬石打坐，给石起名之事说了一遍，最后说：“岂不是应了你的梦吗！”朱元璋听了，笑着说：“奇，奇！这石就改名为‘六狼石’吧！”故六郎石也叫六狼石。

牌刀石和莲花尖的传说 古时候，香茗山背后住着一户大财主叫牛敬雄。此人心狠手辣，杀人放火，无恶不作，伙同管家秦秀巧取豪夺，方圆十几里范围都是他的佃户。

佃户辛祖勤因多年生病无钱医治，抛下妻子严氏、女儿小莲撒手西去。母女俩忍饥熬寒，相依为命。一年大旱，颗粒无收，牛财主带着秦秀到辛家收租逼债，一见小莲就呆住了，打起了歪主意。秦秀假惺惺地对卧病在床的严氏笑着说：“没钱没粮不要紧，我们把小莲带到牛老爷家做工抵债，嫂子放心，老爷决不亏待她。”

小莲被带到牛家的当晚，牛财主就叫秦秀把她带到书房，说是要重换契约。秦秀深知其意，即把小莲送去，又立即将此事告知牛敬雄老婆王氏。王氏一听，急向书房冲去，刚到书房门口，就听到里面喊“救命”。王氏醋意大发，敲着门大喊大叫，牛财主一听，连忙叫小莲开门。王氏见小莲泪流满面，衣衫不整，全明白了，随即恶狠狠地打了小莲两个耳光，骂着将她推出门外，再去纠打牛财主。

小莲一出书房，躲在暗处的秦秀连忙迎上去，假献殷勤，皮笑肉不笑地送她回房。一路上花言巧语，要小莲做他的妻子，保证她终生幸福，并逼她十五日晚到院后崖磡上对月盟誓，请月老为媒。

十五日晚，明月当空，秦秀身藏一把牌刀，与小莲一道来到崖上。刚刚跪下，小莲竭力将他往崖下一推，撒腿就跑。秦秀抓住了一根藤，爬了上来，手执牌刀追赶小莲，待秦秀追到“狮子张口”时，“狮子”用一只前爪轻轻一点，秦秀手上的牌刀落地，变成了一块大石头矗立路旁，变成“牌刀石”。“狮子”又一点，秦秀变成一块小石头落在刀边，变成“猪肝石”，人称“四两肝”。小莲见仇人已除，立即向“狮子”跪下谢恩。“狮子”张口大笑，轻轻一吹，小莲顿觉飘飘然，不一会飘上天空，再缓缓地往下落，变成一朵硕大的莲花，落到一茗和二茗之间的山地上，成了一朵扑地莲花，人们称它为“莲花尖”，又称“莲花峰”。

姊妹石的传说 褒隐寺水库泄洪道向北，杨富路的左边有一长条形山谷叫黑洼，黑洼北边余家花池南坡上有一个石头平台，并排伫立两块石头，人称姊妹石，传说是护花仙子的化身。

相传余家花池山顶上有一天然盆地，终年湿漉漉的，里面长满了奇花异草，芳香四溢。王母娘娘非常喜欢，就派护花仙子姊妹俩下凡，到余家花池育花采花，供天庭蟠桃盛会用。两位仙子到余家花池后，不辞辛劳，精心培育，花池里的鲜花芳草更加灿烂、光彩夺目、香气袭人，为蟠桃盛会增添了光彩，颇得王母欢心。在余家花池的西边，仅隔一座山头有一个山谷叫相公凹，住着一位逃婚的相公和书童。一年大旱，山间泉水干枯，只有凤栖冲出口的石门堰有一泓清泉。姊妹俩天天到此取水浇花，相公和书童也经常到此提水，久而久之，与姊妹二人互相爱慕，姐姐与相公，妹妹与书童，成为两对情人。

后来在相公进京赶考期间，玉帝闻知护花仙子与凡人私自婚配，龙颜大怒，马上命护法神杨戬下凡捉拿。杨戬来到余家花池，向护花仙子姊妹宣告玉帝旨意，令二人速返天庭领罪。二人凡心不泯，私情难了，至死不从，伫立于南坡平台上。此时忽然狂风大作，飞沙走石，天昏地暗。当一切平静时，只见黑洼周围山上山下开满了杜鹃花，护花仙子化成两尊大石，杨戬只好上天复命。从此香茗山到凤山一带的杜鹃花要比其他地方早开半个月。

相公赶考归来，回到余家花池，不见姊妹二人，十分着急，漫山寻找，后来得知姊妹二人已化为大石，十分伤心，便与书童隐居在黑洼东侧的老虎洞里陪伴姊妹石。据说三国东吴二乔到此避战乱时，撰联赞道：

玉立婷婷，无忧无怨；

情思脉脉，有爱有缘。

凤冠石·猴子守铜锣 凤冠石位于小茗山西南的下猫岭峰顶，形如凤冠，故名“凤冠石”。峰名“凤冠峰”。有民谣：“仙凤回巢，遇到神猫。铜锣一响，凤飞猫跑。”

下猫岭路边的山上有一巨石。传说，每当阴晦之时，周围附近的地方隐隐约约可闻巨石发出的铜锣声。又传说巨石能自动开闭，下面有一石洞，内藏铜锣，其声能上震九霄，闻于天宫。故民间凡重大祈福活动都到此“借铜锣”。山麓的溪口有一“收锣石”，高出周围小石二尺许（约 70 厘米），石面呈平底锅状，恰好平放一铜锣。借锣、还锣，都是放在“收锣石”中。据说后来有人想将铜锣石占为己有，因此洞门紧闭，铜锣再也借不出了。有一天，突然晴空霹雳，人们望见空中出现一只猴子，落于铜锣石前，长期守卫着铜锣，人们称之为“猴子守铜锣”。又传说，如果有人诚心要借铜锣也可以，那只有“反穿衣裳倒踏鞋，老糠拧索倒牵猪娘上山，门才开”。

凤冠石（2017 年） 傅小毛 摄

法华寺的传说 连塘城内的西塘梢有一座矮小破旧的小药王庙。元朝末年，朱元璋一次与元军交战失利，只身逃入庙内。当元军追到离庙三里处的虎形山时，忽然雷电交加，风狂雨暴，突发的山洪奔腾呼啸，元军受阻撤回。面对如此突变的天气，朱元璋认为是药王佛显灵保佑，救了他的命，当即于庙前插柳为记，许愿承诺要重建庙堂，再塑金身。

明洪武二年（1369），朱元璋携带重金与刘伯温一道到此还愿，在此建法华寺，并留下“破例、出格、朝供”六个字。

新建的法华寺坐北朝南，有七重，每重佛殿皆富丽堂皇。药王佛全身镀金，腹内装有108种珍贵药材和3串纯金佛珠。法华寺的西塘被拓宽挖深，取名为西塘湖，置龙舟数十艘。在与西塘湖相连的板井塘建造水面浮动板房，取名为水屋凉亭。古代望江境内无状元，所有建筑只能筑扇脊，而法华寺破例，全是滚龙脊，在望江属独一无二。文官到此落轿，武官到此下马。鼎盛时期，法华寺有和尚100余人，寺内钟声响彻数里之外。

太平天国后期，英王陈玉成会战安庆失败，退到宿松二郎河时，追赶的清兵将法华寺烧毁。大火烧了一日一夜，仅存一重后殿。传说焚烧时，冲天火苗中，药材飞舞，三串佛珠成三道光环，在空中飘动，后一阵狂风，药材、佛珠向西飘落。民谣说：“药材落西山（指香茗山），重新把家安，佛珠迁鞍槽，隐身石洞里。”民间“香茗山上万药全，只缺甘草和黄连”之说即源于此。

尼侠的故事 香茗山莲花尖脚下有一座张家庵，风景绝佳。整个地形如一把太师椅，三面环山，前面一块平地，四周有石墙，又如一座寨城。前面有一口水塘，塘内安有梅花桩。传说庵里以前住着智隐、智化两个年轻尼侠。两人武艺高强，特别是一身轻功堪称绝艺。至今还流传着一句俗话：“一纵纵到鸡公林，两纵纵到方家庵。”（两纵路程有八华里）她俩是明末曾在香茗山狭英寨屯兵的史可法的女儿。

鸦滩周围有“四月初八这天家家叫吓”的习俗。平时“叫吓”，就是家里年轻人或小孩受了惊吓成病，由母亲、奶奶或请左邻右舍的长辈老妇为病人喊叫。“叫吓”时，“叫吓”的人左手拿着升子盛着白米，右手撒米，一边撒一边喊病人的名字，喊“回家啰”，后面有一个人应道：“来着家啰！”从门外喊到家，再到病人床前来回三次。据说该习俗是两位尼姑传来的。清顺治二年（1645）农历三月，清将领多铎带兵攻扬州城，多铎多次劝降不得，全力攻城，史可法誓与城池共存亡，后终因寡不敌众，城破，史可法被杀，清军屠城十日。年轻人特别是小孩多受惊吓致病，大人认为是吓掉了魂，“丧魂失魄”，老年妇女就兴起为病人叫吓的习俗。史可法的两个女儿看在眼里，记在心上。她们隐姓埋名，沿着父亲到扬州的路线到香茗山，找到史可法当年驻军的狭英寨时，寨里的寨林庵已经初具规模，祭祀的就是史可法。两人便找到当家师，削发为尼。第二年春夏之交，当地有许多小孩受惊吓致病，二尼便教以“叫吓”之法，故延为习俗。后来，有许多年轻的姑娘要拜智隐、智化为师习武，她俩觉得住此庵不便，遂迁往张家庵收徒练武，传说练就了一支武艺高强的尼姑兵，后来不知去向。

郝老汉挑选当家人 从前，香茗山麓的一个村庄里有一位武官，常常仗势欺侮百姓。武官有个姓郝的邻居，是个白胡子老汉，膝下有三个成年的儿子。有一天，郝老汉把三个儿子叫到身边吩咐道：“我当了一辈子的家，也受尽了隔壁武官的气，现在老了，该叫你们当家了。今天给你们每人十两银子，望各自到外面做一件好事后再回来，看谁的德行高，就让谁做咱们的当家人。”

过了几个月，三个儿子陆续回来了。大儿子回禀父亲说：“我在河边见一位孕妇跳河自尽，就将她救起，救了两条性命。”郝老汉点点头，没说什么。二儿子说：“我走过一个村庄，见一户人家起火，碰巧这天又刮大风，火势很旺，眼看全村都很危险。于是，我只身跳进火海，与村民一道将大火扑灭，保住了许多人家。”郝老汉只是笑眯眯的，仍然没有说话。最后三儿子吞吞吐吐地说：“父亲，对不起你老人家，我救了一个仇人。那天，我路过香茗山，看见隔壁的那位武官酒后醉倒在出征途中的山崖险坡上，只要稍一翻身就会滚下万丈深渊，跌得粉身碎骨。当时，我恨不得把他掀下悬崖去。可是，我一想到边疆要他去镇守，大举进犯的敌人正等着他领兵去消灭，还是把他喊醒了。他当时惭愧满面，深深地给我作揖道谢。随后，上马奔赴前线去了。”白胡子郝老汉听了，哈哈大笑，朗声宣布由第三个儿子做当家人。

大儿子、二儿子既不服，又不解。白胡子郝老汉解释道：“救命保住了一两条性命，救火保住了一家一村的安全，这当然是好事。但救国却能保住千千万万的同胞和祖国的大好河山。可喜可赞的是三儿子能以国事大局为重，抛弃前仇私怨，做出此等深明大义之事，实属崇高美德。”大儿子、二儿子心服口服。

两道士巧斗恶财主 古炉村有个汪家牌，又叫汪家边滴屋，100 余户，600 余人，曾有 99 位道士。至今还流传着两道士巧治恶财主的佳话。

一天，道士汪伦昌、汪梓昌在回家路上，突然下起滂沱大雨，他们撑开雨伞继续赶路。走着走着，忽见一位女子迎面走来。汪道士看这弱女子被雨水淋得透湿，很可怜，就说："我家离此不远，你把我的伞拿去吧！"又脱下自己脚上的雨鞋让她穿上。女子连忙道谢并说："明天早上，你到自家屋后的阴沟里拿回雨伞、雨鞋吧。"第二天一早，兄弟俩起床后就往屋后阴沟走去，果然在阴沟里发现雨鞋和雨伞，并有一本书。书上有南无观世音菩萨字样，此乃无字天书，只有汪道士两兄弟能看懂，别人只能看到一张白纸。他俩得到此书后，潜心钻研，道术大进，法力陡增，专为穷苦人治病消灾，惩治奸猾恶人。附近村庄有一个财主，为富不仁，仗着万贯家财无恶不作，乡民恨之入骨，又无可奈何。兄弟俩早就想戏弄他一番，为乡民出口恶气。

一次，财主家插田，长工、短工有二十几人，到了下午，汪道士兄弟一人画符，一人念咒语，不一会儿，只见稻田里到处都是鲫鱼，帮工们放下手中秧，人人争先恐后地去捉鱼。捉了这块，那块又有，直到傍晚才捉完，刚插的稻秧也被踩得精光。吃过晚饭，只见箩筐里的鱼全变成了杨树叶，财主气得目瞪口呆。

一天，经常拈花惹草的财主公子手拿折扇，大摇大摆地走出了家门。两名道士交换了眼色，便画符、念咒。一会儿，一位年轻美貌的村姑羞答答地朝财主公子走去。獐头鼠目的财主公子顿时眉飞色舞，皮笑肉不笑地走近村姑套近乎。只见村姑有闭月羞花之貌、沉鱼落雁之姿，十分俊俏。一声"公子好"有勾魂夺魄之功。财主公子哪里把持得住，一把将村姑搂入怀中，正得意之时，只觉胸前有无数根钢针乱刺，定神一看，原来搂的是一棵钢角棱刺。

民间传言，彭家有座山风水极好，若得此山葬坟，必出贵人。财主朝思暮想欲占为己有。一个细雨蒙蒙、伸手不见五指的黑夜，财主叫管家和伙计抬块石碑悄悄地埋到彭姓山上。事隔数月，财主通知彭家说要在山上葬坟。彭家觉得莫名其妙："此山自古以来就是我彭家的，怎么让你葬坟？"财主捧着铜鼓水烟袋，傲慢地弹了弹烟灰说："到时候你会知道。"说完抄着手扬长而去。

这天，财主让家丁们抬着棺柩去彭家山葬坟，彭家不让，财主便请来地方绅士，叫家丁当众挖出石碑。不到一袋烟工夫，果然挖出一块石碑。大家上前看个究竟，只见碑上写着"彭氏一世祖立"六个大字。财主瞠目结舌，无言以对，只得叫家丁抬着棺柩灰溜溜地走了。原来是汪道士兄弟俩用灵符和咒语改掉了碑文。自那以后，恶财主再也不敢欺诈平民百姓了。

惠智道人的故事 惠智道人原来是一个杀人不眨眼的绿林豪客，在青龙山寨称王。

附近黄员外娶儿媳妇，贺喜的亲朋接踵盈门，热闹非凡。入夜，青龙山的人马蜂拥而来，灯笼火把照得满天通红，将黄家围得水泄不通。谁知这位新娘武艺超群，早就听到风声，让人备下豌豆、绿豆，拌上菜油，在天井中放一张方桌，将豆子撒在桌上和地面。她手执利刀，藏于桌下。青龙山寨大王来到黄府，见大门紧闭，飞身一跃，立于天井檐口，再往下一跳，便落脚于桌上。哪料桌上站不稳，滑跌于地。新娘随手就是一刀，大王眼快，翻身躲开，可屁股被劈去一边。新娘一脚踩在大王身上，刀指大王鼻尖，断声喝道："你等堂堂七尺男儿，不思报效国家，反而横行乡里，危害一方，今日暂饶你一命，若不悔改，他日相遇，决不轻饶，滚！"大王连声求饶，忍痛跑到屋外，喽啰们护他回山，用金创药包好伤口。

一日，大王吩咐喽啰将财库打开，把金银珠宝全搬到大厅，向大家说："打家劫舍，天地不容，我等还不如一民间女子，今后一定要改邪归正。尔等将珠宝分了，回家作正当职业。"众喽啰拜谢而去。大王烧了山寨，到香茗山大茗的悟玄寺挂单。谁知道悟玄寺的众僧也是绿林中人，见来客包袱沉重，殷勤地奉茶奉水又奉汤，大王饮干一碗茶，将空碗叠于水碗下，来接汤碗。众人一齐拥上，大王不慌不忙，飞身上屋，携三只碗于屋檐上，再一跃而下，作猛虎收山之势，按倒众僧于脚下。众人恳求饶命，表示永不放肆。大王说明自己的来意，教育他们不要再为非作歹，虔心修行。他改悟玄寺为无量殿，自取道号"惠智"。后人称其为边屁股道人。自此民间流传着一首民谣：

无量殿，老道士，大名鼎鼎叫惠智。

伏虎降龙本领高，我们过着太平日。

刘伯温引起的民间纠葛 茗山莲花尖体态秀美，鸟语花香，北枕皖岳，南瞰江湖，气势雄伟。传说明太祖朱元璋的军师刘伯温登此山时，赞道：

身坐莲花墩，面朝眼睛包。

有人得此地，子孙永在朝。

就为这一赞语，便引起后世居住山麓的几个氏族为争夺莲花尖而长期纠葛。

马井与马坟 元顺帝年间，有位御史大夫名叫余兴道，刚正不阿，因皇帝无道，屡谏不从，毅然弃官，偕夫人王氏隐去，易姓藏名，几经辗转，到望江西关居住，但觉得闹市不是理想的隐逸之地，又北迁至官厅畈（亦称官垫畈）定居。其子孙繁衍，世代相承，即今鸦滩镇古炉村余祠自然村。到官厅畈后，人可隐姓埋名，马容易招人耳目，不好藏匿。余兴道对马说："我将你在井中淹殁，而后葬于青龙岭上，让我的子孙世世代代像祭祀祖宗一样祭祀你，怎么样？"马随即连连点头，似乎很愿意一样。于是，余兴道将马在井中淹殁，葬于青龙岭上。后人称殁马之井为“马井”，称葬马之坟为“马坟”。

歌谣

鸦滩流传的歌谣内容丰富、题材广泛、形式多样，传唱面广。正如一首山歌中唱道：“一把芝麻撒上天，我的山歌万万千，南京唱到北京止，坐到安徽唱三年。”

旱荒歌（节选）[①]

满畈白旗霜雪样，家家都是望田荒。
老幼饿得奄奄气，青壮饿得逃四方。
多少想往东方去，身无符号与背章。
多少想往南方去，封江队伍守华阳。
多少想往西方去，西方山民也旱荒。
多少想往北方去，驿站兵马又惊慌。
心想本县西圩讨，人山人海苦难当。
无奈贵地谋生计，讨点粮食救爹娘。
但愿来年年成好，感谢朋友日子长。

支援国家卖余粮

南风吹来稻花香，男女老少丰收忙。
翻身不忘共产党，支援国家卖余粮。

① 1934 年旱灾，灾民逃荒讨饭时唱的旱荒歌。

月亮家[①]婆

月亮家婆，跟我走走，
我到前院后院去打酒酒。
你一盅，我一盅，
喝得脸上红彤彤。

八哥八[②]

八哥八，看好着家，我到后园去采花，
一朵红花采到梢（树顶端），一朵白花采到家。
媒人媒人做么事，给你小女讲婆家，
小女未满十八岁，梳不来油头，管不来家。
娘啊娘，你莫焦，你莫愁，我半夜爬起来梳油头。
油头梳得二面光，梳起油头照四方，
大锅煮饭，滚漉漉，十二个菜碗摆箍留，
洗大锅，泡细茶，洗小锅，炒芝麻，
芝麻芝麻你莫炸，让你媒人说句话。
芝麻芝麻你莫爆，人人吃得哈哈笑。

的的女 真可怜

的的女真可怜，打一把锄头去锄园，
又锄韭菜又锄葱，又锄苋菜红彤彤，
又锄莽瓜牵藤架，又锄茄子吊灯笼。

姐在园里摘黄瓜

姐在吔园里吔摘勒嘿黄瓜啰，
郎在外头叮（打）土巴勒。

① 家：方言读 ga。
② 八哥八：一种鸟。

叮脱黄瓜花啰，哎嗳呦，叮脱黄瓜花啰。
叮脱喂公花勒，不喔嘿幼不可，
叮脱个母花不结瓜勒嗨，无花也无瓜啰，
哎嗨哟，莫叮黄瓜花勒。

撩姐要撩真同年

插田要插（啰）屋沿（喏）田（喏），
撩姐要撩（哦）真同年（喏）。
屋沿田里（哟）不要（哦）粪（喏），
同年大姐（哟）不要钱（喏），
不要（哦）钱（喏）。
相思绵绵（喏）更长远（喏）。

山歌好唱腔难起

山歌好唱腔难起，白米好吃田难栽。
娇妹好看情难得，情哥相爱口难开。
口难开，何日相会上楼台？

插田插到中饭边

插田插到中饭边，望望屋上冇[①]起烟。
不知是湿柴烧不着，还是干柴没有烟。
没有烟。（也）不见乖妹送茶烟。

近代鸦滩地区流传的部分歌谣一览表

表 19

童谣	情歌	山歌	小调
张喜鹊　尾巴长	正月初一拜姐年	喝茶歌	绣手巾
一棵竹子满山扬	苦媳妇望情哥	吸烟歌	绣扇子

① 冇：方言，“没有”的意思。

续表 19

童谣	情歌	山歌	小调
一下棒槌三下响	下下拍的空连枷	采茶时节好对歌	养女莫把河沿下
枇杷树矮巴巴	我收衣裳望太阳	养个儿子点状元	采茶歌
黄鸡毛　尾巴拖	只要二人心相连	做军鞋	贩茶歌
牵磨歌	五更调		盘茶歌
打掌掌	探妹歌		四季相思调
三岁伢，走天边	高山头上碎石多		绣三国
骑马嘟嘟	我爱哥哥好青年		
月亮巴巴	哥哥服兵役		
伢那伢哪里雷（来）			
糖令（梨）树开白花			

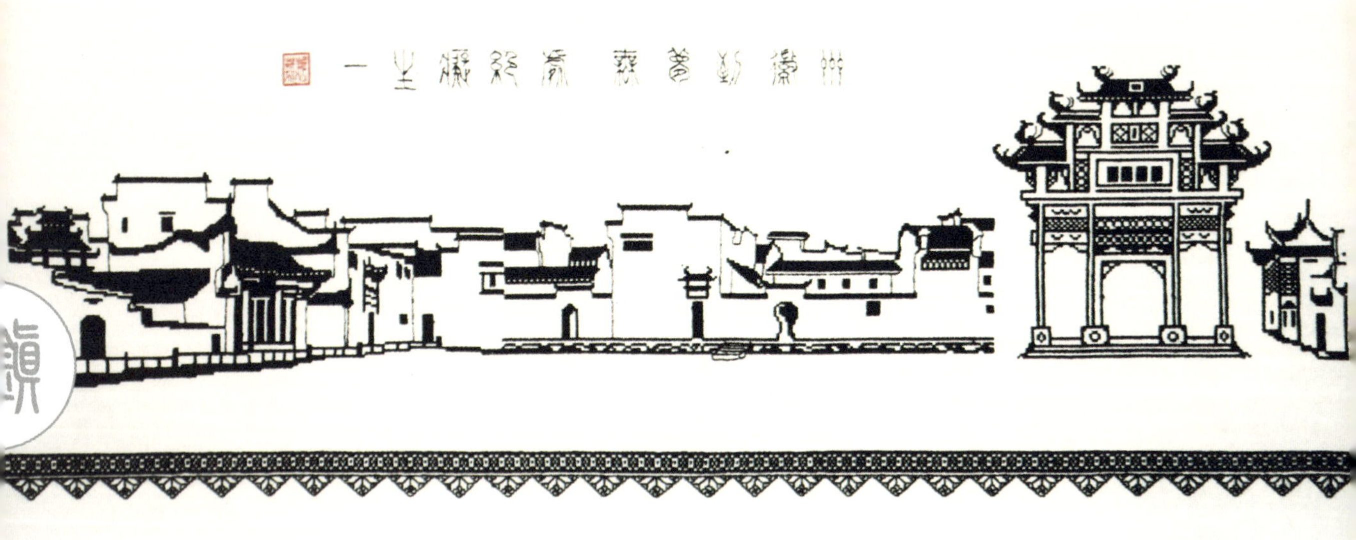

挑花制品《徽风皖韵》(2018年)　　傅小毛　摄

大事纪略

鸦滩自古处于连接东西、沟通南北的咽喉要道，南北信息、东西新闻常在这里汇集。鸦滩人民的命运与中华民族的命运紧密相连，戚戚相关，在历史的长河中，朝代更替，时局动荡，社会变革，无不在此激起朵朵浪花。

清咸丰年间（1851—1861）太平军数战清军

清咸丰三年（1853），太平军石达开回师西征，占领望江全境，将狭英寨作为香茗山五城寨中的主寨，屯兵驻守达十年之久，并多次在此与清军发生激战。咸丰七年八月，太平军攻克磨盘山、张北山，杀团练程延辅。咸丰八年，太平军在老鸦滩与清军遭遇，杀练总刘焱、吴斌。一次，清兵围攻香茗山狭英寨不得，遂乘阴暗天黑夜偷袭狭英寨，太平军将计就计放入大量清兵后，伏兵齐出，滚木礌石齐发，清军全军覆没，死以万计。

1930 年中共沙堰沟小组成立

1928 年，孙敬纯在太湖王家牌楼加入中国共产党。1930 年 3 月，根据中共安庆中心县委决定，成立望江特支，特支下设 3 个支部及沙堰沟小组。中共沙堰沟小组组长孙邦瑞，党员有孙敬纯、孙大朵等，是鸦滩镇最早的中共基层党组织。金鸡山武装暴动后，以沙堰沟党小组为基础成立中共沙堰沟支部，1930 年秋，党员发展至 21 人。

1930 年金鸡山暴动

1930 年 3 月下旬，中共太湖县委（辖中共望江区委）书记甘信元在尚花棚召开县委扩大会议，决定在太湖、宿松、望江边区举行农民武装暴动。

4 月 12 日上午，孙纯敬、孙大朵、孙邦瑞等党内骨干分子，率领 200 多贫苦人民，带着稻箩、口袋，以买粮为名包围金鸡山大地主李干祯家。李干祯占有土地 600 多亩，每年青黄不接之际，高价出售粮食，榨取农民血汗。是年春荒严重，每担稻竟索价 4 元（时价 2 元）大洋，孙纯敬提出用平价购粮，遭到李干祯的拒绝，于是缴了李家枪支，打开粮仓和衣箱，把粮食、衣物分给农民。李干祯不服，被就地枪决。此次暴动点燃了太、宿、望边区土地革命的火把，打响了第二次国内革命战争时期望江县革命第一枪。

1930 年中国工农红军太望赤卫队成立

1930 年 1 月，茗南村孙家沙堰沟孙敬纯、孙大朵、孙为明在潜山加入了中国工农红军第一中队，孙大朵任组长。2 月，孙敬纯等随甘信元回望江壮大武装力量，鸦滩有 53 人参军。1930 年 4 月 12 日上午，孙敬纯带领赤卫队队员和农民举行金鸡山暴动，接着镇压了太湖大地主韦大衍，缴获短枪 1 支、长枪 5 支。4 月 20 日，甘信元、孙敬纯等在大石岭五显庙召开 2000 多人的大会，宣布成立中国工农红军太望赤卫队。孙敬纯任分队长。

1934—1940 年沿湖渔民抗船捐

1934 年发生旱灾，民生饥馑。统治者不思生产救灾，苛捐杂税有增无减。安徽省政府根据行政会议决议案，派员赴望江县征收船捐，横征暴敛，人皆敢怒而不敢言。望河村萧家嘴萧声扬不顾个人安危，于 1934 年 9 月在聂老爷庙（今高士镇湖边）召开沿湖 1000 多名渔民参加的大会，望江名士周步蟾、肖翰凡、吴履安等亦到会支持。在会上，渔民一致推举萧声扬为总代表，带领其他渔民代表数十人向望江县政府请愿。望江县长慑于群众呼声，只得向上推诿卸责。时有恬不知耻、别有用心之徒诡称萧声扬在武昌湖召开千人大会，登台演说，蛊惑群众，煽动暴乱，企图在政治上对其进行陷害。萧声扬不顾自身安危，义正词严，揭穿阴谋，仍然矢志不渝。他自备资金，与渔民一道向各级政府申诉，直至南京国民政府。终于 1940 年 7 月由南京政府明令取消望江的船捐，维护了广大渔民的利益。

1943—1945 年望江县国民政府在鸦滩

1939 年 2 月 20 日（农历正月初二），日本侵略军占领望江县城。1943 年 11 月，望江县国民政府迁至鸦滩街吴氏宗祠办公。县长王汉昭，继任龚兆庆。政府机构有秘书室，秘书室下设民政科、财政科、军事科、教育科、建设科。陆续迁到鸦滩的其他机构有司法处，设军法官、司法官；监狱、银行在吴家大屋，行长吴鸣凤（本屋人），曾发行“流通券”；仓库、钱粮柜设在帅家下屋、郑屋。1944 年，十一游击纵队第二支队团长赵兴德率部到县接替十一游击纵队第一支队防务，团部驻鸦滩街。1945 年，县自卫总队第四中队驻吴家小屋，第五中队驻鸦滩渡口。抗战胜利后，望江县国民政府机构陆续迁回县城。

1949 年平定大刀会石灰山暴乱

1949 年 3 月底，望江解放后，大刀会首龙国宾等在“国民党忠义救国军”（潜伏的特务组织）的怂恿下，于 5 月 18 日鸣锣聚众，挂起帅旗，以麦元村境内的石灰山为中心，举行全县性暴动。

5 月 19 日上午，龙国宾部攻打泉塘乡爱国民主政府，抢去长短枪各 1 支、军鞋 400 余双，烧毁文书档案，并谋杀乡长未遂。下午，龙国宾决定先攻打鸦滩区政府，然后西攻徐家桥、太湖县城，南攻凉泉、望江县城，先后聚集道匪 4000 余人，以张家上屋为本营，焚香祈祷，击鼓传兵，设坛点将，杏黄旗插遍大小红雨尖山头和附近村庄，队伍长达 2 千米。

5 月 20 日，皖西一分区基干队奉令开赴徐家桥，占领石灰山顶峰。100 多名喝了朱砂的大刀会徒认为自己“刀枪不入”，挥舞刀矛冲向石灰山。未久，增援部队赶到，投掷一阵手榴掸，大刀会徒毙 80 人。龙国宾被俘下狱，其余会徒登记自首，缴出刀矛，获从宽处理。

1950 年郝树盛参加全国工农兵劳动模范代表大会

香茗村（原连城乡）郝家老屋郝树盛幼年随母乞讨度日。青年时，先在地主家当长工，后在村旁白马山腰一间破房里看山护林，为中共鸦滩地区地下组织活动做掩护。1949 年春，家乡解放。是年冬到 1950 年春，他率领群众积极参加江堤的修复工程，夜以继日，不辞劳苦，努力提高抛沙、取土、运土工效，出色地完成兴修任务，加入中国共产党。1950 年 9 月，被评为皖北劳动模范、全国工农兵劳动模范，赴京出席全国工农兵劳动模范代表大会，并参加天安门国庆节观礼。

1954 年抗洪救灾

1954 年农历五月、六月降大暴雨，洪水猛涨，长江大堤溃破，造成特大洪涝灾害。当时，鸦滩有 1/5 的村庄在码头河、沙河、鸦滩河、武昌湖（西北）沿岸和泥塘湖南岸的低洼地带，庄稼被淹没 16000 余亩，房屋倒塌 6000 余间，受灾面积占全镇控制面积的 1/4。灾民居无所、食无粮、炊无柴草，处于极端艰难困苦的境地。为此，县、区、乡人民政府积极组织救灾：一是从四川调来大米，从北方调来马铃薯分发给灾民，解决吃的问题；二是发放种子，安排受灾严重的灾民到沿山一带开荒种粮、种菜，进行生产自救。同时，积极组织灾民种秋粮，哪里水退就种到哪里，准备第二年度春荒。各乡政府还深入受灾村庄，根据群众受灾轻重，造册登记，按户按人确定救灾粮、款、衣服数量，按时发放到灾民手中，以度严冬。三是洪水稍退后，将全区瓦匠、木匠组织起来，为灾民修建房屋（大部分搬到高处重建），解决灾民的安身之所。

由于各级党委和政府从各个方面开展及时有效的救灾工作，鸦滩区所有受灾的民众，全部安全度过灾荒，无冻馁之虞和颠沛流离之苦。

1959—1962 年开垦青草湖

20 世纪 50 年代末 60 年代初，因天灾人祸，粮食奇缺。1959 年，中共望江县委响应中共安徽省委生产救灾号召，成立县开荒指挥部，区设指挥所，公社设生产大队，各大队成立开荒生产队。县开荒指挥部安排鸦滩区围垦青草湖。民工们住草棚，睡地铺，雨雪天穿蓑衣、戴斗笠站在工地上吃“冰碴饭”。环境恶劣，条件艰苦，开垦难度大。由于芦苇盘根错节，牛犁不动，只靠条锄一锄一锄地开垦。码头公社先锋大队还在工地办起铁器加工厂，修理锄、犁。到 1962 年年底，围垦耕地 6672 亩。

1997—1998 年政府机关搬迁与集镇新格局形成

1997 年 4 月 8 日，鸦滩镇第十届人民代表大会第二次会议通过《关于开发桃园新街搬迁镇政府机关的决议》。启动政府机关搬迁，选址在原鸦滩乡政府所在地。11 月 6 日，签订建设政府办公大楼合同，11 月 8 日动工，总造价 994286.34 元。随后，单身职工宿舍 1174.5 平方米、家属宿舍 937.8 平方米动工兴建，总建筑面积 2112 平方米，总造价 831838 元。辅助设施有钢围墙、厨房、厕所、道路等，造价为 250528 元。总投入为 2076652 元。1997 年，拆迁兽医站，新建政府街。1997 年年底至 1998 年年初，将十字街到董家大屋水塘两边的违章建筑全部拆除，将道路填平成为街道。1998 年年底，政府搬迁到新大楼办公。至此，从老街口到董家大屋南北向大街、农贸街口到种子站的东西向大街，与新建的桃园街、政府街形成“井”字形的布局，鸦滩集镇新格局形成。

2006 年“6·26”雨灾

2006 年 6 月 26 日 20 时许至 27 日 17 时，突发暴雨，后期又高温停电。全镇农作物受灾面积 31360 亩；房屋受损 1500 余间，倒塌 35 间；冲毁道路 12816 米；塘堰、支渠溃口 16 处，308.5 米；毁坏树木 8506 棵；毁坏桥、涵、闸 29 座；损坏机电泵站 7 座，被雷击坏变压器1台。直接经济损失725万元，间接经济损失1000万元。民政部门积极核实灾情，登记注册并如实上报，合理分配救灾物资。

2011年陈长水被评为全国劳动模范

码头村陈长水是望江县泰丰种植专业合作社理事长。2000年，他承包了中圩。此后，承包面积逐年增加，2009—2010年，承包面积达到10300亩。其中2009年生产优质稻谷4402吨，平均单产310千克，纯收入85万元。2006年，陈长水开始尝试种植小麦。到2010年，小麦种植面积达5500亩。2011年12月，陈长水被评为全国劳动模范、全国种粮售粮大户，获国务院颁发金质奖章。

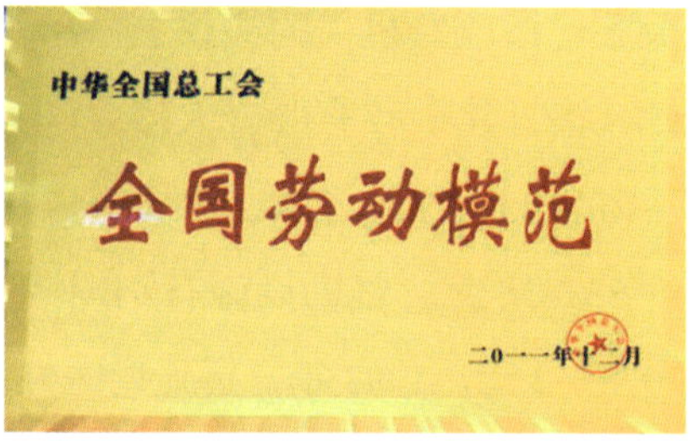

陈长水获全国劳动模范牌匾
傅小毛 摄

陈长水获全国种粮售粮大户金质奖章
傅小毛 摄

2012年中国望江（鸦滩）童装基地开业

中国望江（鸦滩）童装基地位于鸦滩集镇新区。2009年9月奠基，2012年12月开业，是望江县规划定位的儿童服饰生产基地，规划面积300亩，分服装生产区、商贸区、服装产业配套集中区和童饰文化园区。童装基地一期占地面积35亩，完成服装生产区、商贸区建筑面积7000平方米。当年入驻泰华服饰等30多家中小型服装生产企业，并有纱洗厂、商标厂、印花厂、绣花厂等服装配套企业。2014年12月，在安徽服装商会第二届六次理事会上，鸦滩镇被授予“安徽童装第一镇”称号，是省内唯一获此称号的乡镇。

2014年鸦滩镇被列入全国重点镇建设名单

鸦滩镇自20世纪90年代以来，加大投入，狠抓集镇建设和管理，成果显著，已具有镇域规模大、人口多、经济较发达、配套设施较完善、能均衡布局农村转移人口的条件。2014年7月21日，住房和城乡建设部等七部委将鸦滩镇列入全国重点镇建设名单。

2012—2015年鸦滩镇创建省级森林城镇

1982年，鸦滩区及各公社成立绿化委员会，指导绿化工作。2012年10月，根据省政府《关于实施千万亩森林增长工程、推进生态强省建设的意见》和《望江县森林增长提质工程总体规划》，鸦滩镇为确保工程建设任务顺利完成，按“落实造林地块、完成整地、完成造林、做好迎检准备”四个时间节点倒排工期，保证时序进度。2013年2月

26 日，在全镇范围内开展以“全民参与植树造林、共创省级森林城镇”为主题的义务植树活动。1982—2018 年，共植树约 120 万株，参加人数约 6.5 万人次。2013—2018 年，新增造林面积 11049 亩，巩固退耕还林成果 7000 多亩。2014 年，香茗村被授予“安徽省森林村庄”称号。2015 年 3 月 25 日，省“千万亩森林增长工程”建设领导小组第三次全体会议审定通过，授予鸦滩镇“安徽省森林城镇”称号，授予望马楼村“安徽省森林村庄”称号。

2015 年鸦滩镇入选第三届“十佳中国最美小镇”

2014 年 9 月启动的第三届“寻找最美小镇”活动，在《人民日报》(海外版)、中国旅游研究院支持下，活动小组通过实地采访、挖掘、网上投票和专家评审相结合的方式，最终评选出“十佳中国最美小镇”。2015 年 6 月 5 日，第三届“中国最美小镇”揭晓仪式暨经验交流会在北京举行，鸦滩镇获“十佳中国最美小镇”荣誉。

主要参考文献

〔南北朝〕梁宗懔著:《荆楚岁时记》。

〔明〕罗希益修，龙子甲纂:《望江县志·山川图》，万历二十二年（1594）。

〔清〕郑交泰等修，曹京等纂:《望江县志》，乾隆三十三年（1768）。

范文澜著:《中国近代史》，人民出版社，1947年。

束世徵著:《洪秀全》，新知识出版社，1955年。

金毓黼、田余庆等编:《太平天国史料》，中华书局，1959年。

陆洪非著:《黄梅戏源流》，安徽文艺出版社，1985年。

安徽省宿松县地方志编纂委员会编纂:《宿松县志》，江西人民出版社，1990年。

《安徽百科全书》编纂工作委员会、《安徽百科全书》编辑委员会编:《安徽百科全书》，南京大学出版社，1994年。

望江县地方志编纂委员会编:《望江县志》，黄山书社，1995年。

太湖县地方志编纂委员会编:《太湖县志》，黄山书社，1995年。

戴均良等编:《中国古今地名大词典》，上海辞书出版社，2005年。

江心舟编:《中国民间文化艺术之乡——鸦滩》，中国文联出版社，2009年。

望江县地方志编纂委员会编:《望江县志（1988—2005）》，安徽人民出版社，2013年。

编纂始末

《中国名镇志丛书·鸦滩镇志》经过成立组织、抽调人员、征集资料、整理编纂、领导审议、专家评审，十易其稿，终成定稿。

2015年，鸦滩镇作为望江县唯一纳入修编“名镇名村志”的乡镇，启动镇志修编。11月14日，召开党政联席会议，成立望江县鸦滩镇志编纂委员会，确定江心舟为主编，陈海银、傅小毛为副主编，抽调汪培根、王宏印、孙精华、何传珍、袁月增、陶贵元、傅连长、陈方金、甯江海9人为采编人员，安排办公地点，配备办公用品。11月16日，编纂委员会召开第一次会议，确定编写内容，明确分工，划分三个片，选定负责人，分区域按顺序收集资料。镇志形成过程，大致经历三个阶段，即收集资料、形成传统镇志初稿、编纂名镇志阶段。方法是边收集资料，边整理文稿。

2016年6月底，经过编纂人员的艰辛努力，收集了近100万字的文史资料。7月，开始有针对性地进行补充、调整、修改。10月底，将收集的资料打印成册。11月8日下午，召开党政联席会议，讨论核实镇志资料，大家充分发表意见，最后，镇党委书记汪结冰提出“一补、二删、三准”的要求。党政班子成员人人动手，个个献策，按分工分头进行核实补充，镇长吴永生亲自组织收集、核对资料，对镇志编纂工作起了很大的促进作用。11月底，根据各方面反馈的意见，进行全面修改整理。至2017年1月10日，基本完成资料的收集、核实、补充工作。

2017年2月23日，召开编辑人员会议，在市、县方志办领导指导下拟定《中国名镇志丛书·鸦滩镇志》篇目，经过三个月夜以继日的工作，于5月底形成评议稿。6月2日，省、市、县方志办领导和专家在鸦滩召开《中国名镇志丛书·鸦滩镇志》评审会，认为评议稿内容丰富、资料充实、层次清晰、结构基本合理。但是按照“中国名镇志丛书”的标准，重点不突出，深度不够，“亮点不亮、特点不特”，高起点地指出存在的问题，提出规范化的要求。

2017 年 6 月，编委会再次认真学习《中国名镇志文化工程实施方案》，并专程到庐江县汤池镇学习、取经，根据专家组评议意见，认真对原稿进行了大幅度的修改、调整、补充，改变传统的编纂方法，把《中国名镇志丛书・鸦滩镇志》作为“国”字号文化工程，在高起点、高标准的基础上彰显特色。以优美的自然环境、丰富的旅游资源、深厚的文化底蕴为主体，重新设置篇目，浓墨重彩，突出鸦滩的“名”“特”“优”，打造《中国名镇志丛书・鸦滩镇志》的文化品牌。编委会对志稿反复推敲，精益求精，不断提高质量。经省、市、县方志办批准上报，被列入中国名镇志文化工程项目。

编纂镇志是一次镇情大调查，是一项宏伟而艰巨的系统工程，是服务当代、惠及子孙的大事。鸦滩镇党委、政府高度重视，召开了有镇机关全体成员、镇直机关单位、学校负责人和各村总支书记、主任参加的动员大会，把修好《中国名镇志丛书・鸦滩镇志》作为全镇一项大事来抓，书记、镇长亲自挂帅，宣传委员具体负责日常工作，大家积极提供材料，全镇上下齐心协力。

编纂期间，资料采集人员不辞艰辛，走村串户，调查采访，特别注重对年高资深的老干部、老教师、老文人的深入走访，努力收集有关鸦滩人物、乡土风情、名胜古迹、民间传说及历代大事、要事等口碑资料；查阅 100 多部族谱，多次往返县档案局、县史志办、县文化局、县文物管理所等单位查阅、摘抄、拍摄、复印资料；通过电话、微信、书信等方式，与省内外相关单位和个人取得联系，索取和证实材料，使镇志内容翔实、准确。

编纂人员怀着高度的历史责任感，不顾年高体弱，不畏严寒酷暑，任劳任怨，日夜耕耘，结合评审意见认真调研，字斟句酌，反复修改，力求文风不失、业绩不漏、史实不错。

《中国名镇志丛书・鸦滩镇志》的编纂得到社会各界大力支持，各村、镇直单位、学校和有关部门积极配合，并提供了翔实的资料。党委、政府原领导檀革才、程启楼、章中林、曹佰宏、李克等非常重视并热情帮助解决编纂工作中的困难；92 岁高龄的陈祝清热心帮助审稿，年近 90 的帅根元、郝忠汉及董小节等不仅主动提供资料，还亲自撰写稿件；陈菁、汪升平、汪开南、汪义祥、吴合群、刘祖成、胡锦标、胡习武、章立新、王昙明、金孟南、陈学红、茹占群、何妹伢等提供了大量的人文历史资料；徐平波、鲍国华、王仕福、孙水生、李平、吴成铭、伍建设、吴志贵、郝西海、郑强、江心舟、戴文星、余传水、陈景文、廖长华、余根旺、余满旺、史景钟、虞良燕等提供了许多珍贵的照片。中国地方志指导小组办公室（简称中指办）的专家耐心辅导，精益求精，多次提出修改意见；安徽省地方志研究院第五研究室主任史五一、主任科员章慧丽对修改后的志稿进行了认真的审阅，安庆市方志办科长刘宜群，望江县史志办汪艺辉、刘传好、马薛毅主任等及时予以指导，为编好《中国名镇志丛书·鸦滩镇志》提供了精神、资料、技术上的保障。

正因为有编纂者和支持者的事业心和责任心，历史责任感和奉献精神，《中国名镇志丛书·鸦滩镇志》方可顺利完稿。这里谨向所有提供资料和参与编审的同志致以深深的谢意！向中指办，省、市、县方志办领导和密切配合的镇直各单位、部门、学校及各村民委员会致以深深的谢意！

由于编者水平有限，时间短暂，《中国名镇志丛书·鸦滩镇志》错漏之处在所难免，敬请广大读者和各界人士赐教指正。

编　者

2020 年 3 月